干支易象学

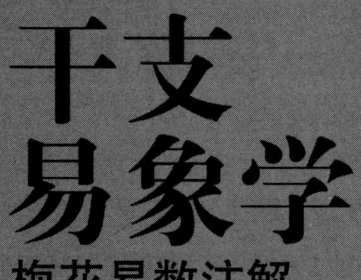

梅花易数注解

贺云飞 / 著

华龄出版社
HUALING PRESS

微信添加专属阅读助手,你的收获不止于书中。

同阅读助手研习 **周易**

微信添加阅读
开启轻松阅读

从古人智慧
感悟人生哲学

阅读助手带你领略易学风采

1. 电子书：随时阅读
2. 专题拓展：易学书单在这里
3. 周易64卦解说：拓展易学学习

本书线上亮

干支易象学导读阅读交

同易学爱好者一起探讨交流
阅读中自己的理解和感悟，他
解提升自我。

序

《梅花易数》又称"周易梅花数""梅花心易"等，托名为宋代易学家邵雍所撰。明后期的阳明弟子季本所写的《易经四同别录》中推测："《梅花数》从上起卦，据数轮爻，略不及阴阳消长之机，进退存亡之道，与邵子所精加一倍之学大异，而宋元间名儒皆未之及，意其为元末之书。""但此法颇似魏管辂所断之占，岂汉魏以来皆用其术，而后人秘之，至于日久乃文其说，美其名而假重于康节邪！"作为一种衍自《周易》的占卜之法，梅花易数合易理与象数为一，数百年来备受推崇，广泛流传于民间，一直有着独特的生命力。

《梅花易数》一书以歌诀的形式汇集了民间用易的部分内容，由于年代久远，辗转传抄，难免错简阙文，鲁鱼亥豕，参差不一在所难免。纵观以往对于《梅花易数》的研究，基本停留于体用生克制化的单一思路上，缺少一些综合性的深入探索。贺云飞先生幼承家学，勤学博古，承继汉易月令纳甲、建侯飞伏、世应六亲等传统，灵活运用八卦卦象及所配天干和地支的取象类比转换，旁涉纳音等类象，形成了灵活多变、复杂飘逸的解易风格和思路，突破了以往单纯的体用生克等占断方法，拓展了象数应用这门实用学问的理论渠道。从干支易象解梅花的思路看，贺云飞先生的用易不拘一格，触类旁通，"云龙远飞驾，天马自行空"，没有先入为主的固定模式，而是随着各种人事的不同，仰观俯察，触机变化，故能弥纶天地之道，与时偕行，妙应万物。

梅花易数等各种以占验和趋吉避凶为主的新的术数形式的出现，不仅标志着人们对于卜筮观念的深刻变化，而且在道教形成过程中被道门中人不断吸收进自己的法术体系，其中所蕴含的假象寓理、多元辩证、象意转换等决疑思想和趋吉避凶的术数智慧，构成了道教方术中的重要内容，丰富和完善了道教的思想理论和修行体系，时至今日仍然有着重要的研究价值。昔时先儒曾问易于篾叟酱翁，对于广泛流传于民间的各种术数形式的认识，应该本着实事求是的治学态度和学术精神，取其精华，去其糟粕，不应一概斥之为迷信骗术，要从显隐两个方向入手才能还原历史的真相，正确地认识和深入挖掘民间传统易学的文化价值和现代意义。

贺云飞先生与门生雷宝素相友善，今书成将付之梓而请序于予，略览之，其条分缕析，文理朗顺，从容款治，持论精审，阐幽发微，古说新论迭相证验，较诸术家大言臆断，则胜之远矣，于国学经义亦有所补焉，故乐为之序。

己亥年桂月吉日
詹石窗　于童蒙斋

目 录

前言	001
一、五行干支与八卦	001
阴阳与五行	001
干支与五行	005
纳音应用概说	007
八卦基础	010
六爻纳甲	013
六爻装卦方法	020
口诀举例解析	023
十二辟卦	031
《梅花易数》起卦方法	034
二、干支易象解析八卦类	040
乾卦	040
坤卦	043
震卦	044
巽卦	046

坎卦	047
离卦	053
艮卦	054
兑卦	056

三、《观梅占》解析 059

《观梅占》原文与解析	059
干支易象解析《观梅占》	063
象意解析1　顺势取象"神透了"，碗碎白菜六十棵	067
象意解析2　均为易理精微象，不可思议安吉茶	069

四、《牡丹占》和《邻夜扣门借物占》解析 071

《牡丹占》原文与解析	071
干支易象学，三解《牡丹占》	072
《邻夜扣门借物占》原文与解析	074
干支易象解析《邻夜扣门借物占》	076

五、《今日动静如何》解析 077

《今日动静如何》原文与解析	077
干支易象解析《今日动静如何》	078
象意解析3　顺势而为取爻象，儿子损杯为癸酉	080

六、《西林寺牌额占》与《少年有喜色占》《老人有忧色占》解 082

《西林寺牌额占》原文与解析	082

干支易象解析《西林寺牌额占》	084
《少年有喜色占》原文与解析	085
《老人有忧色占》原文与解析	086
干支易象解析《老人有忧色占》	090

七、《牛哀鸣占》与《鸡悲鸣占》解

《牛哀鸣占》原文与解析	092
干支易象解析《牛哀鸣占》	093
《鸡悲鸣占》原文与解析	095
干支易象解析《鸡悲鸣占》五种思路	096

八、《枯枝坠地占》解

《枯枝坠地占》原文与解析	098
干支易象解析《枯枝坠地占》	099
象意解析 4　机缘巧合剪花枝，心经助力卖房子	100
象意解析 5　先卦宫再爻象，梦烧发应三事	101

九、《梅花易数》其他占法简析与易案例

《梅花易数》其他占法原文	103
其他占法案例	105
象意解析 6　鸟声占	105
象意解析 7　朱雀占	106
象意解析 8　形物占	106
象意解析 9　形物占	107
象意解析 10　颜色占判断思路	108

十、干支易象精解实测案例 　　　　　　　　　　109

象意解析 11　丙寅化戊子，爻动出黑猫　　　109

象意解析 12　盘碎顺势取壬午，克应烧纸及房产　　　110

象意解析 13　梦见房屋倒塌，克应人送鸡蛋　　　111

象意解析 14　惊悚一梦虽惊魂，不过出行小口舌　　　112

十一、《天时占》原文与解析 　　　　　　　　　114

《天时占》原文　　　114

《天时占》易理解析　　　116

象意解析 15　偶遇猫儿吃青草，克应次日雨又晴　　　119

象意解析 16　神话八戒戏嫦娥，现实婆婆扭秧歌　　　120

十二、《三要灵应篇》解 　　　　　　　　　　　122

《三要灵应篇》原文及精彩部分易理解析　　　122

象意解析 17　组字预测　　　133

象意解析 18　"架险禽，囚人未脱"应用　　　133

象意解析 19　坐似关公夜读书，妙应家中供三清　　　134

十三、《触机占断法》原理精解 　　　　　　　　135

象意解析 20　教授合伙人失联，外应参断显玄机　　　136

《触机占断法》原文精选与易理解析　　　137

象意解析 21　被蛇咬，主生女儿　　　143

十四、《观物洞玄歌》易理精解 　　　　　　　　144

《观物洞玄歌》原文　　　144

《观物洞玄歌》原理解析 146

象意解析22 歪树长疙瘩，克应女病重 150

象意解析23 食伤泄喻秀，恍惚说蟒仙 154

十五、《体用生克诀》等解析与批判 157

《占卦诀》原文与批判 157

《体用互变之诀》原文与批判 159

《体用生克之诀》原文及批判 160

象意解析24 寒冰巫师应烫腿，坎水中有离火象 162

《占卜坐端之诀》原文与拓展 163

十六、《万物赋》象意精解 167

《万物赋》原文与解析 167

象意解析25 鞋带偶断行程有变 174

十七、《饮食篇》原文及象意精解 175

乾卦 175

艮卦 176

象意解析26 "秋为蟹"例证 177

象意解析27 梦见烧纸起火，克应人送海鲜 177

象意解析28 丙申化鬼肺病生 178

坤卦 179

巽卦 181

坎卦 182

震卦 184

离卦	186
兑卦	188
学习干支易象，务要去套路化	189

十八、《观物玄妙歌诀》象意精解　191

| 《观物玄妙歌诀》象意精解 | 191 |

十九、《诸事响应歌》精彩象意解析　197

| 《诸事响应歌》原文 | 197 |
| 精彩象意解析 | 198 |

二十、《占物类例》等歌诀解析　200

《占物类例》解析	200
"龙战于野，其血玄黄"爻辞解析	201
《物数为体诀》解析	203
《观物趣时诀》解析	205
干支易象解析《观物用〈易〉例》	205
象意解析 29　丙申为钟，克应火光之灾	207

二十一、《占卜十应诀》精解与拓展　208

《占卜十应诀》原文	208
《占卜十应诀》象意解析与拓展	210
《论事十大应（论日辰秘文）》解析与拓展	211
《卦应》象意补充讲解	215

二十二、《玄黄克应歌》象意精解　　216

《指迷赋》原文象意精解　　216

《玄黄克应歌》原文象意精解　　219

象意解析 30　辛卯为床底，梦蛇得两物　　222

二十三、《探玄赋》等歌诀象意阐释　　228

《探玄赋》原文及平移易象思维　　228

《玄黄歌诀》原文与亮点解析　　230

《花押赋》原文与亮点解析　　231

《玄黄序》原文与亮点解析　　233

二十四、《字体诗诀》象意精解　　236

《字画经验》原文及解析　　236

六则测字易案　　242

《字体诗诀》原文与精解　　245

象意解析 31　测字齐为巽，领导忽调走　　251

二十五、《玄黄笔法歌》等象意阐真　　253

《八卦断》　　253

《玄黄笔法歌》原文与简要解析　　261

二十六、《断富贵贫贱要诀》象意解析　　264

《断富贵贫贱要诀》原文通解　　264

二十七、古测字易案简析 270

二十八、《易理玄微》象意解析与拓展 274
　《易理玄微》原文与拓展解析 274
　干支易象解析两则成语 279

二十九、《测字秘牒》象意精解 281
　测字十法 281
　心易六法 286
　测字取格大法 288
　象意解析 32　祖坟出蛇，灾事重重 291

三十、《至理测法》及《梅花易数》序言易案解析 293
　《测字双句格法》 293
　《测字散格法》 294
　《杂占赋》 295
　《至理测法》解析 297
　《梅花易数》原序故事解析 300
　干支易象解析《梅花易数》原序两故事 302
　宋代易学大家叶简三个易案赏析 304

附录：干支易象学之象意组合与拓展 310
后记 359

前　言

本书对民间流传的象数易学著作《梅花易数》进行循序渐进地解读和探研，在方法上既遵循原原本本的解读，又做拓展延伸的阐释，对于有基础的能够进一步地加深对易理的理解，起到夯实基础产生理论飞跃的作用，对于没有基础的则是更能增加对象数易学的兴趣和快速入门理解。

《梅花易数》的序言中，主要讲述了邵康节的几个著名易案，并由《观梅占》这个易案，形成了《梅花易数》。如果把《梅花易数》序言里的故事当作是一种象，我们尝试用《周易》象思维模式解释和演绎《梅花易数》里的这些易案和故事。本书开始的部分内容主要是为读者介绍相关基础知识，特别是有很多读者此前没学过或者很少接触这方面的内容。在此基础上，我们才能尝试把《梅花易数》这本古籍中的故事通过象数思维演绎出来，包括邵康节"击鼠枕破"故事中老鼠是什么易象，枕头的易象，以及为什么其家人依言而行，果然"得到一瓮黄金"等易象，还有这些象意对于我们了解《梅花易数》是不是像序言里说的这么神奇，对于破除对占卜等术数的迷信心理以及对于如何正确认识和解读《周易》原文，都有一定的启发意义。

一、五行干支与八卦

我们先简要介绍一下五行。因为任何一门术数，包括奇门遁甲、六壬金口诀，还有六爻等等都是讲五行的。初学者在没有弄清楚五行关系之前直接学习八卦，就会越来越迷糊。

阴阳与五行

阴阳与五行，是古人观察的结果

古人认为，我们的世界是由金、木、水、火、土五种物质构成，这就是五行。那么五行是由哪里来的？其实就如同古人最先发现阴阳一样，也来自生活中的观察。

阴阳

古人又是如何观察呢？就是"远取诸物，近取诸身"，比如早晨一出门，看到太阳升起白天到了，到了晚上太阳落下天就黑了，周而复始，于是就把白天看得见的定为阳，晚上看不见的定为阴；后来又发现植物的叶子也分阳面阴面；看到人有男女也是阴阳，这样就发现了阴阳的几种规律，再用这几种规律反观大自然中的种种现象，发现都是由阴阳构成，阴阳之间又不断循环，就像白天黑夜的轮换。这种阴阳的规律用图来表示，就是一个阴鱼和一个阳鱼相连，并且在不停地转动。又观察到天地是一体的，于是用一个外圆又将阴鱼和阳鱼圈在一个整体之中，以此来表达对世界对立统一现象的理解，这就是最早的阴阳思维。后来又发现了四季的变化，春天逐渐变暖，夏天转热，秋天又渐渐变凉，到了冬天又开始上霜下雪，通过观察并把这些现象记录下来，以阴阳组合的形式绘成图形，又产生了四象和八卦。

五行

五行也是从观察自然界中来的。最早人们用柴木烧火或者是用来建居所，需要找坚硬的东西比如刀斧之类，把柴木劈开，就将这些坚硬的金属类，五行定为金；生活中没有水，人和动物都活不了，于是认为世界构成里有水；后来发现下雨之后，大地上的植物就会生长，就得出了水生木这个原理；以火取暖和煮食，又发现火烧完了变成土，为火生土，——诸如此类的长期观察，发现我们生活的这个世界，在视野范围内大致就是由这五种物质构成的：一个是水，一个是木，再一个有刀斧金，把食物煮熟需要火，火烧没了是土，我们脚下踩的大地也是土、山也有土的成分，把这几种成分记录下来，五行就产生了。我们很多人看完八卦图、阴阳鱼、金木水火土五行还有干支之后，感觉像看天书一样神秘，觉得研究不了。

实际上阴阳和五行，起源很简单、很朴素，从古代没有文字之前的结绳记事，到最初的甲骨文以象形文字记事，逐步形成了文字和象形思维，这里面没有任何神秘之处。都是我们身边一些熟视无睹、耳熟能详的生活现象，再经历了长时间的经验积累与记录总结。譬如八卦，即使是伏羲圣人创造了它，那也是基于几代甚至更多先人的观察累积，到伏羲时代总结出来而已。现代人初学易经，一听说相生相克可能会感觉别扭，会有陌生感和神秘感，不理解也不愿意去认识它，总感觉跟我们现有的知识体系相比好像挺另类。这些年随着传统文化的普及，特别是周易热的兴起，很多年轻人也开始对周易产生了兴趣，他们都觉得周易传说得很神，能够预测，就想一探究竟，想系统地学习和了解它。

五行生克

古人通过观察，同样发现了五行之间还有互相制约、相生相克的关系。什么是相生？水生木，这叫相生，木燃烧后起来火，也叫相生。什么是相克？比如一棵树，我们用斧子或者锯把它伐倒，这就是相克，叫金克木；着火了，用水把火浇灭了，这叫水克火。

很多人虽然学完五行和生克关系，但不熟练，一问愣神半天，还要现合计现想，这绝对不行！必须熟练到不能有一点犹豫，不能有反应时间，要像照镜子似的，往那一站，马上就出来影像。不管现在没基础的还是有基础的，将来必须都要达到这个熟练程度，否则就没法组合象意。如果只知道单个知识点而组合能力不行的话，实际运用中就不行，而组合能力不行的原因就是基础欠缺，熟练度不过关。

记住相生相克的方法其实很简单，把它放到生活中就好理解了。哪儿着火了，用水灭火，这就是水克火；想到钢厂炼钢铁，就能想到火克金；想到砍柴，就想到金克木；木克土，再看看各种植物苗,虽然开始弯弯曲曲,但是能破土而出,记得有一篇文章叫《种子的力量》,就是很好的描述;土克水也简单,比如抗洪大堤,就是用土来解决水的灾害,就是土克水,所谓"兵来将挡,水来土掩"。再比如水生木,最简单的就是养花要浇水;烧火炉就是用木来生火;火烧完了变成灰了,就是火生土;女同志戴的金银镯子,都是土矿里出来的,这就是土生金;生活中最简单的一个现象就是天气冷了之后,金属表面上会出现一些小水珠,这就是金生水。《千字文》上也有"金生丽水"的古语,道理就这么简单,都是源自生活的观察和生活中的常识。我们老祖宗发明这个五行并不是很难,大家因为不了解就觉得五行相克相生很难,但放到生活中就好理解了。

当然还有一个规律,就是五行反晦,就是出现了反克现象。比如有个成语叫"杯水车薪",就是拿一杯水去救一车木柴燃起来的火,此种情况下,这杯水是克不了火的,生克也要有一个相等的量级。再比如我们拿刀砍很坚硬的木头,刀反而可能卷刃出现豁口,这也是木太旺金太弱,它们之间的量级不匹配。既然这是生活中的一种现象,那么在五行中也会出现这种现象,在中国传统的命理及所有术数中,也一样会出现这种现象,生克也不是绝对的,但传统命理就把这个说得挺神秘。

再举一个纳音的例子:《三命通会》中有金箔金遇大海水主伤残的说法。有人问,不是金水相生好吗?但现实是金箔金放到海水里就要被冲零碎而四散漂落了,对于人而言那不就是残废了吗?相生也需要同量级匹配。像我们生活中的饭局似的,不是随便什么人都能坐在一起,请吃饭也不是想请谁去谁都能去,交朋友也不是想跟谁交往就能跟谁交往的,跟五行关系是一个道理。

干支与五行

六十甲子

一提到六十甲子，大部分人都知道是由天干和地支组合而成的六十组干支。一般年纪到了六十多岁的，都称为已过花甲之年。因此，六十甲子也叫六十花甲子。古人把天干地支，以阳干配阳支，阴干配阴支，甲子，乙丑，丙寅，丁卯……六十组一个循环，就组成了六十甲子表。所谓的纳音，正是指这六十花甲子的每一组干支的五行属性，也叫纳音五行。平常的老百姓稍有点五行常识的，都知道正五行，即东方甲乙木，南方丙丁火，西方庚辛金，北方壬癸水，中央戊己土。地支则是子亥为水，辰戌丑未为土，申酉为金，巳午为火，寅卯为木。而纳音五行，则是干支组合在一起而形成的一种五行，如甲子乙丑海中金，丙寅丁卯炉中火，戊辰己巳大林木，庚午辛未路旁土，壬申癸酉剑锋金，壬戌癸亥大海水，以此类推金、木、水、火、土就都有了。这种对一组干支组合的称呼叫纳音，也就是我们平常老百姓讲的我是木命，他说我是火命等等的本命五行。如1970年生人则为庚戌与1971年辛亥同为钗钏金命，又如1984、1985年生人则为甲子乙丑为海中金命。

古籍中较为翔实的纳音论命都保存在《三命通会》和《兰台妙选》之中，虽说相传为唐代李虚中著《李虚中命书》三卷也讲纳音论命，但经笔者比较研究，较之上述两本书中的论述和实践价值要大打折扣。纳音六十甲子很重要，建议大家要熟练掌握，这个是必背常识，也是很主要的干支易象学的应用技法。六十甲子纳音一共三十组，我们可以通过亲友、朋友的年命纳音协助记忆。记忆一定要讲方法，一定要学得轻松，将来用的时候才能轻灵快捷。因为没有速度，很多易象是出不来的，而速度的前提是熟练，特别是基础知识，脑子不能有反应时间，必须像镜子一样，一下子就要出现在脑海里。

十二地支五行属性

干支体系也有相生相克。我们首先需要清楚十二地支中哪些是金，哪些是木，哪些是水，哪些是火，哪些是土，然后才能论生克。以前农村找对象，都有找算命先生看一看命相是不是相冲相克的民俗，就像《小二黑结婚》里的二诸葛算出二黑与小芹命相不对、八字不合、五行相克，这就是最简单的干支五行应用。十二地支中亥和子为水，辰戌丑未为土，寅卯为木，巳午为火，申酉为金，这就是十二地支的五行属性。记得以前看过一个八卦阵的电影里说，东方甲乙木，南方丙丁火，北方壬癸水，西方庚辛金，中央戊己土，然后东方青色衣服多少人，南方红色衣服多少人，北方黑色衣服多少人，西方白色衣服多少人，中央黄色衣服多少人，布成八卦阵，这其实就是天干五行和它们的颜色属性。

五行种类

除了刚才介绍的正五行、纳音五行外，还有中医五行，纳甲五行等等。纳甲五行后期会单独介绍，中医五行，包括五行代表的身体部位、脏腑器官，还有五行配五味、五志等，如火主眼睛，主心脏，主苦味，主喜；木主肝，主青色，主酸味，主怒；

水代表肾，主黑色，主咸味，主恐等。本书只能提纲挈领地介绍，大家可以自己找资料进一步学习，而且一定要学懂学熟练。

纳音应用概说

纳音的运用之所以不被重视，主要原因是没有被广大易友认知。在大多数的易友中，对于命理多依靠围绕日元辩旺衰取用神，来推测吉凶，而很少有人运用纳音。此外，还有一个更主要的原因是，纳音虽被广大易友们熟悉，但看《三命通会》中的内容又觉得都是粗线条，不具体不系统，读《兰台妙选》又觉得华而不实，所以看了也觉得没什么用。故而多数人舍弃此段避而不谈。其实，在我的研究中纳音是完全可以运用于生辰八字预测的，同时又不必局限于八字，还可以三柱占、两柱占，甚至一柱占，灵活地运用，多有奇验。

例1：2017年末我在讲梅花易数语音课，群中有易友说朋友的小孩走失了，家中急坏了，问能否找到。记得群中没有易友为其预测，我是由于讲课的原因，心想不如就地取材，用此来验证一下纳音的神奇。我见当日的天干为壬子，时辰为乙巳时。我当即判断未申时有人将小孩送回，到了申时易友反馈果然小孩被人送回。

大家都好奇这个应期是怎么判断的呢？其实，我大象上完全是运用纳音判断的。在《三命通会》中讲甲辰乙巳灯火的纳音部分中有："甲辰乙巳为灯火，壬子壬午癸未等木为灯蕊，见之吉。"那么壬子日乙巳时测走失小孩，怎么定位子孙呢？按纳甲法来论乾卦纳壬甲，故壬可视为乾，而乾见子为子孙爻，故壬子可为小孩的类象，加之乙巳为坤卦的二爻为宅为家，壬子为灯蕊见乙巳灯火为相生关系为子孙生宅爻为小孩回家之象，为丢不了。未时一过到申时，则为未申相见为坤则可用坤之世爻癸酉子孙爻现身。应乙卯，卯为门户，故为子孙临门，为小孩归家之征。未申为两个人为有人送回之象。

例2：有人找我看相，其人长相如《聊斋志异》中的鬼怪。我脑海中一下想到《麻衣相法》中有："有的人从山林中来，有的人从水中来，有的人从天上来，有的人从鬼怪中来。"确实是这样，大千世界人的相貌千奇百态，有的人长得俊秀，有的长得像山中的野兽，有的人长得像水中的鱼类。如相书上形容眼睛长得像金鱼者早死；还有的人长得像鬼怪，让人见之毛骨悚然。看到鬼怪之相，我一下想到一般精怪，按神话传说和民间故事的思维来讲，都是怕雷火的，所以我当即判断此人，2008年有奇灾，结果出了车祸，顺此思路又判断几点也皆应验。在纳音中，戊子己丑为霹雳火。而2008年正是戊子年为雷火之年，故鬼怪之相的人此年有奇灾之征。

例3：乾造　庚戌　辛巳　甲寅　壬申　此命为新认识的朋友，在饭桌上，我当即判断他2016年丙申岁被人告了打官司。反馈：果然是2016年被人告了打官司。原理是《三命通会》中讲："纳音剑金被刑，被克均为不吉主凶。"2016年丙申岁一是丙申纳音火克壬申；二是柱中有寅申巳三刑，逢丙申岁剑金临太岁旺动甲寅又合辛巳为刑，故此年被告打官司。

例4：近日有人问我他的公司中有中智二字，我当即判断此公司2008、2009年钱被朋友骗了，主有理说不出。反馈：2008年被骗近200万元。

我的思路还是纳音，中央戊己土，中取戊，智字下为日，与戊组合，为戊午为天上火，为太阳之火。而2008年为戊子为霹雳火，为晴天忽然打了个雷，为晴空霹雳之征，故为不吉为损财之征。

从上面的易案来看，纳音的应用范围是十分广泛的，我在六爻的易断、八字、奇门、六壬金口诀中均运用纳音，均得到精准的验证。纳音的运用，只有系统学习才能运用自如。下面再讲几个实例。

例1：一次晚餐聚会，陈某向大家介绍我在研究易经，饭桌上他好朋友的爱人——某学校的老师，说有一件事要问我，看看怎么样。我当即依据她坐在我东南方向（左手斜对的地方，不是真正的地理方位），我说："你是问小孩的事吧？"她说："对，问孩子的婚事。"我一一对她的问题做出了解答，随即我又判断，她家哪年财运好，哪年不好，均得到应验。最后我说："你2013年把家中积蓄全部投资了，而且此年你家发水把邻居家给淹了。"反馈：此年把家中的钱全部拿出来投资了房产，而且家中确实发水把邻居家给淹了。

这个我主要取东南方向为巽，取巽之辛卯持世，再加之她胸前挂个圆形的金属装饰物，我一下想到辛巳为子孙发用，故断她是问小孩之事，至于说投资和水淹邻居的象意解析此处略去。

例2：当时与我正对着的一位女士也来问财运，我见她穿了一件白色的羊绒衫，就确认一下她的实际地理方位，因为此前东南方位还有一位女士也穿着白色衣服问我，我说上月多进了工资以外的钱。反馈：多发了绩效奖。那么同样穿白色衣服的就不能按心中的方位论了，我一确认为西北方向，就判断她2012年进财是高峰，2014至2017年钱全部压在投资中且破财，皆验。

此例我主要取纳音的壬申剑锋金，2012年为壬辰年，按《三命通会》讲是宝剑化龙，故此年最吉，故判断此年收入高峰。

例3：陈某也问我："云飞，朋友欠我钱，你看什么时候能还我？"我亦是按方位判断的，我说前几天应该给了你一小笔，他打开手机微信，上面可以看到四天前他回复朋友的信息，给我看是收到十万元。此例我主要是按他坐在我右手侧，因是圆桌我心里方位为西北方向，取甲子为海中金，今临月令为朋友动，子孙临金为有钱进来之征。为什么会进来钱呢？因为甲子在乾初爻为内卦为宅中之象。

综合论之，纳音的运用即使不用纳甲，也可以判断到流年流月，关键是要全面系统地研究纳音，才能更好运用于实际预测。可以说，纳音的起源很早，据考证最早应该出现在西汉初期或中期，原因是有一个纳音叫石榴木，而石榴是西汉张骞（公元前140年）出使西域公元前115年回国后，汉民族才有了石榴。可是如今纳音法的运用，应该快成绝学了，因为书本上有纳音的用法，但今人很少去研究去继承了。

八卦基础

大家一定要把基础打牢，学扎实，基础不牢，地动山摇。八卦实际上就是用一种符号，表示八个方向或者八种事物又或者是八个人。八个人也代表了我们的家庭组成成分。那么这个符号怎么看呢？这一个长横就代表阳爻，可以理解为白天、正面；分开的两个短横，这叫阴爻，可以代表黑天和背面，这就是我们常说的太极生两仪，实际上我们现在的宇宙没爆炸之前，就是一个混沌的太极状态。

爆炸以后，清气上升为天，浊气下降为地，这就是阴阳，就是太极生两仪。然后两个阳爻放在一起叫太阳；两个阴爻放在一起叫太阴；一个阴爻在上，一个阳爻在下，叫少阴；一个阴爻在下，一个阳爻在上叫少阳，这就是四象。基于生活的观察，四象再加一个阴爻或者阳爻，三个爻上面代表天、下面地，中间代表生活在天地间的人类，古人谓之"三才"，就形成了三画卦。比如一个阳爻重叠三次放在一起，就叫乾卦；三个阴爻叠放在一起，这叫坤卦。三画卦一共有八个，所以叫八卦。三才再分阴阳，也就是八卦两两相错，每个与自己和其他七个组合，变为六画卦，按照数学排列组合的原理，很简单地得出一共有64种组合方式，这就是64卦。

八卦图分为伏羲八卦（先天八卦）图和文王八卦（后天八卦）图。伏羲八卦把乾卦放在最高处、最上方，代表天，用数字

1来表示；把坤卦放在最下面，代表地，用数字8来表示。然后按照乾一兑二离三震四巽五坎六艮七坤八的顺序，依次排布，这叫先天八卦数，梅花易数数字起卦，就用伏羲先天八卦数。传说周文王根据后来地壳变迁之后发生的变化，将先天八卦图进行了修改，把离卦放到乾卦的位置，把坎卦放到了坤卦位置……如图所示。我们现在包括奇门遁甲以及其他术数，都用文王八卦，伏羲八卦只是用其数，不用这种模型了。

古人又把八卦配成五行，乾卦代表金、代表父亲；坤卦代表土，又代表母亲；然后震卦代表长男，上面两个阴爻，底下一个阳爻，五行是木；巽卦上边两个阳爻底下是一个阴爻，代表长女，五行也是木；中间是一个阳爻两边都是阴爻，代表坎卦，五行是水，代表中男；同样离卦为火，代表中女；艮卦为土，代表少男；兑卦为金，代表少女。六子中三男长、中、少为坤卦依次取乾卦之初、中、上三爻而立；三女长、中、少则是乾卦依次取坤卦的初、中、上三爻而成。古人讲究事不过三，也就是一对父母生六个孩子就可以了，正好构成八卦。所以八卦也好记，就记住父母是乾卦和坤卦，然后大哥大姐是用震巽表示，二哥二姐用坎离表示，最小的弟弟和妹妹用艮兑表示，将八卦作为一个家庭来研究就好了，没什么神秘的。

古人也发明了一个记八卦的口诀，就是：

  乾三连 坤六断 震仰盂 艮覆碗 巽下断 兑上缺 离中虚 坎中满

然后再记住八卦的五行和生克关系，那么最基本的预测就可以由此开始，逐步展开了。简单类象比如乾卦遇到离卦，乾代表父亲，离火克乾金，就可以说父亲病了；母亲为坤为土，遇到木，是木克土，就可以说母亲身体有问题了；离卦火遇到坎卦水，也可以说眼睛出问题了……这就是最简单的类象和预测。

后期我们逐渐再丰富类象思维，预测就可以逐步拓展和深入了。我们类象理解得越多，想象力就越丰富，然后再不断提升类象的联想和组合能力，预测精准度就越高。但学习不能着急，一定要循序渐进，把基础夯实打牢，基础不好的，必须首先要恶补基础知识，如果确确实实喜欢这门学问，那就把基础记熟记牢，不能有一点儿含糊，不能一问五行什么克什么，还得现想，在脑子里现合计；一说某个卦象代表什么，也需要在脑子里现合计，更谈不上象意的组合能力了。好多人学习了好多年，一直感觉自己行，但是真正一到组合的时候就懵了，才感觉基础没学好，速度跟不上。

我们如果现在面对《焦氏易林》的时候，更会感觉思维不够使，速度不够快，里面庞大的象意点，还是运转不了，所以大家千万要重视。后面我们还要研究特殊类象，研究古人为什么如此类象，还要引入一个最基本也是最重要的概念——纳甲法。

六爻纳甲

六爻纳甲法是所有术数的基础甚至是核心，这是我的看法。六爻纳甲法学会之后，大家学什么都可以，而且应用起来也会得心应手。六爻纳甲法，也是所有学术数的最大瓶颈之一。为什么突破不了这个瓶颈？很多人怎么说都不相信，就是不重视，不当回事，总是要好高骛远，总想学点高难的，学点高招，但是却不知道这些经典，都是由基础积累起来的。这一关过不了，后期即使能看懂了本书的易案和解析，也还是无法转化和应用。

纳甲法非常非常重要，大家即使投入更多的精力用在纳甲法里也不为过。纳甲法也不难学，只要用心都能学得滚瓜烂熟。但是往往有很多人忽视这一部分，有的学了两三年，再问还是不知道。关键是用不用心，其实稍微上点心就可以做到，一天抽出半个小时，就能学懂和熟练掌握。

《梅花易数》很多类象，没有纳甲法，根本解决不了问题。即使知其然，也不知其所以然，实践时也根本用不了。因此，要想学得很好，就必须把纳甲法等基础知识认真熟练掌握，才能越学越轻松，否则后期进行象意组合的时候，半天反应不过来，思维就会短路。

什么是纳甲法？纳甲法就是把六画卦的每个卦画符号都装上干支，每个卦画、每一爻都化为干支来表达。

纳甲法口诀

纳甲法口诀如下：

乾金甲子外壬午，坎水戊寅外戊申，
艮土丙辰外丙戌，震木庚子外庚午。
巽木辛丑外辛未，离火己卯外己酉，
坤土乙未外癸丑，兑金丁巳外丁亥。

比如"乾金甲子外壬午"，学过六爻的都知道乾纳甲壬，现在需要再配上地支。那么就按照"乾金甲子外壬午"的口诀，初爻起甲子，四爻起壬午，然后按照六十甲子表，阳干配阳支，阴干配阴支，二爻越过乙丑，配甲寅，同理三爻就是甲辰，五爻为壬申，最上面那个爻位，就是壬戌。

这个爻象看着很简单，实际上不简单，熟练掌握不简单，熟练应用更不简单。这里要注意两个问题：一个是在装卦的时候，一定不要只保留地支，把天干去掉。京房纳甲法绝对不是把天干拿掉，否则有很多纳音的技法就没法用了。再一个是装卦要遵循阳顺阴逆的原则（乾、坎、艮、震，也就是父亲与长男，中男，少男为四阳卦；巽、离、坤、兑也就是母亲和长女，中女，少女是四阴卦）。阳顺比如乾卦，就是甲子，甲寅，甲辰，壬午，壬申，壬戌，顺时针排列；阴逆比如坤卦，就要从乙未，乙巳，乙卯，癸丑，癸亥，癸酉，逆时针排列。

为什么不用三画卦，而用六画卦呢？这个就如同我们的身体，有内有外，外边的疾病是眼睛，对应内部就是心脏，内外有一个相应关系。马克思主义哲学中有内部矛盾和外部矛盾，而且是普遍存在的，所以任何事情都有内外，三画卦不足以把内外包罗万象的象意概括，所以易经就用六画卦，下三画卦为内，上三画卦为外，来表达内外也表达阴阳的关系。乾卦从甲子到甲辰这三画叫内卦或者下卦，从壬午到壬戌这三画卦叫外卦或者上卦，其他同理。

六亲

装上干支后，就要装六亲。什么是六亲？比如乾卦，就要以其五行属性金为中心，也可以理解为金就是我，然后以我为中心，展开社会关系，这就是六亲。不论是古代还是今天，也不论科技多么发达抑或电子产品多么盛行，作为一个人的社会关系属性是永恒不变的，比如父母永远是父母。乾卦为金，土生金，生我者为父母，那么乾卦中地支为土的干支就标注为父母，具体就是上爻和三爻都标为父母。

父母代表什么？一个是可以代表自己的父母，还可以代表证件、文书、学历、车辆、房产等，这些都是父母的属性。

兄弟代表什么？朋友关系、兄弟关系，都是兄弟，另外兄弟主争夺，所以同行、对手等具有竞争关系的也是兄弟。见到兄弟一般是主破财，从古至今都是这么一个说法，但实际还有一些变化，任何事情都不是绝对的。我生者是子孙，代表子女，还代表养的宠物、家禽，还有部属、员工等，这些都为子孙爻。乾卦金生水，所以初爻甲子水就是子孙。所以说，六亲跟科技发展、跟社会变化没有关系，不论在古代、当代，还是未来，无论怎么变化，只要人类存在，这些关系就存在，都有父母、兄弟、子孙等。我们祖先非常智慧，就发现了这种关系。

二爻甲寅为木，为我克者，为妻财。妻财第一代表财产珠宝；第二，老婆、爱人、情人等也都可以用妻财代表。为什么我克者为妻财呢？因为在古代，钱可以为我支配使用，对于家庭而言又是男主外女主内，就把妻子也视为财产的一部分，所以我克者的类象归纳为妻财。尽管现代社会男女平等，也出现了很多女强人，但是家庭仍然是社会的最基本单位和"细胞"，因此基本的社会属性没有变，这个妻财的类象依然存在。

这个社会上总有管你或者说是克你的人，克我者就是官鬼爻。乾卦中九四爻壬午为官鬼，代表单位的领导，又可以代表官司，也可以代表小人，还代表疾病，社会不论怎么变化，疾病也是一直存在的。这样父母、兄弟、子孙、官鬼这五种社会关系，加上自己就是六亲，它包含了所有的社会关系和属性关系。

这就是六亲的基本类象，当然六亲的类象还有很多，后期再逐渐延伸拓展，现在先把基础讲透，先总结和讲解基本规律，规律会了其他慢慢就都会了。分析预测一个事情，就要在六亲里面去找对应的合适的符号，比如测父母相关就要看父母爻，测兄弟相关看兄弟爻，看能不能升官就找官鬼爻，能不能发财则看财爻，考虑孩子那就要看子孙爻，看疾病也需要研究鬼爻……，所有现象全部浓缩在六亲关系之中了。

世应爻

世应爻也是六爻纳甲法的一个重要的基础概念，世爻代表我，应爻代表他人。我们在看卦象的时候，除了看六亲符号外，还要参考世应爻的信息，当然这个也不是绝对的。八纯卦（乾、坎、艮、震、巽、离、坤、兑，谓之八纯卦）的世爻，都在上九或者上六爻，也就是最上面那个爻，应爻都在三爻。但是除了八纯卦，64卦中的其他卦，世应爻是有变化的，也有变化口诀，后面我们会具体讲。只要口诀和规律性的特点记住了，64卦也不用全记。

八纯卦中，只有兑卦和乾卦是父母爻持世。其中乾卦父母爻壬戌的应爻是父母爻甲辰龙，所以乾卦才代表龙，是从世应爻的象意演化来的，不是俗称的种种解释，这一点在导语里提到过。《焦氏易林》里的很多注解，也是应用了世应爻，所以世应爻的概念非常重要。

我们再看看坤卦,"坤土乙未外癸丑"。坤是阴卦,所以其六亲装卦是逆时针顺序,初爻乙未为兄弟,四爻癸丑也是兄弟,其他二爻为乙巳父母,三爻为乙卯官鬼,五爻为财爻癸亥,上六爻世爻为子孙癸酉。其他几个八纯卦的六亲,请读者自己按口诀装一下,八纯卦六亲是64卦的基础,务必要牢记和熟练。六亲也可以放到现实生活中去理解,就会很容易记住。

普及完这些基础内容,大家就不用单独去学六爻了。很多《梅花易数》中的类象,都是用的纳甲法,只是原文没有说出来而已,不用纳甲法的话,很多易象根本解释不了。

后期章节会有一些高难度的易案作为实例,也会详细解析是怎么判断的,里面的易理到底是什么,并能对纳甲法和干支易象学有一个全面的认识。还有一点,大家在今后的学习过程中,一定要抛弃生克制化那套东西,完全不要用那些东西。只有抛弃生克制化那一套,按照易象的思维去理解卦象,去运用卦象,判断速度才能快,而在旺衰和生克制化圈里走不出来的话,到最后学了等于和没学一样,就没有思路了,邯郸学步说的就是这种人。

爻位及基本象意

这也是六爻纳甲法的基本功之一。六爻爻位最基本的代表象意有:

上爻　为太庙,也可以为神像

五爻　为道路

四爻　为户

三爻　为门

二爻　为宅，为灶，为井

初爻　为宅基地，也可以为井

比如二爻被克，就有可能是灶出问题了；上爻被克，可能是家里供的神像有损，因为普通老百姓不可能像皇帝似的，家里有太庙；若是看到五爻生二爻宅爻，五爻主道路，就有可能是外地来人到家里，预测一个房子好不好，也要看宅爻等等。爻位图就是这样用的。

《梅花易数》我们既要原原本本地学，又要在原著的基础上，提炼思路，提炼招法，然后结合到实战中去检验，看看到底能不能用，用了准不准，大家也可以找出一些包括我解梦的例子，试着做解析，做比较研究，这样就能看到它的实用性，但这些都得一步步来。《梅花易数》我认为是基础的内容，既然是基础的内容，大家如果不把基础打好，那别说是预测，即使欣赏也不一定能欣赏得了。我们要学会能借助古代这些案例，也包括古代《搜神记》等笔记小说和神话小说里一些没有易理注释的故事，从中有所思，有所想，有所感悟，这样我觉得才有意义，否则即使大家看到了一些非常精彩的易案和理论技法，但到最后自己都不会用，那不还是等于零吗？所以本书也会本着对广大读者认真负责的态度，选择那些有启发、有帮助，大家在现实生活能用到的理论知识。希望大家也认真起来，要走心，要养成做笔记的习惯，认真扎实地学好基础，打牢基础。有的水平也非常高，但他们仍然非常谦虚，觉得自己基础还不行，要求再学习，再打基础，这种学习精神可嘉，我也非常赞赏和高兴，而基础不好大家就更应该努力学习了。有的人也不要觉得测对几个案例，就觉得自己挺牛、很行。如果这样，他反而已经不行了，到头了。

六爻装卦方法

64卦分属于八纯卦宫，每宫八卦。为了方便寻世应爻和卦宫，古人分别总结了"寻世应诀"和"寻卦宫诀"两个口诀一共七句话，就像古代的七言诗。

寻世应诀与寻卦宫诀

寻世应诀：

天同二世天变五，地同四世地变初，人同游魂人变归，本宫六世三世异。

寻卦宫诀：

一二三六外卦宫，四五游魂内变更，归魂内卦是本宫。

寻世应爻也是为了下一步寻卦宫做准备，通过世爻在哪里，按照寻卦宫诀，就能找到这个卦属于哪宫卦，然后以此宫卦的五行属性为我，然后才能再按照"我生者为子孙，生我者为父母，我克者为妻财，克我者为官鬼，同我者为兄弟"取六亲装卦。寻世应爻诀的主要作用就在于此。

前文说过使用六画卦，是为了两两相应的，如同眼睛对应心脏，有内有外，有人看面相就能知道得了什么病，所谓的面诊，道理就在于此。卦爻也是这样内外相应的，其实也可以这样理解：内卦作为一个三画卦，地在下边，人在中间，天在上面，而外卦相应的位置，也有一地一人一天，所以就产生了六画卦。爻位是隔两个相应，即1、4相应，2、5相应，3、6相应，实际就是地与地应，人与人应，天与天应。比如要测大自然灾害，可以此作为一个基本参考，看哪些事情是地的因素，哪些是人的因素，哪些又是天的因素，所以这些东西都是有用的，按照口诀来也是一点没有错的，我们下面具体做一下口诀解析与举例，请大家务必要记住。

"本宫六世三世异"。我们讲过八纯卦的世爻都在上爻，应爻都在三爻，这其实就是口诀中"本宫六世"；而"三世异"就是：上下卦中的天地人三个爻都不相同，它的世爻就在三爻，应爻在上爻，如地天泰和天地否卦，乾坤组合，三个爻都不一样，就是三世异，世爻在三爻。

"天同二世天变五"。山天大畜卦，上面是一个艮卦，下面是一个乾卦，上下比较，只有天爻相同都是阳爻，而下面乾卦两个爻是阳爻，艮卦两个爻则都是阴爻，阴阳不同，按照寻世爻口诀"天同二世天变五"，世爻就在二爻，应爻就在五爻。山地剥卦，上艮下坤，地爻相同，人爻也相同，只有天爻不同，按照口诀，天变为五爻持世，与二爻相应。

"地同四世地变初"。雷天大壮卦，上震下乾，只有地爻相同，按照寻世应诀"地同四世地变初"，为四爻持世，应初爻。风天小畜卦，上巽下乾，天爻人爻上下都相同，只有地爻不同，就是口诀里的"地变初"，为初爻持世，应爻在四爻。

这个非常好理解，用卦图一对比，再把口诀背熟练，天地人位置弄清楚，装卦安世应就不成问题了。

"人同游魂人变归"。天地爻都不同，只有人爻相同的卦，叫游魂卦，一般是每个卦宫里的第七个，而第八个就为归魂卦。归魂卦的特征是天地爻都相同，只有人爻不同。游魂卦就是卦爻变化到极致了，而归魂卦则是又回来了的意思，大家了解一下即可。古书上有句口诀叫："游魂千里外，归魂不出疆"，就是如果预测人走失的话，遇游魂卦人就走得远一些，而归魂卦人就在附近。

这里有一点需要特殊记忆，就是游魂卦是四爻持世应初爻，归魂卦是三爻持世应六爻，对应的寻世应口诀就是"人同游魂人变归"。还要注意一点，三世异和归魂卦都是三爻持世，但它两个对应的寻卦宫的口诀是不同的，具体后面再说明。

世应爻找完之后，接着就要通过"寻卦宫诀"来确定这个卦属于哪一个八纯卦的卦宫，然后以这个宫卦的五行属性来配置六亲。"寻卦宫诀"是以世爻的位置来寻找的卦宫，具体为：

"一二三六外卦宫"。就是世爻在初爻、二爻、三爻、六爻的卦，其卦宫就是外卦的那个宫，比如天风姤卦（上乾下巽）初爻持世，其卦宫就是外卦乾卦宫。

"四五游魂内变更"。就是世爻在四爻、五爻以及游魂卦，其卦宫是内卦那个卦的卦爻符号，将阴阳全变以后的那个宫。比如泽天夬五爻持世、水天需（上坎下乾）游魂卦，其卦宫就是内卦乾三个爻全变阴

天风姤（乾）

应

世

泽天夬（坤）

世

应

火天大有（乾）

应

世

地天泰（坤）

应

世

爻，为坤卦，坤卦就是它们两个卦的卦宫。

"归魂内卦是本宫"。提醒大家注意的就在这里：归魂卦也是三爻持世，但归魂卦的下卦才是其卦宫，比如火天大有卦（上离下乾），就是八变，为归魂卦，下卦乾卦就是其卦宫；而地天泰卦也是三爻持世，但它却是外卦的坤卦为其卦宫，这一点一定要区分开。

口诀举例解析

下面完整地举几个例子：

1. 天山遁（上乾下艮）卦

第一步，装纳甲干支。

第二步，寻世应。

上乾下艮，只有天爻相同。按照寻世应诀"天同二世天变五"，二爻丙午持世，应五爻壬申。

第三步，寻卦宫。

按照口诀"一二三六外卦宫"，外卦乾卦是天山遁的卦宫，五行为金。

第四步，装六亲，以乾卦金的五行为我。

天山遁（乾宫卦）

六爻壬戌生我者父母
五爻壬申同我者兄弟应
四爻壬午克我者官鬼

三爻丙申同我者兄弟

二爻丙午克我者官鬼世

初爻丙辰生我者父母

2. 地雷复（上坤下震）卦

第一步，装纳甲干支，上卦装坤卦上卦的纳甲干支，下卦装震卦下卦的纳甲干支。

六爻癸酉

五爻癸亥

四爻癸丑

三爻庚辰

二爻庚寅

初爻庚子

第二步，寻世应。地变，初爻庚子持世。

六爻癸酉

五爻癸亥

四爻癸丑应

三爻庚辰

二爻庚寅

初爻庚子世

第三步，寻卦宫。

初爻持世，按照寻卦宫诀，一二三六外卦宫，所以其卦宫就是外卦的坤卦。

第四步，装六亲，以坤土为我。

地雷复（坤宫卦）：

六爻癸酉我生者子孙
五爻癸亥我克者妻财
四爻癸丑同我者兄弟应
三爻庚辰同我者兄弟
二爻庚寅克我者官鬼
初爻庚子我克者妻财世

3. 雷天大壮（上震下乾）卦

第一步，装纳甲干支。上卦装震卦上卦纳甲干支，下卦则是乾卦下卦纳甲干支。

六爻庚戌
五爻庚申
四爻庚午
三爻甲辰
二爻甲寅
初爻甲子

第二步，寻世应。地同，四爻庚午持世。

六爻庚戌

五爻庚申

四爻庚午世

三爻甲辰

二爻甲寅

初爻甲子应

第三步，寻卦宫。

这个就属于口诀"四五游魂内变更"，它的卦宫归属，为下卦三爻全变之后的那个卦宫，此卦就是乾三爻全变，为坤宫卦。

第四步，装六亲，以坤土为我。

雷天大壮（坤宫卦）

六爻庚戌同我者兄弟

五爻庚申我生者子孙

四爻庚午生我者父母世

三爻甲辰同我者兄弟

二爻甲寅克我者官鬼

初爻甲子我克者妻财应

4. 火雷噬嗑（上离下震）卦

第一步，装纳甲干支。上卦装离卦上卦的纳甲干支，下卦则为震卦下卦纳甲干支。

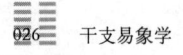

六爻己巳

五爻己未

四爻己酉

三爻庚辰

二爻庚寅

初爻庚子

第二步，寻世应。天不同，为天变五爻持世。

六爻己巳

五爻己未世

四爻己酉

三爻庚辰

二爻庚寅应

初爻庚子

第三步，寻卦宫"四五游魂内变更"，下卦震三爻全变，为巽木。

第四步，装六亲，以巽木为我。

火雷噬嗑（巽宫卦）

六爻己巳我生者子孙

五爻己未我克者妻财世

四爻己酉克我者官鬼

三爻庚辰我克者妻财

二爻庚寅同我者兄弟应

初爻庚子生我者父母

5. 天水讼（上乾下坎）卦

第一步，装纳甲干支。上卦装乾卦上卦的纳甲干支，下卦装坎卦下卦的纳甲干支。

六爻壬戌
五爻壬申
四爻壬午
三爻戊午
二爻戊辰
初爻戊寅

第二步，寻世应。人同，为游魂卦，四爻持世。

六爻壬戌
五爻壬申
四爻壬午世
三爻戊午
二爻戊辰
初爻戊寅应

第三步，寻卦宫。

这个也属于口诀"四五游魂内变更"，稍微有变化，这个就是坎卦三爻全变，为离火。

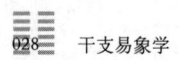

第四步，装六亲，以离火为我。

天水讼（离宫卦）

  六爻壬戌我生者子孙

  五爻壬申我克者妻财

  四爻壬午同我者兄弟世

  三爻戊午同我者兄弟

  二爻戊辰我生者子孙

  初爻戊寅生我者父母应

6. 火天大有（上离下乾）卦

第一步，装纳甲干支。上卦装离上卦纳甲干支，下卦则为乾下卦的纳甲干支。

  六爻己巳

  五爻己未

  四爻己酉

  三爻甲辰

  二爻甲寅

  初爻甲子

第二步，寻世应。
八变，为归魂卦，三爻持世，应六爻。

  六爻己巳应

五爻己未

四爻己酉

三爻甲辰世

二爻甲寅

初爻甲子

第三步，寻卦宫。

这个属于口诀"归魂内卦是本宫"，就是火天大有的下卦乾卦是其卦宫为金。

第四步，装六亲。以乾金为我。

火天大有（乾宫卦）

六爻己巳克我者官鬼应

五爻己未生我者父母

四爻己酉同我者兄弟

三爻甲辰生我者父母世

二爻甲寅我克者妻财

初爻甲子我生者子孙

与纳甲法有关的口诀，加起来一共三个，是重中之重，也是瓶颈。有人之所以突破不了，提高不了，就是还没学明白六爻纳甲法，或者刚刚明白但不熟练，一说还得想半天，一起卦爻象就定位错了。这个一定要熟练，不管是谁，也不管学了多少年，一定还要继续下功夫。

介绍六爻纳甲法的基本知识，绝对不是来凑篇幅，因为它是解开《梅花易数》易象和将来实战的关键。比如为什么兑为羊，通俗的解说是因为兑卦上面那个阴爻，像羊的两个角，这是一种似是而非的解释，非常不严谨。兑为什么为羊？按照纳甲的解释，是因为兑为丁未持世，未就是羊。兑为什么为妾？是因为兑为少女，又是丁未父母爻持世，少女当妈妈了，所以为妾。兑还有一个象意，为无理之人，就是喝完酒之后不遵守礼仪了，也跟世爻有关。

所以如果不把这些串连起来的话，那么古人研究出来的象意，我们就很难理解，更谈不上正确应用了。现在的易学爱好者甚至包括一些研究者，对很多象意的理解是惯性的，比如书上说父母主辛劳，就认为父母主辛劳，那么父母为什么主辛劳？就不去研究了。而在这里我们会一点一点地把象意更合理化、更生活化、更应用化，使《梅花易数》的象意鲜活起来，大家学得才会轻松，用得才会轻灵。大家也可以自己练习用六爻纳甲法把64卦正确地装上干支，装上六亲，有时间就反复排一排，这样才能尽快熟练掌握。

十二辟卦

十二辟卦本来不是《梅花易数》书本里的内容，但它很有用，应用范围也很广，特别是在实测的时候，知道与不知道十二辟卦象意的结果，肯定是不一样。后面我们还会结合实例，讲解十二辟卦的具体应用。十二辟卦也叫十二消息卦，据考证它的起源非常早。从应用的角度来讲，就是把十二地支也就是十二个月份，用卦象符号来表示，并且用阴爻代表阴气，用阳爻代表阳气,来演示十二个月的阴阳消长。亥月立冬,是阴气最旺,到了极点的时候,所以就用坤卦来对应亥。到了子月也就是农历十一月份的时候,阳气开始上升,也可以说阳气又周而复始地出现了,所以用地雷复卦表示,全卦只有下卦震卦一个阳爻,说明阳气在初爻动了。中国传统哲学所说的"天心",就是指地雷复卦的初爻。那么与子对应的午,就是农历五月份,阴气开始出现,所以就用天风姤卦来体现,只有初爻为一个阴爻。

我们看十二辟卦的卦象,到丑月也就是腊月,阳气上升,变为两个阳爻,就用地泽临表示;正月寅月阳气继续上升变为三个,就用地天泰来表示,天气开始由冷逐步转暖;到了卯月就是雷天大壮,节气是惊蛰,在南方这个时间就可能下雨打雷了。十二辟卦演示的就是这样一个阴阳二气此消彼长的过程。

到了农历三月辰月,阳气继续上升,卦象变为泽天夬大兑卦;到了农历四月份,阳气达到顶峰,所以巳就用乾卦表示。咱们老百姓常讲,蛇就是龙,龙就是蛇,实质上这句话里面包含着易理,不是因为形状长得像,而是来源于十二辟卦巳为乾的原理,所以蛇可以是龙,龙也可以是蛇;到了农历五月份,阴气开始生长,阳气逐渐削减,所以午月用天风姤卦表示;依此类推,未为天山遁、申为天地否、酉为风地观,到了戌月为山地剥大艮卦,只有一个阳爻了;到了亥月,又变成坤。年复一年,日复一日,周而复始。

"桃木辟邪"的易理解说

这里讲一个民俗,就是我们以前经常听说的"桃木辟邪"。农历二月份的时候,大江南北,一般地说,都是桃花先开放。因此，桃木如果能辟邪的话，那也应该是农历二月份、雷天大壮的桃木才辟邪，其实这里面也蕴含着阴阳二气变化的原因。道教就把桃木作为镇宅或者辟邪的树木，把桃木剑变成驱魔的法宝了。现在有人把桃木斧子、桃木小挂件，都说成是能辟邪的，但是实际上并不是任何时间的桃木都辟邪，大家要明白其中的道理和变化，只有农历二月份的这种桃木含有阳气，可能可以辟邪，其他时间比如到秋天的时候，桃木已经处于死地了，这个时间的桃木应该是不能辟邪的。当然，我们生活中很少有人见过拿着桃木去辟邪驱鬼，只是在民间有这类的说法和习俗而已。

"鬼怕鸡叫"的易理探析

纪晓岚的《阅微草堂笔记》里记载了这样一个故事：

有一天晚上，纪晓岚在洗完澡想睡觉的时候，看到前朝一个死去的官员和他儿子一起出现，身体都很高大，和纪晓岚说话，但是等到鸡叫一遍的时候，身体缩小了一半，第二遍鸡叫的时候，身体又矮了一大截，三遍鸡叫的时候，就完全消失了。开始的时候是晚上，阴气盛，为坤卦，主肥主大腹，到雷天大壮鸡叫的时候，就变小一半了。另一个常识就是公鸡在寅时就开始叫了，那么从一天的阴气和阳气的此消彼长来看，到了寅时，一天的阳气就上升到一半了。所以俗语说"鬼怕鸡叫"，其实就是阳气上升了。这个故事虽然讲的是鬼，但实际上体现的却是阴阳二气的变化，也从侧面说明了鸡叫辟邪的易学原理。

《梅花易数》起卦方法

介绍一下《梅花易数》起卦的方法。我们先按照书本上的起卦方法讲,先原原本本地学,后面再讲干支易象学的观点。

《梅花易数》原文第一卷,各有一个占法和玩法的诗词。占法的诗词是:

易中秘密穷天地,
造化天机泄未然。
中有神明司祸福,
后来切莫教轻传。

玩法也有一首诗:

一物从来有一身,
一身还有一乾坤。
能知万物备于我,
肯把三才别立根。
天向一中分造化,
人于心上起经纶。
神仙亦有两般话,
道不虚传只在人。

这首诗和邵康节的《击壤集》中的《观易吟》极其相似。

《梅花易数》本身不是邵康节写的，但用易的方式方法与邵康节的思维有些相近。古代很多人为了把自己的著作流传于世，可能假借一些名人的名字写书。

《梅花易数》从易理上，是优于同时代和其后一些杂七杂八的书，比如《滴天髓》《子平真诠》《千里命稿》《神峰通考》等。这些书即使学完了，很多人可能也应用不准。一门学问，如果没有实用性，就很难保持那么强的生命力，也不会流传这么多年。《梅花易数》的应用性还是比较强的，有些预测应该说是立竿见影，马上就能应验。我们前面学了阴阳五行八卦，还有干支以及五行生克等最基本的概念，也学习了纳甲法，这就为后面破译易象打下了基础。但是有了这样的基础，我们再进行深入研究的时候，也不能仅仅满足知道一些简单的类象，做一个简单的判断，而是要彻彻底底地知道象意是怎么来的，古人用什么方法，是什么思维，至少也要有一个自己的见解。要知其然，更要知其所以然，否则古人说了的会用，古人没说的就不会了，比如古代没有汽车、飞机，也没有电灯、电话、电饭锅等很多东西，那我们是不是就不会取象了？所以只有清楚来龙去脉，才能做到古人没说的我们也知道，学习才有意义。我们继承的是古人的思想，要掌握古人用什么样的思维模式，创造了八卦类象，之后才可以结合当下的实际，探研出古人没有的类象，发掘出具有时代气息、与我们当代生活息息相关的易象，这才是真正的继承，不能照本宣科，思维还停留在宋代与明清时候。和现实没法对接，和新生事物也没法对接，无法学以致用，就是无用的学问，所以我们的重点，一定要研究古人为什么这么想，为什么这样用。

另外，大家学习本书之后，也就基本掌握了六爻、八字方面的基本知识。本书的内容要让大家看得懂，看得明白，之后能形成自己的思维，不会只是围绕着书本转，这其实也是学习中最关键的。象意的学习就是这样，没有自己的思维和主见，没有自己的启发，就不可能推陈出新，化腐朽为神奇。

《梅花易数》内外卦与主互变卦

六画卦由上下两个三画卦组成，就是上下卦，也叫内外卦，这个前面已经讲解过，现在再给大家介绍主卦、互卦和变卦。

起完的这个卦为主卦。那么互卦是什么？互卦就是把主卦上卦的最上面那个爻去掉，再往下数三个，将5，4，3爻重新组成一个三画卦，就是上互卦；下互卦就是把主卦下卦的最下面爻去掉，从二爻往上数三个，也就是2，3，4爻重新组成一个三画卦，为下互卦。

如地山谦卦的上互卦就是震木，下互卦就是坎水，震和坎再组成一个六画卦，就是雷水解，为地山谦的互卦。再比如火水未济卦，上互卦就是坎卦，下互卦就是离卦，这两个重新组成的六画卦，就是水火既济，为火水未济的互卦。

动爻就是阳变阴，阴变阳。那么变卦就是动爻动了以后的那个卦。比如这个主卦火水未济卦，边上画"○"的四爻阳爻动了，变为阴爻，上卦离卦变成了艮卦，下卦没有动爻不变化，就成了山水蒙卦，它就是火水未济卦的变卦。

再举一个天雷无妄的例子，它的上互卦由5，4，3爻组成，为巽卦，下互卦由2，3，4爻组成，为艮卦，六画卦风山渐卦，就是其互卦：下面打"×"的三爻，就表示阴爻动了，变为阳爻，震变离，那么变卦就是天火同人卦了。这就是主互变卦的关系。

在梅花易数的预测中，一般是把主卦作为事物发展的初期，互卦为事物发展的中间阶段，变卦视为事物发展的终结。但是干支易象学从来没按这个规矩应用，而是把互卦和变卦的信息提炼出来，一起参考取象，不按照初中末的过程来判断。大家初学如果觉得干支易象学的方法速度太快，也可以先按照《梅花易数》这种方式进行，以后随着干支易象学知识的加深，再逐渐提高速度。打个比方，就像"先坐火车，再坐飞机"，也是可以达到目的的。

有些人可能会有疑问，是不是每一个卦都得有动爻？没有动爻也可以的。还有书中说，动爻一个、两个可以，三个或三个以上叫乱动，信息就不准了。实实在在地讲，这纯属臆测。世间的万物千变万化，不能因为变化复杂就不准了。在实际预测中，有好几个动爻的，一样可以测准，不是什么乱动的问题，而是方法和水平的问题。动爻是干什么用的，不就是为了变卦吗？任何事情都在发展变化，不可能没有变化因素，这个动爻就是事物发展变化的一个因素而已。

预测水平高的，主要看动爻。有的卦甚至会出现五个动爻，那就关注这些变化，充分考虑动爻因素，看看变化出什么易象，这个非常重要。我曾经为朋友预测其母亲的朋友家中有排行老二的去世，就是通过动爻判断的。当然这样的例子有很多，但如果最基础的知识学不会，那也只能是看看热闹，都说外行看热闹，内行看门道，而成为内行的门道都在基础之中。

《梅花易数》的起卦方法很简单，就是年月日时数字相加除以6，余数为动爻（没有余数为6，为上爻动）；以年月日三个时间的数字相加除以8，余数为上卦；年月日时四个数字相加除以8，余数为下卦。为什么要除以8？因为卦象只有八个；为什么动爻除以6？因为每一卦只有六爻。另外，卦的余数取用是依照八卦的先天数，即乾1兑2离3震4巽5坎6艮7坤8，上卦余1就是乾卦，下卦余3就是离卦。没有余数为8为坤卦。

这样起卦方法太麻烦，还得加减计算，所以有时候就用颜色起卦：看穿黑上衣，就直接取上卦为坎，穿黄裤子直接用坤或者艮。其实用干支易象学的话，一个爻就解决问题了，但我们先按照《梅花易数》原本的方式做一下解读，也让大家了解一下，将来再从干支易象的角度去解读与分析，大家才能对两种方法的优劣做出比较，看看哪种方法更好，更快，更实用，我们对《梅花易数》既要继承，也要发展。

《梅花易数》这种起卦方法没有规定是用农历时间，还是用公历时间，我觉得都有道理，也应该都可以，大家也可以一试。《梅花易数》的起卦方式也不是唯一的，后面也有按照敲门次数起卦的，先敲几下为上卦，后敲几下为下卦；还有写一个字，字的上半部分为上卦，下半部分为下卦。还有写两个字、三个字起卦的。其实起卦的方式多种多样，也不只是书上那几种，我们也可以按照八卦的基本类象直接起卦，譬如坤为包，看到某人背了一个包，就可以直接取坤卦，如果包是黑色的，再直接结合颜色取坎卦，也都是可以的。

再补充一个卦象旺衰的问题。其实当大家熟练到一定程度之后，不一定非要参考节气，但是哪个卦象什么时间旺，什么时间衰，要有一个基本的掌握：比如春季木旺，这是最基本的。木旺了，它所生的火就是相，也就是第二旺，生木的水就要休息了，不需要再去生了，跟现实对接的话，可以说人退休，退居二线了。同样，克木的金也就克不了木，克旺就要成为囚犯了，土是被克的，就是死地了。同理，夏季就是火旺土相木休金死水囚；秋季就是金旺水相土休木死火囚，所谓金白水清；冬季就是水旺木相金休土囚火死。具体到卦的旺衰，春天就是震巽两个属木的卦旺，夏天就是离卦旺艮坤卦相，秋天就是乾兑卦旺，冬天就是坎卦旺，卦的旺衰随着季节不断变化，这是大自然规律，肯定是有用的，初学者至少要明白。其实这与我们人成长的道理是一样的：小时候父母供我们吃饭上学，等自己工作能赚钱了，那就不需要父母帮助了，父母也就该退休了。

但是这个也不是绝对的，比如水旺木相，但是如果天寒地冻的时候，给外边一盆花或者一棵小树浇一桶水，说不定不但不能生木，搞不好就给结冰冻死了。还有比如太岁，在古代那就相当于皇帝，所以克太岁，就是相当于跟皇帝对着干，实际上肯定要被抓起来成为囚徒，所以研究这个必须结合生活实际。大家一定要多练习，基础的东西都是有用的，基础越好，将来的思维水平和实战能力就越高。

二、干支易象解析八卦类

《梅花易数》八卦万物属类，只解析原文，后附会部分不做解析。八卦类象是本书非常精彩也是非常重要的基础部分，希望大家好好理解。

乾卦

乾卦：乾为天，为父，为老人，为官贵，为头，为骨，为马，为金宝，为珠玉，为水果，为圆物，为冠，为镜，为刚物，为大赤色，为水寒。

乾为天。这个实际上就是最原始的类象，阳爻代表天，阴爻代表地，乾卦三个阳爻可以代表天。

乾为父。可以从天为父，地为母的角度理解，如果从纳甲法的角度来看，只有乾卦和兑卦是父母爻持世，兑为少女，所以为小妾，前面我们解析过兑为妾的问题。兑为妾要单独拿出来研究，还真不好说，但我说兑为少女，那要找一个少女当妈的话，就理解什么是妾了。所以有些象意需要联系在一起看，放在一起理解，也就好理解了。但乾卦父母爻持世，这个确确实实是父，乾为老人为父，这个是当之无愧的。

乾为官贵。我们看过去的官员，与天一样都是在高处，平民老百姓接触不到，从这个角度看，乾还象征着官贵。

乾为头。头也是最上面的，我们常常把领导或者组织的负责人称为头，头不也是领导，不也是官吗？我们古人看天是圆的，地是方的，所谓"天圆地方"，所以坤可以代表方物，原理就在于此。大家知道铜钱中间是方的，外面是圆的，也是象征着天圆地方。天圆地方不是物理几何的绝对意义上的，而是象形意义上的。古人讲的是我们看得到的形象，是形象思维。看着像，这就叫象。形象思维要比语言文字丰富得多，语言文字说父亲，那就单指父亲，不能说父亲是龙，是马，还可以是水果，但在象意中是可以的，乾卦既可以代表父亲，可以代表水果，也可以代表马，代表龙。

乾为骨。乾卦都是阳爻，非常坚硬，就可以代表骨头。

乾为马。乾卦天天不停地运转，过去最原始的交通工具是马，马不停蹄。古人又是男主外，女主内，作为家里的主要劳动力和主要经济来源者，一般在孩子的眼中，是父亲一天为生计忙碌，就像马不停蹄，又像太阳东升西落，所以乾又类象为马。

乾为金玉珠宝。乾又是金属，全是阳爻，是纯金，又代表金玉，珠宝。

乾为水果。乾为水果的象意是哪里来的？我们反复强调纳甲法很重要，并专门讲解了纳甲法，乾卦为水果的象意，就是从乾卦的二爻甲寅来的，它是木，是财爻主吃的，木上长的圆的、能吃的，纳音是大溪水，所以是水果。

乾为冠。乾卦世应爻都是父母爻，衣食为父母，又在头顶上，可以代表头上的帽子，所以为冠。壬戌可以为冠。

乾为镜。过去的镜子一般都是铜制。天是蓝的，铜镜的颜色，也跟蓝色差不多，一般铜镜又是圆的，所以可以代表镜子。

乾为刚物。刚物就不用解析了，而且只要满足圆的坚硬之物的条件，都可以类象为乾。

乾为大赤色。这里有一个通用的关系：乾按十二辟卦为巳，为火，火为大赤色。所以乾和马和离卦和巳都是相通的。

乾为水寒。从两个方面理解：一方面，乾卦的初爻是甲子为水，子又是农历十一月，"履霜坚冰至"，天冷水也寒；另一方面，乾卦里还有亥水，亥月立冬，是最冷的时候，也代表了水寒的象意。

这里再解析一下，乾卦的落宫为什么藏着戌亥？因为《周易》最初产生是为了占卜，那时把祭天视为很大的仪式，但是古代祭祀的用品，不像现在这么丰富，首先就用狗来祭祀，于是把戌狗放在跟天一样高的位置，视为离神最近的神物。我们常说"狗肉上不了酒席"，狗肉确实上不了酒席，狗肉是用来祭神的，是离天最近的，它最初不是给普通百姓吃的，现在吃狗肉是瞎吃，也是吃瞎了。老子说，"天地不仁，以万物为刍狗"，实际上说的是祭天的事情。而壬戌与甲辰相应，所以我们辰月清明节也祭祀、扫墓。说我们都是龙的传人，也在乾卦中体现出来了。后来因为天地为一体，地为坤，坤为亥，亥为猪，因此祭祀中也有了猪。所以戌亥在古代是为祭祀而准备的重要物品，就放在了乾卦中，世爻也是壬戌。

只有这样的解析，大家才便于记忆，理解记忆才不易忘，才能扎实。这些象意如果不解释，就很难理解古人是怎么总结出来的。现在我们把原理讲清楚，让大家知道这些类象还跟纳甲法有关，乾宫藏戌亥，还跟古代祭天、祭祀有关系，跟现在的清明节扫墓也有关系。

《左传》记载了这样一个占卜的事例：陈国国亡之后，一个官员带着儿子逃亡了，齐国太史占卜，说这位逃亡官员的七世孙贵为天子，很震撼。里面也记载了古代祭祀之礼："盥而不荐，有孚颙若"，说明那时对祭祀高度重视，内心里非常虔诚。如果不了解这些周礼，也不懂纳甲法，易经原文是理解不了的，古人怎么取象也理解不了。

坤卦

坤卦：地，母，老妇，土，牛，金，布帛，文章，舆，辇，方物，柄，黄色，瓦器，腹，裳，黑色，黍稷，书，米，谷。

坤为地，前文已经解析；坤为母，不仅仅是跟乾卦比较而言，现实中地里生万物，坤是万物之母，这个类象非常合理；跟乾比较，可以为老妇；为土这个不用说了；为牛，因为坤中有癸丑；为金，里面有癸酉；为布帛，坤为母，为亥月天寒，父母为遮蔽护佑，所以为布，也可以为棉衣；二爻乙巳为灯火，就是文章；为舆为辇，就是车辆。因为坤卦子孙爻持世，癸酉冲乙卯，乙卯为震为足，本身震就可以为车，为出行；为方物，已经说过天圆地方；为柄，艮纳丙，艮是由坤取乾上爻而来，上九爻为丙寅为木，为柄，因此丙寅也可以为狗，坤卦上六爻是癸酉剑锋金，也可以为剑柄。

坤为土为黄色；坤为瓦器是乙卯，坤为土，乙卯为震为器具，在土中所产生的器具，就是泥土烧制的瓦器；坤为腹。人腹中容纳、运化五谷杂粮，如同大地孕育万物，所以类腹；为裳，就是衣裳，坤本身就是父母，衣食为父母，就可以代表衣裳；黑色，就是水，坤十二辟卦为亥为水为黑色；为黍稷，实质上就是泛指五谷杂粮，黍是一种米，稷就是高粱，大地孕育五谷杂粮，这里取这两种还有后面的米、谷等代表五谷杂粮；书，父母不只给我们衣食，还教给我们智慧，二爻乙巳就代表书本；乙巳灯火十二辟卦为乾为头，头上闪闪发光的就是智慧，也代表书本。

震卦

震卦：雷，长男，足，发，龙，百虫，蹄，竹，雀，萑苇，马鸣，鼻足，的颡，稼，乐器之类，草木，青碧，绿色，树，柴，蛇。

震为长男，我们可以简单地说，震卦是坤卦取乾卦的初爻，就为长男；同样坎为坤取乾中爻，为中男；艮为坤取乾上爻，为少男。巽则为乾取坤之初爻，为长女；离为乾取坤之中爻，为中女；兑为乾取坤之上爻为少女。男女长幼都是按照爻位顺序来取象的，然后按照通俗的"物以稀为贵"的原理，阳爻多阴爻少者为女，阳爻少阴爻多者为男。其实八卦很简单，就是一对夫妻领着三男三女六个孩子。

震为卯月，节气为惊蛰是雷起季节，为雷。震初爻为阳爻为动，人体最下面能动的，就是足。庚午中，午为头与庚子相应为黑色，头上黑色的可以为发。庚午也为震宫子孙，可以为虫；另外，午为马为乾，十二辟卦为巳为蛇，也为虫，树上的虫子种类多，所以可以为百虫。午为火为离为中空，对于震木而言，即为中空之木，为竹。午为丙午为朱雀，庚午为雀。庚辰为青龙，又是财爻，所以青龙主财帛。大六壬中甲寅为青龙为乾宫财爻，主财帛。

庚子于人为足，于动物就为蹄。为趵足，趵足为左足为白色的马，庚子为足，庚午为马，庚为白，震为左，为趵足。萑苇，是与竹子差不多的一种中间空的植物。庚子为阳爻为动，为声音，与庚午马相应，为马鸣。

震为"的颡"。"的颡"与《三国演义》中刘备的马"的卢"相同，就是额头上有白点的马。伯乐的《相马经》中有"的卢"克主的说法，我们从易理的角度简单地解析一下：庚午中庚为白，午为马为头，就可以是额头白点的马，而庚午又是子孙爻克官治鬼，震卦鬼爻在五爻尊位为主人，三国的"的卢"虽然没有把刘备怎么样，但是军师庞统却因此马而死。克主的易理，就在震卦中体现出来了，古代如果当官的话，就不宜骑这样的马。

震为稼，就是农业生产。庚子与庚午相应为路旁土，路旁土就为田地，也可以主干农活，种庄稼；主乐器，也是因为震为动，主有响声，庚午子孙主技艺；青碧色，即为草木色，所谓碧树蓝天；震卦二爻庚寅为松柏木，故为树，但是一般震为高大的树木，巽为草木；庚寅与五爻鬼爻庚申相应，又可以为柴，树木死了就是柴，这又是纳甲法的应用；为蛇则是午为乾为巳为蛇。

巽卦

巽卦：风，长女，僧尼，鸡，股，百禽，百草，白，香气，臭，绳，眼，羽毛，帆，扇，枝叶之类，仙道，工匠，直物，工巧之器。

巽为风，也可以从坤卦的角度去理解：巽为坤卦上面两个爻变为阳爻了，为悬在地面上能动的，坤又主散，无孔不入，就是风；为长女已经解析了；巽为僧尼，这个不太好理解，如果只是把风这种象意加进来，可以是在家里待不住，离开家出去了，但是有好多离家在外边做买卖的，显然不能说是出家人，这样的信息还不全面，没有足够的说服力，需要再挖掘。那么，巽辛巳五爻，可以为头，又为火为光，可以是光头，与辛亥宅爻相应，为出家还是光头，这样定义为僧尼，就没有什么问题了。

巽为鸡，巽宫世爻辛卯的应爻辛酉即为鸡，没必要再去绕弯子转来转去取象；巽为股，巽初爻由甲子化来，可以为足，能动而且分开了，就可以为股；为百禽，鸡也是禽的一种，与辛卯兄弟爻相应，可以为百禽；巽为木，也可以为百草；巽为臼，臼是一种捣米的器具，由石头和木组成，中间凹下去，可以用辛酉代表，辛酉为兑，像中间凹下去的，又有木；辛卯木又产生风的，可以是帆，是扇子；枝叶之类是与震卦相比较而言，震为树干，则巽为枝叶；像风一样柔软摆动的草木，可以类象为绳；辛卯为风为草为兄弟，可以为香气，与辛酉相应临鬼爻就是臭；辛巳为五爻，巳为乾为头为光，头面中发光的为眼睛，也可以为前面说的光头；亥为水，五音为羽，与巳为天相应，能上天又是父母爻，可以为羽毛；辛巳为五爻为路，巳又为天，为上天之路，为仙道；辛巳为子孙主技艺，巳为天为高，为高技艺，草木为民，可以为工匠，也为工巧之器，因为辛巳与辛亥相应，纳音为白蜡金和钗钏金；木为直，两个阳爻也可以为直，为直物；巽初爻由甲子化来，甲子为鱼，所以巽也可以为鱼。

坎卦

坎卦：水，雨雪，工，豕，中男，沟渎，弓轮，耳，血，月，盗，宫率，栋，丛棘，狐，蒺藜，桎梏，水族，鱼，咸，酒，醢，有核之物，黑色。

坎卦的一些象意，涉及纳音和纳甲的象意组合，比如丛棘、蒺藜这些灌木植物的类象，就和戊戌纳音平地木，纳甲又是鬼爻有关。有些象意需要我们开拓想象，需要一种动态思维，也不能仅仅限于坎卦本身。

坎为水。如果按照象形思维，坎中爻阳爻为动，上下两边阴爻为静，像一条江河在流动，这么理解也可以。如果从纳甲法的角度来看，象意会更清晰一些：坎世爻戊子为水，所以坎为水，也可以为江河；水的子孙也是水，是小水支流，所以子孙爻戊寅，可以为沟渎。

坎为雨雪。戊子世爻水，在上六爻为天爻中，天上的水就是雨；子又代表冬季，也可以为雪。坎为工，如果这个工是劳动力的意思，那么用兄弟爻戊子代表也可以。

坎为豕，就是猪。我们不能说亥为猪为水，所以水就是猪，这有点不讲理了，但是坎卦纳甲象意中又没有猪，这个象意就需要开拓一下思维，寻找一些爻位的变化和它们的来龙去脉：坎为中男，是由坤卦取乾卦的中爻而来，那么坎卦的五爻戊戌，就是由坤癸亥阴变阳而来，亥为猪，所以坎卦的戊戌就可以为猪。有人可能要问，为什么不取坤二爻？一是坤二爻不是猪，二是取象思维要灵活，只要卦中有这个象，直接取用即可，否则八卦怎么能类万物呢？

坎为弓轮。如果仅因为两个鬼爻纳音都是木，就说是弓箭，显然说不过去，体现不出弓箭的特征，那么这个思路就不对。我们需要用象意的语言，把弓箭这个特征模拟表达出来：坎宫的世爻戊子，纳音霹雳火，像雷火一样迅速地闪动，这就是弓弦的特征；五爻戊戌又是平地木，木主曲直，还带点弯；子又是大震卦地雷复，具有弹性特征，这三个一组合，弓箭的象意就非常鲜活地体现出来；戊子与戊午相应，午为乾为圆可以为轮。综合以上，坎为弓轮。戊子为水，与戊午相应，为红色的水，代表血。戊子为霹雳火，为发光的事物，但子为黑夜，不可能代表太阳，只能代表星星和月亮。子为黑夜的象意，从爻象中也可以看出：子为地雷复，一阳伏于五阴之下而不显，所以为黑夜。也有人说坎为月，是因为海水的潮汐与月亮引力有关，所以代表月或者说坎象月牙，所以为月，都是牵强附会。

坎为耳。坎为水，中医为肾为耳，所以为耳朵。如果不考虑中医，从易象的角度怎么理解坎为耳？还是从坎世爻戊子上找突破点。子为地雷复，为大震卦，震为卯月，为雷天大壮，为雷在天上之象，庚午持世应甲子。我们知道雷是阳气积累的结果，从地雷复初爻为阳，经过子到卯的累积，在惊蛰节气也就是卯月来临之际，天开始打雷，发生万物，那么地下蛰伏的小动物，就感应到雷声而动。大壮应爻甲子在乾宫初爻，为子孙为小动物，与庚午相应，午为天，为感应到了雷，听到了雷声，而大部分动物是靠耳朵感受震动和声音的，甲子在坎宫是戊子霹雳火，戊子有甲子的类象信息，所以坎为耳。现在的书也好，其他那些所谓梅花易数大师也好，除了中医坎为耳这条解释路径以外，没有一个直接用类象解析的。而且如果在别人的课堂上这么追问下去，就会被问急眼了，问火了，不信大家可以试试。

坎为盗，就是玄武主盗贼的易学原理：戊子世爻为兄弟主夺财，又与戊午财爻相应——半夜子时出来谋财的，那不就是盗贼吗？拓展到大运流年遇此，就有被盗或者失财之征。宫率是古代一种乐器，应用意义不大，我们也不做解析。

坎为栋，就是房梁，因为戊戌、戊辰纳音平地木和大林木，都可以为房梁。丛棘和蒺藜，都是类似灌木的小草，是小的灌木，刚才讲过与戊戌纳音平地木象意有关，另外戊戌又由乾宫五爻壬申纳音为剑锋金化来，所以这些灌木有带刺的特征，戊戌十二辟卦为艮为少男，比喻成草就是小草，艮为山又主聚堆，所以是小灌木丛。

坎为狐。有人说，水主智，狐狸比较聪明，所以坎为狐。这是想当然说法，比狐狸更聪明的动物也有很多，再者兔子和麻雀就傻吗？显然不能这么去理解和类象，道理上讲不通。那么"狐"这个汉字，是一个反犬旁加一个瓜字构成的，坎卦中戊戌与戊辰相应，戊辰由甲寅化来，甲寅为瓜果，寅在坎宫为戊寅，为子孙主动物，戊十二辟卦是大艮卦为狗，可以为"犭"旁，合起来就是"狐",所以坎为狐。

古人的取象特别有意思,感觉风马牛不相及,实际上却很有道理。像奇门遁甲上有"丁奇落艮,有小孩打狗"的克应,初看丁和艮是相生关系,怎么会有人打狗呢?但是艮为手,见火炎上为提手,再加丁,就是"打",艮为狗,艮又主少男,所以为小孩打狗,奇门遁甲的象意也是这种思路。所以大家一定要把纳甲法学得滚瓜烂熟,这样以后大家学什么术数都不是问题,我们抽出很大一部分精力来打这些基础,用心也在于此,希望大家珍惜。我们要从平时司空见惯甚至连想都不想的现象中,学会思索新意,学到真东西。

坎为桎梏。桎梏是古代的刑具,相当于手铐脚镣。在坎卦中体现跟手脚有关的刑具,就是戊辰、戊戌两个鬼爻:鬼爻克世爻戊子,子为地雷复,为大震卦为足,这就是脚镣;戊戌十二辟卦为大艮卦为手,又是鬼爻,这就是手铐;戊戌又由壬申剑锋金化来,符合刑具木中有金属的特征。

坎为水族,凡是在水里的东西,都可以用坎卦表示。世爻戊子中,子为鱼,所以坎为鱼。大六壬中子水又代表渔翁,实质就是甲子的象意,甲子为乾卦为翁。坎为北,南甜北咸东辣西酸,所以主咸,这就是一个区域生活习惯的象意化表达。

坎为酒。古人有将干支直接组字的用法,比如前面说的狐、打,还有水和酉金组合为酒,子和亥组合成孩,非常形象。但坎卦干支没有这样的组合,我们还是从世爻戊子开始探索:子是液体,与戊午相应为财爻为吃的(因为花钱可以买到吃的,所以财爻也主吃的),午为乾为头为面,为红色,液体喝完能让面部发红的,只有酒类。

坎为醢。醢就是碎肉做成酱。碎肉首先需要刀，戊戌为鬼爻，金口诀中代表坟墓和骨灰，可以代表死亡，它由壬申化来，也可以为刀。戊戌动化为坤五爻癸亥为猪，坤六断为散碎，那就是肉酱，我们吃猪肉基本上就是这样。古书"醢之"，就是碎尸万段，剁成肉酱的意思。

有核之物。坎卦上下爻为阴爻可为肉，所包的中间爻为阳，可以为核。黑色已经解释过了，子为地雷复，一阳处于五阴之下，为不见，为黑色，也为险。通过这几个卦的类象解析，我们看到六子卦的卦象中，很多包含着乾坤父母卦的信息，六子卦之间也有很多卦象是相互关联的。八卦爻象之间不是单一孤立的，而是相互联系、相互转化、相互包含信息和象意，这既符合易理，也符合常理，子女能没有父母身上的一些信息特征吗？兄弟姐妹之间，他们和父母之间，能没有联系吗？

既要刨根问底，又要学以致用

有这样一个易案：有一个女的跟前男友复合了，也没说什么时间复合的，女的发现自己怀孕了，就问这个胎儿是前男友的，还是刚分手这个男友的？准确的判断需要能够回答下面几个方面的问题：第一，判断她跟第一个男友什么时间分手的；第二，跟第二个男友什么时间分手的；第三，什么时候怀孕的；第四，什么时候回到这个男友身边的；第五，这个女孩的工作情况、身高体貌特征、流年运气情况，这几样要是都说准了，然后再判断肚子里的孩子是谁的，这才是以理服人。判断出这几项问题结论也就出来了。因为这个事情只有两个选择，要么是A，要么是B，不用分析也有一半的准确率，直接说个A或者B，是不能让人信服的。

所以我们研究易学，第一，要有刨根问底的精神，一定要较真儿，不能似是而非，每个词甚至每个字，必须说清楚，这才能让人服气；第二，也是我们多次不厌其烦地强调的，要把类象和易理扎扎实实地掌握好，多下功夫。有人只是满足于大致明白，但是速度跟不上，为什么速度跟不上，因为不太熟悉，为什么不太熟悉，因为不肯往里投时间，不去练习。所以大家要准备好笔和本，没事就拿出64卦，练习纳甲装卦，练习装六亲，包括六亲的类象（六亲类象推荐大家可以看看《卜筮正宗》，不推荐《增删卜易》），多练习，熟能生巧，否则大家的类象组合能力、联想能力就跟不上，即使学了《梅花易数》，会了几个易案，但是与现实对接不上，实践中用不了，不能解决实际问题。能力不是天生的，也不是靠虚衔得来的，而是在于平时实实在在地下功夫。

易学术数是实践性很强的学问，在实践中不能对接的理论，不可能有生命力，也不可能长期流传下去。什么叫绝学？就是文字还有，里面写得清清楚楚，但是我们理解不了其中的含义和奥秘，解释不了，应用不了，传承不了，这就是绝学。《易经》原文就是绝学，但是现在很多所谓的大师，也挂了很多名头，就是这么似是而非地解释易学，乍一看好像懂易经，实际上华而不实，理论上经不起推敲，仔细分析完全不是那么回事，实际上也根本应用不了。说了这么多，实质上就是提醒大家，要刨根问底，要较真儿，要把原理和易理学清楚学明白，要能与实践对接，才是真学问。

离卦

离卦：火，雉，日，目，电，霓霞，中女，甲胄，戈兵，文书，槁木，炉，兽，鳄龟，蟹蚌，凡有壳之物，红赤紫色，花纹人，干燥物。

离卦的类象可能比坎卦要简单得多。离卦世爻己巳为火，所以离为火，其实不唯火，只要是发光发热之类，都可类象为离；离为雉，为短尾之鸟，也可以是野鸡，干支就是己酉，与己卯相应，卯为兔为短尾，离火又为雀，所以为雉，己酉居外卦，也可以为野鸡。

世爻己巳为我，应己亥鬼爻为克己，所以为文书合同；孔子曰：克己复礼，离卦实际上也代表儒家文化；人类发明了火，标志着走向文明，所以离卦也可以代表文明。

己巳为大林木为上九爻，为火为光，巳为乾为老人为头，为谢顶之征，于木为老态之象，为槁木；于人为目，于天为日；己巳与鬼爻己亥相应，鬼爻为雷电，雷电雨后之火为霓霞；离为甲胄，取卦象之形，两个阳爻夹一个阴爻，甲胄又为戈兵所配，有甲胄必有戈兵；鳄龟，蟹蚌，凡有壳之物，亦取离卦之形象，包括乌龟，甲鱼等外硬壳、内柔软的，都可以类象离卦；巳为腾蛇为怪异，又与鬼爻应，可以为怪兽；己巳应己亥，为红加黑，为红赤紫色，只有用纳甲，才能取出紫色的象意；己巳为大林木，巳为腾蛇为缠绕，为火为红色，为木之花，与亥水相应为波纹，合为花纹，于人可以为花纹人，可以断有纹身之象；离为火，自然可以为干燥物。

艮卦

艮卦：山，土，少男，童子，狗，手，指，径路，门阙，蕨，阍寺，鼠，虎，狐，黔喙之属，木生之物，藤生之物，鼻。

艮为山。很多研究卦象的，说艮卦的卦画看着像远处的山，这是一种似是而非的解释。艮世爻丙寅，由乾宫壬戌化来，壬戌是天的最高处。戌十二辟卦为山地剥，下面五个爻都是阴爻，都可以视为坤，坤为土，就是土堆积到接近天边那么高了，这种感觉就是山，土多为山，土高为山，只有山远远望去是这种感觉，所以艮为山，也为土。艮为少男，这个已经解析过了，乾坤按照爻位和阴阳爻的数量取六子卦，最小的男孩也可以为童子。

艮为狗。艮卦上九爻丙寅持世，由乾卦壬戌化来，戌为狗，所以艮为狗，丙寅也可以为狗。这个也不是俗传的，看艮卦的象形是一个阳爻在上，两个阴爻在下，像狗的样子，如果这样看，基本所有四条腿的动物都是这个样子。艮为什么首先是狗，而不是其他动物？只有在壬戌为狗，化丙寅艮为狗的前提下，我们再研究卦象形状才有意义，看艮下面两个阴爻，就可以代表狗的四肢和爪子，对于人而言，就是手和指。

艮为径路。这个还是要从世爻丙寅中去研究。丙寅为乾宫壬戌化来，那么丙寅在乾宫就是甲寅，与壬申五爻相应主道路；丙寅在艮宫与丙申相应，申也主道路；艮为少男，可以为小路；艮为四维宫，也可以为斜路。

艮为门阙。世爻丙寅与丙申三爻相应，二爻为宅，三爻为门；艮为坤取乾之上爻而来，那么丙申就藏着坤三爻乙卯的信息，三爻为门，乙卯为门户；丙申在艮的上互卦震中，震也有乙卯的信息。综上艮可以为门阙。

卯酉为门户，取自生活中的常理。不论是古代还是现代，卯时5点到7点，是千家万户开门的时候，酉时晚上17点到19点，太阳要落下了，就是关门的时候，所以卯酉为门户，卯为开门，酉为关门。

这段类象涉及最基础的象意很多，大家把乾、艮、坤三个卦以及各自爻位的干支画出来，排列在一起看，就能理解得清楚一些。不少初学者可能觉得脑子不够用了，绕不开了，甚至有的学了十几年、二十几年的，可能思维也有点跟不上了，没有关系，大家就按照这样的办法，慢慢来，别着急，慢慢画，慢慢看，把这些变化关系，一点点弄明白，后面就都能跟上了，一定要弄懂为止，不要囫囵吞枣，稀里糊涂。

艮为蓏。蓏为草本植物的果实。还是从世爻说起，壬戌化丙寅，与乾宫有联系，乾宫的寅木是甲寅财爻主吃的，可以是木上长的瓜果，到了艮卦丙寅，虽然是鬼爻，但是也可以主贡果，祭祀用的果实也是果实。

艮为阍寺。阍，为天门为禁宫，也是古人想象中掌管天门的人；艮又为寺庙，这就是阍寺。人间没有天门，只能是太庙，所以阍寺就是艮宫的世爻丙寅，为上九爻，由壬戌化来，代表太庙之位。太庙在乾卦上九爻，就是最高位了，过去只有皇家行祭祀之礼的时候才到太庙，也只有皇帝和大臣才能进去祭拜，其他人没有资格，不允许进去。丙寅又是艮宫鬼爻，把太庙和鬼爻放在一起，就是掌管太庙的人。艮宫为寺庙的象意，易理也在于此。丙寅在现代社会，也可以代表火化场。

艮为鼠，取艮五爻丙子，子为鼠；艮为虎，为丙寅，艮主东北，也可以是东北虎；艮为狐，其取象易理与坎为狐相通，艮为狗，丙寅为瓜果，合为狐，这几个都容易理解。俗说艮旺则为狗弱则为狐，非也。

艮为黔喙之属。黔喙特指鸟的嘴，泛指牲畜之类动物。丙寅纳音炉中火，应丙申纳音山下火，都是火可以代表鸟雀，丙申子孙主吃的，也可以为嘴，为鸟雀之嘴，也可以泛指牲畜。

艮为木生之物、藤生之物。丙寅炉中火需要木生，为木生之物；丙寅又由乾卦壬戌变化而来，乾为天，十二辟卦为巳，巳为蛇，为曲曲折折的象意，对于植物而言就是藤，为藤生之物；艮为山为高，由乾化来，乾为头，头上最高的就是鼻子，故艮为鼻子。

兑卦

兑卦：泽，少女，巫，舌，妾，肺，羊，毁折之物，带口之器，属金者，废缺之物，奴仆，婢。

兑为泽，并不是指沼泽地，它有三层含义：一是水聚集的地方，古代太湖就叫泽；二是金属发出的光，所谓光泽；三是恩泽恩惠。兑卦是乾取坤卦的最上爻为癸酉剑锋金，应三爻乙卯大溪水，为水聚集之所，符合泽的含义；癸酉剑锋金是宝剑，会发光，也符合泽的含义；兑卦世爻丁未为天河水，应爻丁丑为涧下水，天河水是雨露，对于大地而言就是恩泽。兑为少女，为妾，这个已经说很多次了。

兑为巫。壬戌和癸酉都是天爻，壬戌变癸酉，实际上就是兑卦。壬戌父母爻在乾宫最上爻，为太庙也为天神，癸酉子孙爻主言说，就是传达神的旨意或与太庙、祭祀有关的事情，古代对此类统称为巫。癸酉子孙爻主言说，又与鬼爻相应，所以也主口舌，言说本身也是费口舌，兑主口舌的易理也在这里，口舌也未必一定是吵架或者闹别扭。壬戌化为癸酉子孙，为兑为坤，也为奴仆，为婢女。大六壬把酉戌作为男女仆人，道理也在于此，不讲透的话，大家也许一直都搞不明白。

中医五行中，肺与金有关，通俗的理解，费口舌去讲话跟我们的肺活量有关，所以可以代表肺。实际在《黄帝内经》中早已将肺的五行定义为金。

兑卦世爻丁未，未为羊，故兑为羊；兑为毁折之物、缺口之器。这个类象是相对于乾卦而言，因为乾为圆，兑为乾卦最上面的爻阳变阴为断开，所以也像一个缺口，为毁折之物，也为缺口之器。

周润发主演的电影《孔子》中有这样一个情节：一天，国君送给孔子一块玦玉，这块玉的特点是带一个缺口。孔子看到这块玉之后就明白了，说这是让我走啊！就毫不犹豫地收拾东西，去周游列国了。孔子"韦编三绝"，对易经太熟悉了，他一看到玦玉，肯定想到壬戌是国君，玦玉就是兑，也是变坤卦癸酉子孙与乙卯相应，主远行，所以立刻离开了。后来孔子回来的时候，国君又给他一块没有缺口的玉，从缺口的兑卦，又变成了一个圆满的乾卦，意思就是真诚地邀请圣人回来。类象是古人的形象思维，看着像，就是象。它是一种象意表达，一种类相比的关系，与实物物体的虚实本身没有关系。另外每个卦的爻象和所属的地支中，有哪种属相的动物，就可以代表那个动物类象，所以：艮地支有丑寅，也可以代表牛；巽卦纳支有酉、巳，也可以代表鸡、蛇；离卦中有己巳、己亥，也可以代表蛇和猪，离藏午当然也代表马；震卦也可以代表卯兔；兑卦也可以代表羊、代表牛，就不一一列举了。

本书配有专属阅读助手

三、《观梅占》解析

《观梅占》原文与解析

辰年十二月十七日申时，康节先生偶观梅，见二雀争枝坠地。先生说："不动不占，不因事不占。今二雀争枝坠地，怪也。"因占之，辰年五数，十二月十二数，十七日十七数，共三十四数，除四八三十二，得二，属兑，为上卦，加申时九数，总得四十三数，五八除四十，零得三数，为离，作下卦。又上下总四十三数，以六除，六七除四十二，得一为作动爻，是为泽火革。初爻变咸，互见乾巽。

断之曰：详此卦，明晚当有女子折花，园丁不知而逐之，女子失惊坠地，遂伤其股。又兑金为体，离火克之。互中巽木，复三起离火，则克体之卦气盛。兑为少女，因知少女之受伤，而互中巽木，又逢乾金兑金克之，则巽木被伤，而巽为股，故断有伤股之应。幸变为艮土，兑金得生，知少女虽被伤，而不至凶危也。

辰年十二月十七日申时，康节先生偶然观赏梅花，看见两只麻雀为争枝坠地。先生说："不动不占测，没有什么事不占测，现今两只麻雀为争枝而落地，真是奇怪。"因而起卦占断。辰年为5数,十二月为12数,十七日为17数,相加总共5+12+17=34,用34除以8,得4余2,2数对应的先天数为兑卦,作上卦;34再加上申时9数,共得43数,用43除以8,得5余3,3数对应的先天数为离卦,作下卦,上兑下离为泽火革,这就是主卦。又将上卦,下卦的总数43除以6,得7余1,为初爻动变,泽火革变泽山咸卦,为变卦;互卦则由主卦取出:泽火革上互为乾,下互为巽,为天风姤卦。然后有动爻为用,无动爻为体,主卦泽火革卦中,上卦兑为体,下卦离为用。

《梅花易数》时间起卦方法,都是以农历年月日和年月日时的数字,再按照这个方法起出。然后基本的判断依据是:用克体、体生用不吉,用生体、体克用或者体用比和吉,就是最基本的体用生克关系。大家初学《梅花易数》,需要先把《梅花易数》最基本的易学逻辑结构原原本本地学一下,理解清楚,目的是为了看懂《梅花易数》案例,等非常熟练之后,我们再去拓展延伸,也不一定是这种起卦方式和易学逻辑了,可以随意性大一些,发挥的空间多一些。如果开始就改变《梅花易数》的起课方式和判断逻辑,那就不是《梅花易数》了,而且也无法比较优劣了。但可以告诉大家的是,如果把干支易象体系弄清楚,不动也可以占,没有异常的事情也可以占,而且都能准确。

按照原文,后来康节先生推断说:详断这一卦,明天晚上应当有女子来此折花,园丁不知情况,以为她是贼,要赶走她,女子惊慌失措而摔倒在地,伤了大腿。后来事情就全部应验了。

那么判断依据和原理是什么呢?主卦泽火革卦中,上卦兑金为体,下卦离火为用克兑金,为用克体,兑为少女,所以是少女受伤；下互卦为巽为股为腿，被上互卦的乾金所克，所以是少女的腿受伤了。用主卦定义了受伤对象是少女，用互卦定义了受伤部位是腿。虽然互卦中有巽卦木生下卦离火为用，使克体的离火卦气旺盛，但变卦泽山咸卦的下卦为艮，为土生金，兑金得以生扶，因此女子虽然受了轻伤，但不会有大的凶险和危难。结果事情真就应验了。有趣的是为什么不断当晚，而断明天也就是第二天晚上？有两个因素：第一兑卦为二，第二离卦为明，所以第二天应验。

生克制化确非研易之路，回归易象才是光明大道

易学理论自从20世纪90年代到现在，不管是命理还是六爻，又或者是其他术数理论，都在搞生克制化，而且把这个分得太细了，把日辰月建的旺衰看得特别严重，讲得头头是道，还出现了五行衰旺赋的言论，但无论易象典籍，还是易经原文，好像都没有把衰旺看得这么重。《观梅占》判断时，也没有把这些考虑很多，甚至基本不去考虑，而是直接以动态的象意判断结果。如果按现在的理论，把日辰月建加进去论衰旺，辰年是土，腊月是土，虽然日子不知道具体干支，但申时是金，土也旺金也旺，那离火就克不了兑金，少女肯定伤不了，但事实上事情又发生了。所以过于关注生克制化和旺衰，那就是劲儿用偏了，准确率不可能高。全观《梅花易数》十几个案例，似乎没有把生克制化看得那么重，都是看卦象说话，我的实践中也是这样。请大家也注意这个问题，不要把生克制化和旺衰分得那么清楚，甚至还去打分，像用秤量过一样，连几斤几两都能称出来，这样不好。易经是哲学，是文化，不是某个自然学科，不是严密的数学公式,我们中国的文化是象意思维、形象思维,在似与不似之间传神,讲究的是意境,如齐白石画的虾,虽然画上没有水,但却像在水中游,非常生动、非常传神,它传达的是一种神妙的东西,反映在易理和取象上也是如此,不像西洋画要求和照片一样逼真。

把旺衰计较得特别清楚的时候就学死了,而且好多东西变成唯一没有变化的了,思维也僵化了。我们的思维应该自然而然,顺势而为,讲究的是灵机一动,随心所欲,无拘无束,如同老子《道德经》里的"上善若水",见方成方,见圆成圆,不能刻意去干什么,也不能用蛮荒之力,想到了就用,没想到就不用,不要让思维按照固定套路走,违背自己的灵气和意志,强迫症一样地思考。阴阳象意就是它像什么就是什么,不是过多地强调旺衰,现在易学中最大的问题,就是把旺衰讲过头了。

还有一个命理学说,说年上代表中央,月上代表省府,日上代表县衙,等等,也是劲儿全用偏了,舍本逐末,抹杀了灵气和感觉,学来学去,把人们搞得一塌糊涂,测得也不准,用得也不灵,到底哪里出问题也不知道。我们想一想,现实中别说一个县长,就是一个村长,也没有时间管这些事情。

我建议大家一定要把旺衰的包袱卸掉,走出旺衰和生克制化的泥潭,回归到象意这个主体和本源中来,就像练太极拳一样,总用一种蛮力是不行的,要把身上的轴劲全部去掉,轻松自然才能进入境界。

大家再体会一下《观梅占》这个易案,包括其中的思路和方法,还有基本的取象,应期暂时不会没关系。这个易案在我看来确实是很简单直接,非常基础,我们以后会有很多易案比这个精彩得多。

学习研究《梅花易数》的易案要注意以下三点：第一，把主要功夫用在象意上；第二，不要过多考虑旺衰；第三，要学会把简单的卦象取出来，这样就可以简单应用了。但易学没有"自古华山一条路"，我们也要再逐步拓展，看看有没有更简捷的办法，如果用干支易象学的方法去解析，会是怎样的效果。

干支易象解析《观梅占》

易象要好中选优，关键走好第一步

实际上《梅花易数》或者干支易象学体系，在应用过程中都会出现很多个易象点，而且乍一看起来都有一定道理。对于《观梅占》而言，理论上如果取离卦，那么己巳为鸟雀，上互卦兑为少女，而且巳也可以主双，与己亥相应，亥十二辟卦为坤为地（这也是十二辟卦的应用方式之一），为鸟雀坠地，好像也可以，但是离卦不可取，因为离卦己巳为兄弟爻，用在鸟上不太恰当；如果兑卦为少女，用丁酉兄弟应丁卯，纳音山下火和炉中火，但如此来定义麻雀也有些牵强；如果以巽卦论，辛巳为火为鸟，又是子孙主动物，与辛亥相应，亥为坤为地，巽下互卦为兑为少女，巽又主双，也有取象的合理性。这个筛选过程跟下棋是相通的，到底下哪一手最合适，是棋手一直在选择的问题，需要不断地推敲、研究、斟酌。像这个易案的初步象意在巽、离、兑卦中都有可取之处，但哪个更合理，就需要我们好中选优，用排除法一个一个地排除，最终找到最佳答案。

不少人感觉干支易象好像是会了，认为方法已经掌握了，但是一出手就错,甚至刚一出手就错了,问题就在于没有好中选优,没有好好把已知条件充分、全部地考虑进去,就急于出手,耍小聪明,瞎子摸象,盯着一点就急急忙忙开始,其实这是最忌讳的。好多人的预测,看着好像是用干支易象,分析也都头头是道,但最后结果错了,甚至一点都对不上,这就是一个主要原因。我们要充分考虑,除了这条思路以外,还有没有其他思路更合理,这样在应用上才会少出偏差,错误率就低。要先把第一步做好,后面才好办,第一步出手就错了,再往后越分析,错得就越离谱。就跟很多下棋的,急忙忙走一步,仔细一看拍大腿后悔。稳稳当当看清楚,把第一步定准,取什么象意以及这个象意的合理性有几点,自己非常清楚,这样判断的准确性才能有一个最基本的保证,再往下分析才可能迎刃而解。我每次面授班预测一般就是一分钟,超过一分钟对了也算我错,这是我对自己的要求,也是跟学员当面这么讲的,但是我的能力肯定比大家要好,大家先不要过于追求速度,别急于出手,能在三到五分钟之内,把各种变化都考虑进来,选择一下最优路径,然后再出手预测,肯定能减少失误,提高预测水平,别一上来想当然地沿着一条路就下去了,可能不是大家的水平不行,而是因为太着急了,没能看清楚。当然也不能不出手,学会的理论和方法,如果不实战,永远练不出来。很多人看到别人预测准了,心里就着急:我也是这么想的啊,要说出来也对了!那为什么不敢说呢?要敢于自己实践,不要怕错。急于出手和不敢出手,是一个问题两个方面,都需要注意和纠正。

两只麻雀取巽卦，干支易象巧观梅

那么《观梅占》这个易案，两只麻雀坠地争执，经过分析比较，取巽卦显然更为合理。巽主双，辛巳为子孙临兄弟而动，与辛亥相应，亥为坤为地，为两只鸟相争坠地。实际上两只鸟雀相争，首先应该想到相争为兄弟爻，但是仅有兄弟爻还不代表鸟雀，代表鸟雀最恰当的，应该是用代表动物的子孙爻，子孙爻又是两只鸟雀为火的特征，巽宫最明显。

两只鸟相争坠地，就是辛巳动与辛亥相冲，辛亥父母爻动来生辛卯。而辛巳动了不但冲辛亥，还克辛酉鬼爻又是兑宫，同时辛卯旺了，也冲辛酉，所以有少女受伤，辛酉在三爻可以为股为腿，所以少女伤腿了。而辛巳是五爻，可以为鸟在树上。辛巳与辛亥相应，辛亥为二爻为宅爻，就是梅园，同时辛巳冲辛亥，鸟坠地也是子孙与宅爻相应，代表有小孩子自外边来到梅园。凡是五爻与二爻宅爻相应的，都主有外地人到家来访，这个是经过实际验证的。

《观梅占》中是看到挺熟悉两只鸟，就意味着距离不远；子孙为小孩巽卦就是小女孩，要来梅园；巳亥相冲，也是园子里那个老人与小孩发生冲突：巳为乾为圆，天干为丁，可以是园丁，也可以是老头，所以巳既代表老头，又代表来园子里的少女，巳亥相冲还有这么一层象意。

在大六壬中，卯的天干是乙，卯可以当乙用，甲为第一日，乙为第二日。辛酉来克辛卯，辛卯就是梅树，辛酉为兑为少女，所以酉时有个小女孩来折梅花，并且巳亥相冲，与园丁老头发生了误会和冲突，但因为酉时为金旺，所以小女孩没什么大事。

以上就是用干支易象学对《观梅占》的解析。我们既要继承又要发展，原文的来龙去脉知道了，可以再看看有没有更好的办法。这样经过认真的思维拓展，然后再联系实际做比较，并进行自己的思考，其意义就不是《观梅占》一个易案，其他的现象和事物，也同样可以用这种思维模式去探讨。也不见得非得按照《梅花易数》的方式，得出上卦、下卦、变卦，太麻烦了。

不过初学者掌握这种方法是应该的，否则别人问大家《梅花易数》是跟谁学的，我们却不知道，那不成了笑话吗？

生克有路径，距离不相干

关于《观梅占》，有人可能会问辛巳动，生不生辛未？答案是肯定的。辛未也可以生辛酉，正是因为这个易案中有相生的关系，也有相克的关系，所以少女最后也没什么大事发生。再考虑一个外应的话，两个鸟在树上争执，本来也不是什么大事，但是不能因为相生，就不相克了。有很多人抛出所谓生克距离论，大体上的意思就是离得距离远就不克了，实际上是站不住脚的，一个人在东北犯了罪，跑到海南就不抓了吗？现在即使跑出国了，还有"红色通缉令"呢！生克有其路径，但跟距离没有关系，绝对不是距离远了就不克了。大家要注意这个问题，大六壬中有"和能解冲""通关"等说法，在合适的条件下，有生可以缓解相克的力量，但绝对不可能是完全替代，功是功，过是过，现实中是这个道理，易理上也是一样的。与相克差一点的关系是相刑，打个比方就是两个人还没打起来，但是彼此不对付，看着不顺眼，这也是一种相刑。

处处皆易象，不止动应爻

也有人说《梅花易数》只看动爻和应爻，这也是不对的。只用一个动爻和应爻，信息量是不够的。手机流量不够了，还要加"流量包"呢！正确的方式是要尽量把信息拓宽！除了动爻和应爻，还可以考虑世爻、变爻等因素，这样我们的思维才能无限放大。为什么一个卦象或者是一个八字，高手能讲两个点、三个点、五个点甚至更多，今天讲完明天还能讲？原因就在于思维和信息的不断拓宽，只靠一两个单一的象意肯定不行。怎么拓宽？还是在基础里面，万变不离其宗。但是有一些技法、一些象意组合和综合运用，《梅花易数》体现不出来，它就是一些简单类象，充其量就是饭前开胃小凉菜。《奇门遁甲》《大六壬》里的象意组合就复杂得多了，一个是小学生水平，一个是研究生甚至是博士、博导水平。

本书总体而言，还是以《梅花易数》这个平台，展示干支易象学基础理论体系为主，以后我们在探研《黄金策》《金口诀》等古籍经典的过程中，也在不断地学习进步，推陈出新，演绎更多的理论和技法。希望大家重视本书对《梅花易数》内容的解析，特别是基础类象部分的内容，打牢基础，我相信，随着大家深入地学习和实践，对各种象意的理解和认识角度也会发生变化。

象意解析1　顺势取象"神透了"，碗碎白菜六十棵

分享一个解梦的易案。戊戌年元旦，有一位江苏的上市公司

老总给我发了一张照片，然后告诉我辛亥日他家里打了一个碗。他理解艮为碗，碎了就是鬼爻丙寅发动临子孙丙申，所以不是儿子就是孙子要出事。其实这个就是我说的定位不准，不一定见到碗就是艮或者就是震，大家要懂得顺势而为，既然说辛亥日，那就直接取巽卦，考虑巽卦的爻象，那么碗碎了，肯定是辛酉鬼爻发动了，辛酉怎么发动？辛卯冲辛酉；什么时候冲辛酉？辛卯旺的时候；什么时候辛卯旺？辛卯巽为草木，辛亥日生辛卯旺，辛亥与子孙辛巳相应又主吃的，又和草木有关，所以我判断有人给他家送蔬菜或者水果，是好事，并且只要这个事情应验了，那碗碎了这个事就了结了。结果他反馈了，用词也挺有意思："神透了！是山东的朋友给他送了60棵大白菜。"辛卯为兄弟爻，也主朋友。

这个案例要是不解析，就好像有人配合造假似的，怎么能知道有人给送蔬菜和水果？当然这个预测中除了蔬菜和水果，还可以代表茶叶。我们预测要注意因势利导，日子不同，环境不同，取象也可以不同，不能说一见碗就一定用艮或者震，硬往上套，可能就错了。周易原文有个词语叫"与时偕行"，如果不跟当下的时间相匹配，始终艮或者震那点类象反复用，没有变化，也不会变化，到最后就是江郎才尽了。这样很多时候，就会只灵一次，两次就不灵了，就跟打手枪似的，五发子弹，只中一两发，其余的全部脱靶。大部分《梅花易数》的学习者，也就到这个水平了，其实真正的技巧，就是与当下的时空结合起来，把自己的感觉与易理结合起来，千万不要有固定的一些模式在思维里边作怪。

象意解析2 均为易理精微象，不可思议安吉茶

再分享一个易案。有人打电话跟我说玻璃杯和分茶器打碎了主什么事。我说这个也不是什么坏事，主当天下午有个女的给你送两盒安吉白茶。后来电话给我反馈，果然当天下午有个女的给送了两盒安吉白茶。当时这位朋友感觉非常不可思议，说预测送茶叶已经可以了，怎么能把茶的名称也预测出来呢？

依据这位朋友的描述，茶杯和分茶器先定位为巽宫，茶杯打了其原理与上一个易案相同，就是鬼爻辛酉动了与辛卯相应，那么茶杯就是辛卯而且旺，巽为女又为双，辛酉可以为酉时，所以判断有个女的当天下午给送两盒茶叶。酉为鸡谐音吉，卯可以为乙卯，为坤为静为安，玻璃是白的，辛酉为金也为白，因为我知道有安吉白茶这种茶叶，所以判断茶叶的名称为安吉白茶。后来我又加了一句，说这个女的应该来自东南方，反馈说这一点不知道，但是确实是送了安吉白茶。这个易案如果发到网上不解析，不会有人猜出来，也肯定有人认为是吹牛觉得不可能，但是看看解析过程，完全符合易理。这是我们对《观梅占》易案的拓展和延伸，这种易理大家在其他书本上是找不到的。

以前也有位朋友，开始听一位研究易经的老师介绍我如何如何。这位朋友说：肯定是跟他关系好，帮着吹牛，易经我们也学了这么多年，他看的书我们也看，为啥他就能学成这样，我们不能？绝对不可能用易经推测出这么细致的事情来，肯定是仙儿附体。不久以后，他跟我熟悉了，给他测了很多事情也准了，亲眼所见，亲耳所闻，也知道易经确实能预测得那么准确细致。但是

有意思的是,他跟别人说我的时候,别人又不信他了!

易理与感觉苦练方达

第二个易案与《观梅占》还是有所不同的。杯子已经碎了,那直接就断下午了,就不能说卯为次日为第二天了。时间会积累一种感觉,到时候自然而然就出来了,这就是功夫,没下到那个功夫,很多判断就出不来,最后也学不会。就像写书法一样,有些精彩的笔法,都是在不经意间就出来了,刻意去写反而写不出来。下棋也一样,九段高手和没入门的感觉肯定是不一样的,高手一看就知道棋子该放到哪里,新手寻思半天还不一定下对。学易也有很多门槛,前面讲的基础不熟练,那就永远提高不了,这是我反复强调的,也是我说的最实在的话。

做实事求是研易人

第二个易案后来那位朋友把茶叶照片给我发过来,看图片上茶的名称是靖安白茶,不是安吉白茶。不过,当时给我电话反馈的是安吉白茶,但是照片是靖安白茶。之所以把这件事又提出来,就是虽然那个易案的易理没有错,但毕竟结果错了,主要是为了提醒大家,研究易经,就要实事求是。实践中对就是对,不对就是不对,要严谨,不要为了准确率去造假和自欺欺人,真功夫掺不得半点假。(注:那位朋友后来又反馈,是拿错茶叶盒了,这个易案中送的茶叶,就是安吉白茶)

四、《牡丹占》和《邻夜扣门借物占》解析

《牡丹占》原文与解析

巳年三月十六日卯时,先生与客往司马公家共观牡丹。时值花开甚盛,客曰:"花盛如此,亦有数乎?"

先生曰:"莫不有数,且因问而可占矣。"遂占之,以巳年六数,三月三数,十六日十六数,总共的二十五数,除以三八二十四数,余数为乾,为上卦。加卯时四数,共得二十九数,又除以三八二十四数,零五为巽卦,作下卦,得天风姤。又以总数二十九数,以六除之,四六除二十四,零五爻动,变鼎卦,互见重乾。遂与客说:"怪哉,此花明日午时,当为马所践毁。"众客愕然不信,次日午时,果有官贵观牡丹,二马斗陷,群惊花间驰骤,花尽为之贱毁。

断之曰:巽木为体,乾金克之,互卦又见重乾,克体之卦多矣,卦中无生意,故知牡丹必践毁。所谓马者,乾为马也。午时者,离明之象,是以知之也。

巳年三月十六日的卯时,康节先生与客人前往司马公家一同观赏牡丹。当时正值牡丹花盛开之际,客人说:"牡丹花如此盛开美好,也有定数吗?"康节先生回答说:"万物都有定数,而

且只要问，就可以起卦占测。"于是，就为盛开的牡丹花起卦占测。巳年为六数，三月为三数，十六日为十六数，总共相加共得二十五数，用二十五除以八，得三余一，对应的是乾卦作上卦；二十五数加上卯时四数，共得二十九数，用二十九除以八，得三余五，余数五对应的卦是巽卦作下卦，上卦乾，下卦巽，得天风姤卦；再以总数二十九数除以六，得四余五，余数五所对应的爻为天风姤卦的第五爻，变得火风鼎卦；互卦上下均为乾卦。因此，康节先生对客人说："真是奇怪，这娇艳的牡丹花明天午时，会被马践踏而毁。"众客人惊叹不已，都不相信。到了第二天午时，果然有两位高官观赏牡丹，两匹马互相撕咬，然后到了花丛之中狂奔乱跑，美丽的牡丹花全部被践踏毁掉。

这个体用关系，五爻动上卦为用，下卦没有动爻为木为体，占花就是牡丹花。乾金克木为用克体，为花被毁折之象，互卦中又是纯乾卦，变卦火风鼎，乾变离为金变火，为马为午时，乾也为马，也是官贵，离为日为明，用克体比较多，所以明日午时，有官贵骑着两匹马，来看牡丹花，结果金克木，乾金为马，花就被马毁折了。就是这么简单的类象和生克关系，非常简单的一个案例。

干支易象学，三解《牡丹占》

《牡丹占》这个案例，如果按照干支易象学的思维拓展延伸一下，可以从以下几个角度入手解析：

1. 可以依据"远取诸物，近取诸身"的取象原则，牡丹为草本植物为巽卦，司马公有马为午，为离为明为日，按照十二长生诀，木临午为死地，为第二天花有死亡之征；另外，因为观花人走着问主速（坐着问、站着问、走着问，结果不一样，动主快，躺着问就慢，梅花易数很注重这方面），体卦巽又主风，主迅速，所以第二天花被毁折了。

2. 牡丹为草为巽，木上有花为辛巳，巳为乾为马，巽又主双，为两匹马，问花死亡为辛酉发动，为兑为口，所以两匹马撕咬，把花给毁折了。

3. 从卦爻的角度做另一番解读也可以。问牡丹花生死之数，谓之玄机发动，就是既然问了，那么所问的这个事情就发动了。那么花为巽卦，问生死就是鬼爻辛酉发动，与辛卯世爻相应，卯为乙为第二天。辛卯生子孙爻辛巳，午时子孙爻旺，为辛巳克辛酉鬼爻，巳为螣蛇，为螣蛇带鬼，螣蛇主怪异主虚惊。巳为乾为马，午也为马，巽主双，辛酉为兑为口为鬼爻，所以两匹马咬在一起，辛酉动了也克辛卯世爻为牡丹花，主牡丹花因为马互相撕咬而毁。

丁巳为螣蛇干支易象解析

这个解析也引出一个知识点就是：丁巳螣蛇为什么主虚惊。这是最简单的问题，但要是真较真儿，恐怕没几个人能回答得出来，只能说是古人就这么规定的，没有原因。

我们平时心里感觉挺害怕，但又没见到什么具体事，这就是虚惊。那么螣蛇巳为丁巳，为兑宫鬼爻；巳为巽为风，十二辟卦为乾又为头，像风一样看不到但又掠过头上，虽然没有实质的东西，但又确确实实存在的、像鬼一样恐怖的感觉，这不就是虚惊和怪异吗？所以螣蛇主怪异虚惊。

既然我们学习和研究易理，就要在一些基础的、大家都想当然的类象中较较真儿，多问几个为什么，把它彻底破解，这样学起来才越来越有趣、越有意思，在判断其他类象方面，才有创造性。所谓创造，实质上就是熟能生巧，但也不是谁想创造就能创造，谁想标新立异就能标新立异的。关键是创新的新，是不是基础知识中所生长出来的新，如果只是空穴来风地胡扯，没有根基，大家都不会认可，又怎么能站住脚？丁巳就是由基础知识生长出来的，是理性思维与形象思维的结合，有理论依据，但也很有趣、很经典的象意，破解之后，就会感受到古人的创造力，感受到基础知识确实是好而且有用。

《邻夜扣门借物占》原文与解析

这个易案充满了生活气息，也很简单。但是它提醒我们研究卦理和预测时，一定要与现实生活常理对接，这一点很有指导意义。

冬夕酉时，先生方拥炉，有叩门者，初叩一声而止，继而又叩五声，且云借物。先生令勿言，令其子占之试所借何物。以一声属乾，为上卦，以五声属巽，为下卦，又以一乾五巽共六数，加酉时十数，总共得十六数，以六除之，余四，得天风姤第四爻变巽卦，互见重乾，卦中三乾金，二巽木，为金木而已，又以乾金断，而巽木长，是借斧也。

子乃断曰："金短木长者，器也，所借者锄也。"先生说："非锄，必斧也。"问之果借斧，其子问其故，先生曰："于数又须明理,以卦推之,斧亦可也,锄亦可也;以理推之,夕晚安用锄?必借斧。概斧切于劈柴之用耳。推数又须明理,为卜占之切要也。推数不推理,是不得也。学数者志之!"

这个案例已经明确告诉我们要借东西,那我们就不要去研究谁克谁以及受伤、破财之类的事,就研究借的是什么东西就可以了,问什么就答什么,这也是最基本的预测原则,卖豆腐就不能喊雪糕,不能答非所问,那样就很容易出错。

案例就用第一次敲门一声为上卦为乾,第二次五声为巽为下卦,乾卦一数,巽卦五数,共计六数,加上酉时十数,共十六数,用十六除以六,得二余四,九四爻动,得天风姤卦,互卦乾为天,天风姤卦的第四阳爻变阴爻,得变卦为巽为风卦。梅花易数起卦就是主、互、变和体用(体为自己,用为别人)这几个要素,大家要记住。互卦中见两个乾卦,加上本卦中已经有一个乾卦,有三个乾卦属金,两个巽卦属木,由卦的形象可见,所借的东西为金属木器之物,又根据乾卦金一般较短,巽卦木一般较长,因此康节先生的儿子占断说:"金短木长的东西,是劳动所用的器,所借的东西应是锄头。"康节先生说:"借的一定不是锄头,是斧子。"一问借东西的人,果然要借的是斧子。康节先生的儿子问其中的缘故,先生说:"起卦占例还必须明白事理,明白生活常理。只用卦象推测的话,斧子也可以,锄头也可以,这个时候就要结合事理去推测,冬季的黄昏怎么还会用锄头呢?一定是借斧子。大概是急等着用斧子劈柴吧。"推断事情必须明白卦理,也要明白生活常理,这是卜占起卦预测的重要因素,否则是不行的,也是预测不准的。关于易理要紧密结合生活常理,古代还有一个李淳风测黑马先起的经典案例，书中后期还会具体说这个易案。

干支易象解析《邻夜扣门借物占》

那么《邻夜扣门借物点》这个易案能不能用更简单、更直接的角度去解读呢？当然也可以！用干支易象学，我们可以从以下几个角度去考虑：

1.冬夕酉时，可以直接取丁酉，卯酉为门户，丁酉为外卦可以为邻居，临兄弟冲丁卯宅爻，为借东西，与丁卯炉中火相应，爷俩正好又坐在炉子跟前，为与炉子柴火有关的东西。按照我们已经学过的，兑为乾取坤上六爻，则丁酉可以为癸酉为刀斧。

2.直接从炉子的角度，炉子丙寅与丙申相应，三爻可以为门户，扣门就是丙申动，化坤宫乙卯，乙卯也为门户，与癸酉剑锋金相应，为邻居所借之物，加上冬天寒冷这个因素，就可以直接定义为借斧子了，自然而然地直接把锄头这个象意屏蔽掉了。另外，敲门得用手，艮也是门，还是丙寅与丙申，寅为山中之柴，子孙克官制鬼，子孙又主器具，直接可以读出劈柴伐树之物为斧头了。从这里我们也可以得出一个启示：丙申可以为刀斧。

大家也可以思考别的角度，这样思维会开阔很多，思路就会打开。

五、《今日动静如何》解析

《今日动静如何》易案,《梅花易数》将其归类为声音占,原文如下:

《今日动静如何》原文与解析

有客问:"今日动静如何?"遂将此六字占之。以平分,"今天动"三字为上卦,"今"平声,一数;"日"入声,四数;"动"去声,三数,共八数,得坤卦为上卦。以"静如何"为下卦,"静"去声,三数;"如"平声,一数;"何"平声,一数,共五数,为巽,作下卦。又八五总数为十三数,除以六,零得一数,地风升,初爻动,变泰卦,互见震、兑。遂冒客曰:"今天有人相请,客不多,酒不醉,味止至黍鸡而已。"至晚,果然。

断曰:升者,有升阶之义。互震兑,有东、西席之分。卦中兑为口,坤为腹,为口腹之事,故知有人相请。客不多者,坤土独立,无同类之气卦也。酒不醉,卦中无坎。味止鸡黍者,坤为鸡黍稷耳,盖卦无相生之气,故知酒不多,食品不丰富也。

这种声音占，与《观梅占》用年月日时起卦不同，也很新颖，大家有兴趣可以一试。它是将"今日动静如何"六个字均分，并以音调为数字起卦。用"今日动"三个字作为上卦，"今"字为平声，平声则是一数，"日"字为入声，入声则是四数，"动"字为去声，去声则是三数，三字总数为八，八所对应的坤卦为上卦。以"静如何"三字作下卦。"静"字去声，去声为三数，"如"字平声，平声为一数，"何"字平声，平声为一数，这三字总数为五，五所对应的卦巽卦为下卦。得地风升卦，互卦见震、兑。又用八数和五数相加得十三，用十三除以六，得二余一，一为初爻动，得变卦为地天泰卦。于是，康节先生对客人说："今天有人请你吃饭，客人不多，喝酒不会醉，饭菜一般。"到了当晚，果然应验如神。

解析也很简单，也是一些简单的类象和生克关系。升卦为登上台阶之意，互卦见震卦和兑卦，震为东，兑为西，即为有东席、西席的区分。兑为口，坤为腹，为口腹之事，因此知道有人请吃饭。客不多，是根据坤土独立存在，没有比和、相生卦出现；酒不醉，是卦中没有坎卦水；味止鸡黍，是坤卦仅为小米杂粮而已，升卦又没有相生之气，因此知道酒不多，所以饭菜不会怎么丰盛。

干支易象解析《今日动静如何》

学、记、练、思，突破定位难点

这是《梅花易数》原文的起卦方式，如果按照干支易象学的角度，要更简捷，速度会更快，把卦象研究明白之后，就可以拓展延伸，按照自己的思路来预测。我的思路是把所说的事情，提炼成象意，但是这个案例，包括解梦也是一样，大家有个难点，问题就是到底用哪个卦宫，也就是我说的第一步，如何定位的问题。起完卦以后，大脑一片空白，不知道从哪里入手，这也是目前大家最大的问题。根本原因还是在于基础部分的熟练程度不到位，驾驭能力不行。

那么这个难点如何突破？需要我们自身找原因，要在基本功上多下点工夫。具体而言，第一，要多实践；第二，要把基本类象掌握好，掌握得越多、越好，思维就会越活跃，在实战中就能很快地捕捉到一些象意信息；第三，要多研究易案，看看都从哪个角度入手，慢慢学习积累，也要积极思考有没有别的角度，然后大胆地在实践中尝试，灵了就是行，不灵的话即使别人说行，那也不适合自己。任何好的方法都要经过实践的检验，有了好思路就要尽快去实践中应用，然后有好的易案要及时做笔记记下来，亮点突出出来，这样也就积累了自己的感悟和体会，慢慢自己的思路自然也就有了、丰富了。如果大家手头有自己二三百个成熟的案例，那么应用起来就会自信得多，思路也会开阔得多。就如同我们说开车是熟练工，新手和老司机最大的区别也就是不熟练。

一柱乙卯动静兼备，妙解《今日动静如何》

用干支易象的观点，震主动，坤为静，兼有动静二象的，直接就可以定位坤宫乙卯。我们很多人取象的时候，常见的问题就是考虑象意不全面。比如大家一说动，就考虑乾卦，乾卦是主动，但是它没有静意；或者考虑艮为山为静，但却没有动象。而只有乙卯既有动,也有静,显然是最合适的取象,一组干支就可以代表静和动两个象意。

问动静如何,就是乙卯发动。乙卯为坤宫鬼爻,纳音大溪水,与子孙爻癸酉剑锋金相应。癸酉见大溪水为酒,酉为门户为晚上,为晚上有人邀请喝酒之征。酉为鸡,与鬼爻相应,就可以为吃鸡之象,为请客的杀鸡。坤为黍米,这个在八卦类象中讲过,所以有黍米。坤为众,乙卯克坤土,所以人不多,坤中之酒有土杂,也不是什么好酒。卯酉相冲,所以也不会醉。黍米,实际上是一种黏米。因为坤十二辟卦为亥为水,亥又与乙卯和,有和在一起的象意,就是黏米。

建议大家在学习的时候,把相关卦宫的爻象画出来,装上六亲,这样学起来就会轻松很多。学习易案如同欣赏好文章一样,先看它的主题是什么,分几个层次,大的框架掌握好,再看有几个小观点来支持大的观点和结构,之间的逻辑关系怎样,再与自己的思维进行比较,得到的感悟是什么,这样就能学到很多东西。

象意解析3 顺势而为取爻象,儿子损杯为癸酉

乙未年庚辰月甲子日癸酉时,一个政府机关的朋友问她儿子在一家陶瓷店玩时,不小心打碎一个陶瓷杯,能应什么事情。我一听电话中提到儿子,恰好癸酉时为坤子孙,就顺势而为直接取了癸酉。癸酉与乙卯应,为杯子,为鬼爻,为儿子打碎杯子。于是说了三点,并解析如下:

1. 乙卯为车,临鬼为车辆有剐碰;

2. 鬼爻又是她爱人，为与爱人吵架；

3. 乙卯为黏米，为晚上吃了黏米类食物。

反馈是与爱人吵架了，晚上吃的是黏苞米。

这个案例就是我在研读易案时，得到了乙卯为黏米的启发，在实测中用了，结果应验了。车剐蹭尽管易理与第2点相通，但没有应验，要实事求是。

六、《西林寺牌额占》与《少年有喜色占》《老人有忧色占》解

《西林寺牌额占》原文与解析

原文

先生偶见西林寺之额,"林"字无两钩,因占之,以西字七画为艮,作上卦;以林字八画为坤,作下卦。以上七画下八画总十五画,除二六一十二,零数得三,是山地剥卦。第三爻动变艮,互见重坤。

断曰:寺者,纯阳之所居,今卦得重阴之爻,而又有群阴剥阳之兆。详此,则寺中当有阴人之祸。问之果然,遂谓寺僧曰:"何不添'林'字两钩,则自然无阴人之祸矣。"僧信然,即添"林"字两钩,寺果无事。

又纯阳之人,所居得纯阴之卦,故不吉。又有群阴剥阳之义,故有阴人之祸。若添"林"字两钩,则十画,除八得二为兑卦,合上艮,是为山泽损。第五爻变,动为中孚卦,互卦见坤、震,损者益之,始用互俱生体,为吉卦。

可以得安矣。以上并是先得数,以数起卦。所谓先天之数也。

解析

　　这个易案说的是邵康节有一次来到西林寺，偶然抬头看见寺庙的牌额"西林寺"三个字，中间的"林"字无两钩。"林"字现在看，本来也没有两个钩，但是由于古代毛笔字运笔的特性，木字一竖之后再运笔，会有一个钩意。康节先生就觉得有点奇怪，于是进行占测。以"西"字算作七画，七数所对应的艮卦作上卦，以"林"字八画作下卦为坤卦，艮上坤下，得山地剥卦。上卦数七，下卦数八，共得十五数，十五除以六，得二余三，三爻动，山地剥卦的第三爻阴爻变为阳爻，剥变为艮卦，剥卦中互卦为两坤卦，即坤上坤下。

　　康节先生是从卦爻阴阳的角度去看的，不是以往案例用类象去分析。说寺院是纯阳之人（即僧人）所居住的地方，现今却得山地剥卦，一爻为阳，余五爻为阴，多重阴爻，为众阴剥阳。先生据此告诉寺庙的和尚，说最近寺里必然要连续发生女人之祸。和尚听了很吃惊，并告寺里确实是连续发生过这一类祸事，请邵先生指点迷津。

　　先生便对和尚说："为什么不添上'林'字的两钩呢？这样就没有因女人而起的灾祸了。"和尚便按照邵康节说的，将牌额上的"林"字添加了两钩，寺院里果然再也没有出现此类事情了。

　　实际上就是通过笔画的变化，使体用互变卦产生变化，一是改变了原来卦爻阴阳不平衡的问题；二是体用关系发生了变化，符合了体克用、用生体、体用比和为吉的模式。我们如果从易理和纳甲法的角度分析，这个做法还是有些问题存在，但既然《梅花易数》这种思维模式和这个易案流传到现在，那么作为初学者了解掌握也可以，不过要注意的是，不要完全钻入体用圈里出不来，《梅花易数》其中有些东西不完善的，我们就要通过拓展去完善，在发展中继承才是真正的继承。

体用本就为一体　譬如海水与水泡

《梅花易数》是把体和用看作两种截然不同对立面，开始我也是这么学习和认识的。后来读了熊十力先生的《体用论》之后，我实现了认识上的突破。熊十力是北大四老之一，在哲学领域非常有建树，是民国时期学术界一位重要人物，有机会大家也可以读一读熊十力先生的《体用论》，对于学习《梅花易数》也会有不小的帮助。熊十力先生认为体用是一体的，是一元而不是二元，如同佛家法相和法性的关系：法性是本质，法相是法性生出来的一种现象。熊十力先生又将这种抽象的理论做了一个非常通俗易懂的比喻。他说：法相是水泡，法性是大海里的水，水泡是水的一种现象，水泡灭了还是水。对于体用而言，水就是体，水泡就是用，所以我认为《梅花易数》把体用这么分开是有问题的。现在无论市面上流传梅花易数占测，还是《梅花易数》书籍，都把体用特别突出地提了出来，而且围绕着这种非常简单的关系变来变去，然后再加一点简单类象，基本上就是全部了。而我们学《梅花易数》，除了要对其有所了解之外，更重要的是要知道问题在哪里，然后进行拓展延伸，去粗取精。

干支易象解析《西林寺牌额占》

体用对于简单的预测也能准确应验，但问题是太慢了，速度跟不上。如果这个卦象用干支易象学的角度去分析，把"西林寺"这几个字作为卦爻符号，就可以看出问题了，也可以研究"林"字加双钩是否有效了。那么寺就是艮，与林组合，就可以是丙寅。丙寅鬼爻可以为鬼神，也可以为寺庙的神像，也可以为香炉，与丙申相应，丙申可以为庙里的和尚。

西为酉，申金为和尚为男，那么酉金就是女，申酉五行相同，为和尚与女人有勾连，克世爻丙寅，就把寺庙搞得鸡犬不宁。酉为鸡，丙寅世爻为狗。世爻被克，寺庙肯定不能安宁。牌额的名字不好改，比较现实做法只能将"林"字加钩。在《梅花易数》第五卷中有笔画的五行属性：横为土，竖为木，点为火，钩为金，曲为水。林为大林木为震卦，那么金化爻象就是庚申，申就是子孙，这样就把世爻丙寅鬼爻，化为申子孙爻，原来的子孙制鬼的象意就不存在了，寺庙也就得以安宁了。从这个角度来看，这种办法还是有效果的，在易理上也是能成立的。

大家按照原文学习了解和掌握之后，也可以思考并使用体用关系占测事情，比较一下是爻象快，还是体用快，在实践中哪种有效就用哪种。

《少年有喜色占》原文与解析

原文

壬申日午时，有少年从离方来，喜形于色。问有何喜，曰无。遂占之，以少年属艮为上卦，离为下卦，得山火贲。以艮七离三加午时七，总十七数，除十二，零五为动爻，是贲之六五爻，曰"贲于丘园，束帛戋戋，吉。"《易》辞已吉矣。卦则贲之家人，互见震、坎，离为体，互变俱生之。断曰：子于十七日内必有聘币之喜。至期，果然定亲。戋戋，是指细微的事物。

解析

《梅花易数》的案例基本都是半文半白，很容易理解，大家经过几个原著的易案熟悉之后，就不用对原文注解了。此易案就是一个小孩从南方走过来，然后按照梅花易数的模式起卦后，用了一句山火贲卦的爻辞，因为爻辞是吉祥的，所以小男孩十七日内有好事。到期果然小男孩定亲了。

爻辞本身我们先不研究，但这个爻辞用得也欠妥。从干支易象的角度看：少年就是艮卦，南为离为火，艮中见火，为丙午父母爻，走过来就是父母爻动了，冲丙子财爻；外应喜形于色，就是喜庆的事儿；丙午父母为文书，与妻财应，订婚之喜直接就出来了。艮土为5、10之数，午为7，所以为17日之内。没必要还得用爻辞去解析，说《梅花易数》是小儿科的原因就在这里，太麻烦了。这是用干支易象学的思维方式，对这个易案的拓展和延伸，大家可以思考一下，是否有道理，也可以比较一下与《梅花易数》起卦的方式，孰优孰劣。

《老人有忧色占》原文与解析

其实历史故事也好，神话小说也好，本质上都是那个年代的生活缩影，再过几百年，我们现实生活或许也成为历史小说的一部分。小说也不过是我们正常生活一些思维和情感的提炼和升华，也都是朴实无华的干支五行现象，所以我们完全可以用易象去类比和解读，并且从中获得一些易学启示，来丰富自己的易学思维，这样在与现实生活对接时，脑海中自然会产生一些象意信息，不会再遇到事情之后大脑一片空白。研读和解析历史小说和神话故事，是一条行之有效的研易途径和提升方法。

原文

己丑日卯时，偶在途行，有老人往巽方，有忧色。问其何以有忧，曰："无。"怪而占之，以老人属乾，为上卦；巽方为下卦，是为天风姤卦，又以乾一巽五之数，加卯时四数，总十数，除以六得四为动爻，是为天风姤之九四。《易》曰："包无鱼，起凶。"是易辞不吉矣。以卦论之，巽木为体，乾金克之，互卦又见重乾，俱是克体，并无生气。且时在途中，其应速。遂以成卦之数，中分而取其半，谓老人曰："汝于五日内谨慎出入，恐有重灾。"果于五日，老者往赴吉席，因鱼骨鲠而终。

又凡占卜，克应之期，看自己之动静，以决事之迟速，故行则应速，以遂成卦之数，可中分而取其半也。坐则事应于迟，当倍其成卦之数而定之也；立则半迟半速，止以成卦之数定之可也。虽然如是，又在变通，如牡丹及观梅之类，则二花皆朝夕之故，岂待成数之久也。

解析

这个易案就是己丑日卯时，康节先生在路上行走，看见一位老人由巽方走来，面带忧愁，问他因为什么事情而忧愁，老人却回答没有。先生感到很奇怪，于是起卦预测。老人为乾为上卦，以巽卦为下卦，得天风姤卦，互卦为重乾。乾卦数一，巽卦数五，再加上卯时数四，共得十数，十除以六余四，九四爻动，变卦巽为风，下卦巽为体，上卦乾为用。《易经》天风姤卦九四爻辞说："包无鱼，起凶。"很不吉利。用卦象来说，巽木为体，乾金为用，金克木是用克体，互卦又出现两个乾卦，全都是金克木，体卦又没有什么生扶之气，况且被占测的人在路上行走，其应验是很快的，就用成卦十数的一半，为五。于是康节先生就告诉老人在五天之内，要谨慎小心，注意安全，恐怕有重大灾祸。果然在第五天，老人赴喜宴时，因为鱼骨鲠喉而死。

我们讲过，《梅花易数》的应期非常注重起卦时的动静形态、行为，这个案例的最后专门给出了具体应用方法。凡是占卜预测，其能应卦的期限，要看处于动中还是静中，以决断事情的快慢：行走的人，应验的时间短，用成卦的数除以二，取其半数作为应验的日期；坐着的人应验的时间慢，用成卦数乘以二，作为应验的日期；站立的人，应验的时间不快不慢，直接用成卦的数来定应验的日期就可以。又说虽然有以上三种方法来定应验的日期，但也要灵活变通。例如《牡丹占》《观梅占》等情况，两种花也许在朝夕之间就已落去。怎能用成卦之数那么长的时间来作为应验之期呢？其实这个案例概括起来说，就是乾金克巽木，是用克体，而且巽木还没有生还的迹象，所以老人故去，基本原理和取象就这么简单。但是这个案例原文解析的问题在哪呢？

第一，作者显然是不懂《易经》姤卦九四爻的爻辞"包无鱼，起凶"是什么意思，就直接拿来对照吉凶，这么用是有问题的。而且"包无鱼"实际是没有鱼的意思，但是这个老人却是吃鱼的时候，让鱼刺卡在喉咙里，导致窒息死亡了。

第二，即使按照用克体分析，三个乾克三个巽，也不至于是必死之象，可能作者也觉得难以自圆其说，就搬出一句《易经》爻辞来证明，实际上也不能提供佐证，还是没有说服力。

第三，从现实的角度来看，我们在易经运用的时候，得别人相信你或者跟一些熟悉的人谈论的前提下，才可以像这个案例这样预测，如果在街上碰到一个陌生人，然后直接就告诉人家有大凶之象，五天之内要死了，这是几个意思？多数人不会相信，说你有神经病，说不定就直接揍你了。我们学易的，要注意这个问题，不要见着谁就给谁测，得分时机和场合。另外也别用得太不值钱了，很多人对这门知识和文化存在偏见和误解，不是很尊重，要么就和戏耍一样，要么就是要求测就非得给测，我们又不欠谁的。

第四，用原文体用生克的办法，赴喜宴、吃鱼以及吃鱼致死的象意，也是取不出来的，所以这个易案充其量是把一个真实的事情记录下来，然后用《梅花易数》的观点做了简单的分析，没什么技术含量。但是我们要把这些问题给大家讲清楚。

当然我们也不能对《梅花易数》的作者求全责备，要求古人必须得把所有的象意全部对应出来。古代信息远没有现代这么发达，探研时手头资料也没我们这么多，我们现在应该是站在巨人的肩膀上，古人留下来的有文字记载的资料，我们很多可以得到，因此，不能说我们就比古人高多少。古人有其历史局限性，水平也有高低，如果这个案例让三国的管辂来解析，恐怕就不会这样。从这个角度也说明，我们对《梅花易数》的拓展延伸并不浅显，我们讲这些内容还是比较有技术含量的。

干支易象解析《老人有忧色占》

这个易案从干支易象学的角度解读，老头就是乾卦，结合这个易案中得出的天风姤卦，化为十二辟卦就是午火。老者见午火就是临鬼爻，所以面带忧色，面带忧色肯定是凶事，临鬼就是死亡之征。乾宫的鬼爻午火，与甲子子孙爻相应，甲子为鱼，阳爻又可以是鱼骨头，子孙为喜神又主吃的，所以是老头赴喜宴时，被鱼刺鲠喉而死。己丑日到甲午日，正好是五天。这样解析，一步到位，而且象意也全面了，才是合情合理的。

乾卦甲子爻辞"潜龙勿用"，只是一种形容。我们不可能吃龙，那水中之物又是阳爻能动的，就是鱼、虾、螃蟹之类的。前面解析过，巽为鱼，就是因为巽初爻是由乾宫初爻甲子变化而来的。在大六壬中甲子代表渔翁，也是因为子为鱼，乾为老头，临初爻。

万象可化一两爻，干支易象崇至简

干支易象大部分是一柱两柱干支，基本就解决问题了，很简洁，浓缩的都是精华。我们看金庸的武侠小说，华山论剑最厉害的，是全真派掌门王重阳，夺得九阴真经，他用的武功就是一阳指，就一个手指头，谁也打不过他！所谓大道至简，就是越简洁的时候，概括能力越强的时候，越接近真理和顶峰。其实我研究易学这么多年得出的经验就是：要是能把所有的类象，化成一爻或者两爻，就像中国的大写意画似的，能很简洁地表达，这是最好的。老子《道德经》上也讲"少则得，多则惑"，但是现在有些人在研究命理八字的时候，却嫌四柱还不够，加上大运流年后，还要加上胎元、命宫之类，弄得特别多，到最后反而把自己搞得晕头转向，不知道怎么用了。大家多熟悉基础，多实践，看看生活中遇到的事情，能不能用一爻或者两爻表达，逐渐提升自己化繁就简的能力。

七、《牛哀鸣占》与《鸡悲鸣占》解

《牛哀鸣占》原文与解析

原文

　　癸卯日午时，有牛鸣于坎方，声极悲，因占之。牛属坤，为上卦，坎方为下卦。坎六坤八，加午时七，共二十一数，除三六一十八，三爻动得地水师之三爻。《易辞》曰："师或舆尸，凶。"卦则师变升，互坤、震，乃坤为体，互变俱克之，并无生气。断曰：此牛二十一日内必遭屠杀。后二十日，人果买此牛，杀以犒众，悉皆异之。

解析

《梅花易数》有一个基本原则就是不动不占，这样就可能有动爻或者信息更强烈，应验率可能会高一些。这个易案是听到牛在北边叫得很悲伤，觉得奇怪，就起卦占测了。但是如果对易理的理解深一些，像我们解梦或者遇到一些事情，没有动也可以占测，一样可以灵验，这个也要看个人对易学怎么理解，这是我的观点。

这个易案的断法，还是按照体用和简单的类象生克：出现动爻的下卦为用，没有动爻的上卦为体，变卦地风升巽木克坤土，互卦地雷复大震卦也为木克坤土，坤卦没什么生气，所以就断这个牛21日之内必然被屠杀，后来20日有人买来这头牛，杀了犒劳众人。之后很多人知道了这个事情的过程，觉得很诧异，不懂梅花易数的人，看着确实很神奇。

这个易案原文的分析过程，也没有对月令和衰旺等给予过多关注，就是简单生克，然后就断牛死亡了。所以大家也不要在旺衰的圈子里转，用的劲越大，越南辕北辙。另外，这个卦也用了《周易》爻辞，我还是坚持用爻辞一定要首先准确理解爻辞所表达的意思这个观点，反对生搬硬套地强加爻辞，没有任何意义，引经据典不合适，反而会东施效颦。关于爻辞，在这里也提醒读者和大家注意，很多爻辞凶的事情，实际上也不凶。

干支易象解析《牛哀鸣占》

在八卦类象中坎为险，《周易集解》中说，一口阳气在地中为险，就是坎的中爻为阳爻，上下都是阴爻，所以为险。另一方面，坎五爻戊戌，纳音为平地木，应二爻戊辰为大林木，木头横在地中又是鬼爻，为棺木之象，是凶险之征，所以坎为险。那么牛在北方哀鸣，就是牛遇险之象，也有死亡之象。牛为丑，地支序数为2，坎水为1、6，加起来就是21日，当然判断为26日之内也不能算错。

再从纳甲法角度，牛在坤宫为四爻癸丑，《系辞》云：动爻就是效天下之动也，就是模拟天下动的事物。因此，牛在北方哀鸣，就是动了，坤上卦就化为坎卦，这样爻象与卦象也相符了。

坤化坎，癸丑化戊申，癸亥化戊戌，坤为牛，亥为坤也可以为牛，这样就是牛化鬼了，所以从爻象中完全可以看出牛死之征。申为9，戌为11合起来就可以得出20天的应期结论。

看来这个易案用干支易象解析比较简捷，没有那么多复杂的程式，用的也是最基本的类象和组合。实际上精彩的易案，都是基础知识的结合。干支易象学的观点和方法，也不是我主观臆造的，自己认为是这样的观点和方法就是这样，而是有上千个用这种观点和方法实测的易案做支撑的，有很强的实践背景。而且我们讲的是思维原理和方法，并不是某种固定的公式和模板，事情永远在变化，"授人以鱼，不如授人以渔"，我们给大家的就是"渔"。所以大家要想创新，还是要到实践中去，实践是检验真理的唯一标准，经不起实践的理论，用一个错一个，那就没什么意思了。当然大家要想学会干支易象学的思维和方法，前提就是必须熟练掌握讲过的基础知识。

同时，要养成正确和良好的思维习惯，思维习惯也很重要。如果老是用生克制化取用神那套，那么遇到事情思维自然就跟到那一套去了。如果大家不断地锻炼易象思维，时间长了自然也就逐渐用干支易象体系去思考问题了。打破惯性思维的办法，是多角度尝试，不要一上来怎么想，就直接按照这个想法下去了，要学会主动抛弃，再想第二个、第三个，然后深入思考，好中取优，找到最充分的那个思路。多几种思路，谨慎判断，即使错了，也能从错误中得到更多的收获，时间长了思路自然也就开阔了。

《鸡悲鸣占》原文与解析

原文

甲申日卯时,有鸡鸣于乾方,声极悲怆,因占之。鸡属巽,为上卦,乾方为下卦,得风天小畜。以巽五乾一共六数,加上卯时四数,共十数,除六得四,爻动变乾,是为小畜之六四。《易》曰:"有孚,血去惕出,无咎。"推之,割鸡之义。卦则小畜之乾,互见离、兑。乾金为体,离火克之,有烹饪之象。

断曰:"此鸡十日当烹。"果十日客至,有烹鸡之验。

解析

首先,这个易案原文解析也引用《易经》风天小畜卦六四爻爻辞:"有孚,血去惕出,无咎",从而推出割鸡之义,但是这个爻辞的结论是"无咎",意思是没什么大事,却又由此说是割鸡之义。鸡都死了,这要换成人就是人死了,人命关天还不是大事吗?如果只取"血去惕出"来证明割鸡之义,那么血的象意是哪里来的,鸡的象意又是哪里来的,"惕出"就是割鸡吗?

显然都说不出理由,事情绝对不是这么非常牵强的附会。所以说引用爻辞必须首先准确理解爻辞的意思,否则就有可能出笑话了。要真正解析爻辞,不能就爻辞说爻辞,也不能附会历史故事。

这个易案原文用完爻辞之后,又用体用论说:从卦理上看,是小畜之乾卦,互卦离和兑,乾为体火克之,卦中巽木离火为木火相生，有炖鸡的象意。但体为乾，变卦也为乾，金旺克巽木，木还能生离火吗？那么点儿离火，还能克旺金吗？而且体克用应该应吉，鸡又怎么会死呢？又是自相矛盾。所以现在看这个案例，不管是用爻辞解释，还是用梅花易数的体用论解释，都是破绽百出。这个易案反过来也证明，体用论是极不完善的。也证明了《梅花易数》这本书不是一个人完成的，是一部集成书，因为后面的不少章节里，很多类象又非常精彩，有很多闪光点，易理也很深，包括八卦类象里"震为踝足"，等等，与这个案例易象理解根本不在一个层次上，差太远了。但是《梅花易数》这本书毕竟流传了这么多年，而且是一部优秀的易学典籍，那么我们在学习过程中，就要认识到它的历史局限性，注意辨别，弃其糟粕，取其精华。

干支易象解析《鸡悲鸣占》五种思路

我们再拓展延伸，换几种思维，看看能不能把这个易案的易理说清楚。第一种：鸡为酉金，乾也为金，在乾有鸡悲鸣，就是乾临兄弟爻壬申剑锋金。鸡要是见剑锋金，又悲鸣，就是鸡被杀之象。酉地支序数为10，所以应在10日之内；

第二种：酉为兑卦，见乾为泽天夬，从卦象上来看，鸡的头上有把刀，也是被杀之象，酉为10日内；

第三种：巽为鸡，有哀鸣这个外应，乾方为金为木之鬼，在巽宫就是辛酉，鸡临鬼爻，为鸡死之征，酉为10日；

第四种：我们舍弃鸡的象意，取乾为马，为午。酉鸡见午为死地，午为7，酉为10，为7到10日内鸡死之象；

第五种：按纳甲法，乾为马为离，离见鸡为己酉，哀鸣为见鬼爻，为己酉见己亥正应己巳，酉见亥为酒，己巳为朋友，为朋友来杀鸡喝酒之象。

这给我们一个启示就是：己酉见己亥，为杀鸡煮酒之征。

实际上这个易案用干支易象学解析，至少有七种思路，这里给大家分享这五种解析方法，供大家参考。大家也可以试着找找有没有别的思路，也提醒大家在实践中碰到一些问题和现象时，可以变换不同的角度去分析，只要方法正确，就会殊途同归。

八、《枯枝坠地占》解

《枯枝坠地占》原文与解析

原文

戊子日辰时，偶行至中途，有树蔚然，无风，枯枝自坠于兑方。占之，槁木为离，作上卦，兑方为下卦，得火泽睽。以兑二离三，加时辰五数，总十数，除六余四，变山泽损，是睽之九四。《易》曰："睽孤，遇元夫。"卦火泽睽变损，互见坎，离，兑金为体，离火克之，且睽损卦名，俱有伤残之义。断曰："此树十日当伐。"果十日，伐木起公榭，而匠者适字"元夫"也。

以上诸占例，并是先得卦，以卦起数，所谓后天之数也。

解析

就是在戊子日丙辰时，先生在路上行走的时候，看到有树长得很茂盛，也没有风，但是却有一条干枯的树枝，在兑方掉落。于是以枯枝为槁木为离作上卦，以兑方为下卦，得火泽睽，变山泽损，互既济，然后采用《周易》原文火泽睽九四爻辞"睽孤，遇元夫"，同时按照梅花易数的体用论，体为兑，互卦离火克兑，加上睽卦和损卦的卦名，都有伤残的象征，依据这些卦理，判断十日内这棵树将要被伐掉，果然这棵树十日内被伐掉去盖公榭，就是衙门公署了。

爻辞中的"元夫"，就是指伐树的人，好像是和爻辞对上了。但是爻辞里为什么说元夫，我们看不到易理，而且我们关心的是树为什么十日内被伐倒，判断的易理依据是什么？也没有十分明确。这个案例中的主卦火泽睽是火克金，互卦是水克火，变卦是土生金，用这个来判断十日内，好像理由也不充分，因为变卦土生金，互卦又是水克火，那这个离火还能发挥作用吗？没有作用的话，那用卦这个火，怎么能克体卦兑？如果不能克的话，又怎么会有伐树呢？很显然，用体用论去解释这个现象，除了简单的生克关系，其他都与结果没有必然的联系，理由很苍白无力。类象和预测，最低也要有某种必然性，如果连这个都模棱两可，不能肯定，那么用体用论去解决现实中的一些事情，判断就非常容易出现问题和差错。

干支易象解析《枯枝坠地占》

这个易案原文虽然从易理上分析得不充分，但事情确实是发生了也应验了，这就提示我们能不能从其他角度去做解读，能不能判断得更准确一些，理论更实用一些，以便更好地指导我们的现实生活，这也是我们学习易学的目的。我们就是要解决老百姓日常生活中遇到的问题，发挥易学的正能量。

那么枯枝可以是巽卦，落于兑方就是辛酉鬼爻，为树死之征。酉为十，为十日内被伐，鬼爻也与衙门有关，所以伐树是为了盖官署。这样去解析易理充分，思路简捷，大家也可以想一想还有没有别的解析角度。

象意解析4　机缘巧合剪花枝，心经助力卖房子

我的工作室里有几株瓶插百合花，是我的学员来时买的，走的时候就送给我了，闻着挺香的。有一天没事我正在修剪的时候，突然想这个会不会应什么事儿呢？百合花是巽卦，剪刀可以是兑，花被剪就是临卦，我就取了辛酉与辛卯相应，卯酉为门户，巽主女又主双。剪花枝又说明是门户动，那应该有两个女的来访。但是提前也没人跟我联系要来，我正想着会是谁的时候，突然还真有人敲门了。原来是新西兰的李女士母女，她们从楼下路过，就顺道上来看看我在不在工作室。李女士是来问房子的事情。她说两口子已经在新西兰定居了，这边的房子就想卖掉，但是卖了快一年了也没人买，问我什么时间能卖出去。

本易案解析思路

因为在剪花之前，我正在写小楷《心经》，用的是蓝色纸和白色国画颜料，而且快写完了。李女士一问房子，我就想白色是金，蓝色是水，剪花在巽宫，结合起来一下就想到了辛亥，为巽宫父母爻也是二爻宅爻为房产，恰好也应了她问房子的事情。当天日辰是水日。于是我就跟李女士说："我把刚写完的这幅心经送给你，能助力你很快把房子卖出去。"结果仅仅过了三天，李女士给我打电话说房子卖出去了，觉得非常神奇。

这个易案很有趣，也与《枯枝坠地占》有关联，《枯枝坠地

占》伐树是盖公署楼房，我剪百合花枝、写《心经》，应的是李女士卖房子，所以把这个实测易案分享给大家，也说明我们对《梅花易数》原著的拓展和延伸是有效的，能够与现实对接，而且只用一个或者两个爻象，就完全可以解决问题。

但也不是我天天写《心经》，都能助力卖房子，这里有很多机缘巧合，事情赶到一起去了。辛亥为房子，纳音钗钏金，也可以为女人。我剪花枝、写《心经》的时候，正好钗钏金进门了，那么辛亥动生世爻辛卯，也主因房子得财之象。木为3、8之数，所以为3日。后来我在博客上发表了这个易案，题目是《心经的助力》。

象意解析5　先卦宫再爻象，梦烧发应三事

这是一个解梦的易案。几年前在一次饭局上，一位张女士说自己做梦梦到烫头用的卷发器不知道为什么着火，把自己的头发给烧了，问这个能应什么事情。我判断了三件事：

1. 家里老人身体健康可能出现状况；
2. 家里人有腿脚受伤之征；
3. 有杯盘打碎之象。

她反馈年前去沈阳棋盘山滑雪的时候腿伤了，虽然没什么大碍，但是非常疼，需要吃止疼药才能入睡；爱人开车的时候，车被撞了；杯子碎了这个没有应验，但是学易之人应该知道，杯盘打碎和车祸，易理上是一回事，只是应象不同。

本易案解析思路

我们断卦，首先要针对问题去取卦象，然后再在卦宫中定位具体爻象。这个易案我们不要去管卷发器为什么着火，只要关注头发烧了就可以了。那么头按照卦象就为乾，乾卦见火，稍微有一点基础的大家，马上就应该想到是乾宫壬午为鬼爻，着火了就是鬼爻动了。乾为老人，临鬼爻动了，所以推断家里老人身体健康方面出现问题了；

壬午与甲子应，子的十二辟卦是地雷复，初爻庚子为震为足，鬼爻来冲，那就是腿脚出问题或受伤之象。地雷复上卦是坤，十二辟卦为亥，冬天为雪，所以是年前冬天滑雪而导致腿受伤。

震为杯盘，所以说是杯盘受伤。但是震庚子父母爻也为车，与鬼爻相应，也是她丈夫开车被撞了的象，这两者取象不同，但是易理和象意是相通和一致的。主要当时那个环境，也没有过多思索，看到震就顺口而出了。

九、《梅花易数》其他占法简析与易案例

《梅花易数》还有一些其他占法，如风觉鸟占，就是根据鸟叫和风的方位起卦，比如风从南方来就是风火家人卦，从东方来就是风雷益。以风为巽为上卦，以方位为下卦起卦占测。还有结合时节，结合颜色，结合声音等起卦占测。也都是《梅花易数》主互变及体用和简单类象那套理论，再加一些生活常识与外应来占测事情。大家有兴趣可以看看原著的内容，知道方法就可以了，很简单直白，我们就不去一一解析了。要注意的是这些具体占法有的是不可取的，有的也不是绝对的，也要因时因地而变化，比如听见奏乐也得分什么音乐，现代开车听见哀乐的话也不是吉事，而是家中有人去世了，这个与古代是不同的。附录一些相关原文，供大家学习参考。

《梅花易数》其他占法原文

风觉鸟占者，谓见风而觉，见鸟而占也。然非风鸟二占，而谓风觉鸟占也。凡卦之寓物者，皆谓风觉鸟占。如"易数"总谓之"观梅之数"也。

风觉占

风觉占者,谓其见风而觉也,见鸟而占也。凡见风起而欲占之,便看风从何方而来,以之起卦,又须审其时,察其色,以推其声势,然后可以断其吉凶。风从何方来者,如风从南方来者,为家人(南方属离火,合得风火家人卦);东来者,为益卦之类。审其时者,春为发生各畅之风,夏为长养之风,秋为肃杀,冬为凛冽之类。察其色者,带埃烟云气,可见其色。黄者,祥瑞之气;青者,半凶半吉;白主刃;气黑昏者凶;赤色者灾;红紫者吉。辨其声势者,其风声如阵马主斗争,如波涛者有惊险,如悲咽者有忧虞,如奏乐者有喜事,如喧呼者主闹哄,如烈焰者有为警,其声洋洋而来,徐徐而去者,吉庆之兆也。

鸟占

鸟占者,见鸟可占也。凡见鸟群,数其只数,看其方所,听其声音,辨其羽毛,皆可起数。又须审其名义,察其噪鸣,取其吉凶。见鸟而占,数其只数者,如一只属乾,二只属兑,三只属离。看其方向所者,即离南坎北之数。听其声音者,如鸟叫一声属乾,二声属兑,三声离之类,皆可起卦,听其声音者,夫鸣叫之喧啾者,主口舌;鸣叫悲咽者,主忧愁;鸣叫嘹亮者,主吉庆。此取断吉凶之声音也。察其名义者,如鸦报灾,鹊报喜,鸾鹤为祥瑞,鹗鹏为妖孽之类是也。

形物占

　　形物占者，凡见物形，可以起卦。如物之圆者属乾，刚者属兑，方者属坤，柔者属巽，仰者属震，覆者属艮，长者属巽，中刚外柔者属坎，内柔外刚者属离，干燥枯槁者属离，有文采者亦属离，用障碍之势、物之破者属兑。

颜色占

　　凡占色之青者属震，红紫赤者属离，黄色者属坤，白色属兑，黑色属坎是也。

其他占法案例

这几个具体占法，也给大家举几个我的案例。

象意解析6　鸟声占

　　有一次，有个学员的手机铃声是一种很难听的鸟叫声音。我正在讲《金口诀》辛酉为纸钱的象意的时候，他的手机铃声响了，很急促，我当时就问他：是不是有人向你催款啊？那个学员反馈说他是搞销售的，别人管他催款，他也管别人要钱，这个电话确实是别人向他催款。

象意解析 7　朱雀占

以前我工作的地方当时那片人比较少，只有我和另外两个人。有一天我值班，就只能请别人替我去打饭，去了很长时间，电话也打不通。我正在看贾平凹的《浮躁》，看得迷迷糊糊的时候，就听见院子里麻雀叽叽喳喳的声音。我从窗户上一看，落满了一地麻雀，这时候替我打饭的人回来了，我就问："你们是不是吵架了？"结果他说他们吃饭的时候和总机班的班长吵起来了。我又问是不是有很多人围观，他说围了不少人。

我原来从书上知道朱雀主口舌，觉得挺神奇，这个事情用了一次，结果就应验了。学易就是这样，用着灵了，就有学习积极性了，要是测一个错一个，自己都会觉得没意思了，逐渐就没有学习热情了。所以易理一定要去与实践多碰撞，与现实生活多对接。而且我认为，只要大家把我讲的东西扎扎实实地学好了，就可以大胆地去实践，不要怕错，应该能够测准，绝对不会错得一塌糊涂，一定有效果，有收获。

象意解析 8　形物占

这是壬午年左右一个形物占测易案。那时我小孩儿两岁左右。有一天，我爱人的女同学来了，那时她还没结婚，以前也见过几次面。聊天的时候就问她是否有对象了，她和我爱人异口同声地问："你看呢？"

女同学一边说话，一边顺手拿起一个圆形的塑料儿童玩具，随意地用手指半个圆样地（人的手腕只能转半圆）把玩具头转来转去，玩具类似糖葫芦的结构，圆形中间还有一个个的小铃铛作响。我就根据她这个动作和手里拿着的玩具直接说："你已经有对象了，对象的父亲是从事与金属有关的行业，而且是位领导，单位在西北方，离家很近。"接着又说："你们相亲是晚上见的面。"

女同学说："你还真神了，确实是处对象了，晚上见对象都能看出来！"现在两人已经是多年夫妻了，过得也挺好。男方的父亲是一位团级干部，搞车床的，单位在她家西北不到一公里。

这个思路就是：手里拿起圆形玩具，圆为乾为男性，就是把男的拿在手里了，问对象，那就是已经处对象了。乾又为父亲，为官员。玩具上的铃铛是铁的，她抓到手了，所以工作跟金属有关，而且在手上也意味着离家不远。因为只能转半个圈，如果圆是太阳的话，那么半圆只能是月亮，所以说是晚上相亲。

象意解析 9　形物占

这个易案是我到前进歌舞团路梦兰老师家里拜访，因为是第一次经别人介绍去的，我也不知道路老师的爱人是做什么工作的。当时去的时候一出门，遇见一个右腿一瘸一拐的男性老者，我据此判断路老师的爱人右腿部可能有伤，结果到她家说完以后，路老师的爱人也很好奇我是怎么知道他腿部有伤的。原来这位老前辈曾经是中国国家足球队的元老，踢球的时候腿受过伤，说着还拿出当年在国家队踢球的照片和他跟一些国家元首的合影给我看，聊了不少。

象意解析 10　颜色占判断思路

　　颜色占这里给大家一个判断思路：比如看见一个人戴了顶红帽子，可以为火天大有卦，当流年流月火旺的时候，可以判断其脑袋或头部会不舒服，等等。

　　《梅花易数》的这些占法，大部分类似于我们平时说的取外应，再结合一点简单的生克。现在也有很多人仅仅靠着外应，可能会断对一点两点，就觉得自己很神奇了，有的甚至鼓吹自己是"闪电眼"，又是开法眼的，我看就是丢人现眼！实际上只是点皮毛，还没入门呢。要是不用外应，张嘴就来而且能准，那才叫本事。大家要引以为戒，学易之人一定要谦虚谨慎。

　　《八卦万类占》把六十四卦分属哪个卦宫列出来了，大家可以看一看，余下的实质上都是我们解析过的八卦基本类象内容的拓展，也是一些简单类象和生克组合，对于现在大家的水平，应该也没有什么难点。比如乾卦为家宅，则秋天吉夏天不吉，那就是秋天金旺，夏天离火克乾金的象意；乾卦为玄色就是壬午，壬为黑色，午为红色，就是玄色，大家可自己多研究研究。

十、干支易象精解实测案例

象意解析 11　丙寅化戊子，爻动出黑猫

这是新疆学员做的一个梦。他梦见一只黑老鼠，从老家的房子上掉下来，然后有一只猫也掉下来，但是最后没抓住老鼠，老鼠进洞了。大家问这个梦会应什么事情发生，我当时准确判断了两件事，一是有人要给他带特产来；二是家里会有小孩或者晚辈来，但是会迟到，而且要花钱。他反馈是他爱人的妹妹，为了要去小学或者幼儿园教学，需要找人，可能会花钱；特产是他姐夫送了他们鹅蛋。这里把预测取象原理为大家解析一下：

如果大家用丙寅和丙申相应判断，也有道理：从广义的角度，丙申子孙可以为动物，艮卦也可以为房子，丙寅也可以为猫。丙寅世爻可以为我，与应爻丙申都为火为离，为朱雀为鸟，鸟+我，为鹅，与子孙应就是鹅蛋。

但是如果从梦境的象意来说又不是很准确，既然说梦到在老房子里一只黑老鼠，那么丙午艮二爻可以为房子，应五爻丙子可以为老鼠，这个应该是没有什么疑问，但是黑猫的象意如何取出来？从卦象上看，如果丙寅变成戊子，就可以是黑猫了。那么丙寅能不能变成戊子，怎样变成戊子呢？梦中老鼠掉下来了，就是动了，按照动则变的原则，丙子阴爻化为阳爻，艮卦变成巽卦。

然后猫掉下来了也动了，丙寅阳爻化为阴爻，这时巽卦又变成坎卦了，丙寅变为坎卦的上六爻戊子，黑猫的象意就出来了！

梦中老鼠进洞了，老鼠洞就是宅爻，财爻丙子来冲宅爻，所以为有人送家里东西，落艮可以为山林之物。宅爻也可以为我，丙午为朱雀为鸟，也可以为鹅。午为乾为天，家禽中类似鸟而且能在天上飞的，可以为鹅，丙午与财爻相应，可以为鹅蛋。到这里，艮为山已经变成了水山蹇卦，四五游魂内变更，为兑宫卦。戊子变为子孙爻，所以是小孩或者晚辈，但戊子本身又是兄弟爻，所以有为小孩或者晚辈花钱的象意；猫没撵上老鼠，所以会迟来；因为是兑宫卦，也可以判断为送瓶装之物，有水也可以判断为咸菜或者腌酱之物等都可以。相比较以前，这个易案稍微复杂点，有一些变化，请大家好好体会。

象意解析 12　盘碎顺势取壬午，克应烧纸及房产

这个易案是说盘子打碎主什么事，我判断两件事：一是烧纸了，二是父亲给他过户了一套房子。

当天是壬午日，那我们顺势而为，直接取壬午应甲子就可以了。子十二辟卦为地雷复，为大震卦，那么甲子就可以是庚子。盘子打碎了，就是甲子动了，可以化为庚子动，生宅爻庚寅，地雷复是坤宫卦，庚子既为财爻，本又为父母爻，来生宅爻，为父亲给他房产之象。庚子纳音壁上土，又是财爻，壬午日为震中庚午子孙爻旺，临鬼动（壬午为鬼爻），庚午为路旁土纳音，故为路旁烧纸之象。

这个易案启示是，当我们判断的事情第一件或第二件没对

上，就说明取用思路有问题，需要我们马上调整思路，调整卦象，再下去就会越走越错。

大家也要善于对技法进行总结，这样才能提高实战的精准度，只学不用，永远不灵，必须要常测，功夫都是练出来的。初学者开始没有一定的准确率也很正常，这个时候谁要找大家预测就马上测，不要端什么架子，给我们机会就得用好，抓紧练。还要多做笔记，包括自己易案的总结与反思，也包括别人易案的闪光点和不足点。也可以写成小文章，还能锻炼自己的文笔水平。做读书笔记是一种非常有效的学易方法，我这么多年一直在坚持。

象意解析 13　梦见房屋倒塌，克应人送鸡蛋

余阳是国家二级厨师，也是我的学员。他有一次在新浪群里说，爱人做梦梦到房屋倒塌了，在群里问主何事。结果我看群里测来测去也没有一个靠谱的。那天我心情不错，一看这个也挺有意思的，就预测会有人送鸡蛋。结果余阳接着把所送鸡蛋的盒子照片，发到群里反馈了。原来南方有个风俗，就是有喜事通知亲友的时候，要带着鸡蛋去报喜，是他爱人亲戚家有人生孩子来报喜，带着鸡蛋。房屋，按照纳音取象为丙戌、丁亥，余阳的爱人做梦，就应该取丁亥。房屋倒塌就是丁亥动了，生兑宫丁卯宅爻又是门户，为有人送物之征。丁亥是兑宫子孙为动物，兑宫与宅爻有关的、最明显的动物就是鸡，又是子孙，那不就是鸡蛋吗？按照常理来说，梦见房子倒了与鸡蛋有什么关系？但是在干支易象中，却是易理相通的。这个易案有一个启示就是取象的取舍问题。屋上土纳音为丙戌丁亥，男的问房子的事，取丙戌，女的取丁亥。

象意解析 14　惊悚一梦虽惊魂，不过出行小口舌

云南一位朋友，是从沈阳这边过去的，有一天给我发了一个微信，语气非常客气，说有时间就帮着看看，没时间就算了，别给你添麻烦。我一看她表达得很尊敬，给留足了回旋空间，那我也有所回报，就给她测了。

她梦到和一个朋友在鞍山，一个小男孩拿着竹签子，从她朋友的右肺扎了进去，问这个梦主有何事发生。我说：第一，男友出行；第二，有口舌和腿脚之疾，也主车辆故障。反馈确实有男友出行和口舌之事。

一个"敬"字万金重

现在社会上对易学还认识不到位，甚至有些偏见，对我们学易之人，也存在着不尊重问题，找你预测就得给他测，不给测就不高兴，这个很不好，也显得没素质。我曾经看过《曾国藩家书》，专门论述"敬"字的重要性，开始也没有那么深刻的认识，但毛主席和蒋介石都很看重曾国藩，毛主席晚年评价曾国藩是地主阶级最厉害的人物。后来随着自己的阅历，逐渐认识了"敬"字的重要性，无论在官场还是在商界，抑或是在社会生活中，把这个字做好很不得了！我们学易之人，也要学会这个"敬"字，用好这个"敬"字，既要尊重自己，更要懂得敬重别人。

本易案解析与启示

我们解析易象，第一步就要先把卦宫定准。小男孩就是艮卦，

竹签为木，在梦中竹签插入右肺又是凶器，就是鬼爻丙寅，与子孙丙申相应，申正好为金为肺。子孙主出行，上互卦震也为出行；震临鬼为腿脚或者车出故障，丙寅纳音为火为朱雀，鬼爻就是口舌。后来我又给她预测了眼睛的问题，也都应验了。这个解析也很简单，但是如果不懂易理的话，这个梦也让人觉得惊魂未定。

这个易案给我们的启示——用干支易象学预测：第一步，要把宫位先定准；第二步，要跟具体的事件和情景紧密联系定具体爻象；第三步，根据具体爻象和六亲以及它们之间的变化，来进行易理推演和判断预测。只要这三点做好了，再加上扎实的基础知识，十有八九就能测准，至少不会出现大的偏差。当然这只是基本的易象，一两个变化而已，与《金口诀》中复杂的象意变化，远不是一个层次和量级。

《梅花易数》第二卷在《占卜论理诀》中，对体用关系也做了论述，提醒研读者不要完全按照体用关系，照本宣科地去占测。

> 数说当也，必以理论之而后备。苟论数而不论理，则其一见，而不验矣。且如饮食得震，则震为龙，以理论之，龙非可取，当取鲤鱼之类代之。又以天时之得震，当有雷声。若冬占得震，以理论之，冬月岂有雷声，当有风撼震动之类。既知以上数条之诀，复明乎理，则占卜之道无余蕴矣。

就是说类象虽然前提是要符合易理，但也要以生活中的常理作为指导和参考准则，没有实践的指导，《梅花易数》也就没有了对现实生活的指导意义。这也就是毛主席反对的教条主义、本本主义，要理论联系实际，要坚持实事求是的准则。

十一、《天时占》原文与解析

虽然现在有天气预报,但是怎么用卦象预测天气还要学一点,最基本的易理还要掌握,而且这里的有些类象也很有易理。比如说《天时占》中"云从龙,风从虎","云从龙"这句相对好理解,但是风为巽,"风从虎"这句话的"虎"是从哪里来的,就不是很直观,也不太好理解了,具体易理我们会解析,而且也有现实指导意义。

《天时占》原文

　　凡占天时,不分体用,全观诸卦,详推五行。离多主晴,坎多主雨;坤乃阴晦,乾多晴明。震多则春夏雷轰,巽多则四时风烈。艮多则久雨必晴,兑多则不雨亦阴。夏占离多而无坎,则亢旱炎炎;冬占坎多而无离,则雨雪飘飘。

　　全观诸卦者,谓互变卦。五行谓离属火,主晴;坎为水,主雨。坤为地气,主阴;乾为天,主晴明。震为雷,巽为风。秋冬震多无制,亦有非常之雷;有巽佐之,则为风撼震动之应。艮为山云之气,若雨久,得艮则当止,艮者止也,亦土克水之义。兑为泽,不雨亦阴。

　　夫以造化之辨固难测,理数之妙亦可凭。是以乾象乎天，四时晴明；坤体乎地，一气惨然。乾坤两同，晴雨时变；坤艮两并，阴晦不常。卜数有阳有阴，卦象有奇有偶。阴雨阳晴，奇偶暗重。坤为老阴之极，而久晴必雨；乾为老阳之极，而久雨必晴。若逢重坎重离，亦曰时晴时雨。坎为水必雨，离为火必晴。乾兑之金，秋高明清，冬雪凛冽。坤艮之土，春雨泽，夏炎蒸。《易》曰："云从龙，风从虎。"又曰："艮为云，巽为风。"艮巽重逢，风云际会，飞沙走石，蔽日藏山，不以四时，不必二用。坎在艮上，布雾兴云；若在兑上，凝霜作雪。乾兑为霜雪霰雹，离火为日电虹霓。离为电，震为雷，重会而雷电俱作；坎为雨，巽为风，相逢则风雨骤兴。震卦重逢，雷惊百里；坎爻迭见，润泽九垓。故卦体之两逢，亦爻象之总断。

地天泰，水天需，昏蒙之象；天地否，水地比，黑暗之形。八纯离，夏必旱，四季皆晴；八纯坎，冬必寒，四时多雨。久雨不晴，逢艮则止；久晴不雨，得此亦然。又若水火既济，火水未济，四时不测风云；风泽中孚，泽风大过，三冬必然雨雪。水山蹇，山水蒙，百步必须执盖；地风升，风地观，四时不可行船。离在艮上，暮雨朝晴；离互艮宫，暮晴朝雨。巽坎互离，虹霞乃见；巽离互坎，造化亦同。

又须推测四时，不可执迷一理。震离为电为雷，应在夏天；乾兑为霜为雪，验于冬月。天地之理大矣哉，理数之妙至矣哉。得斯文者，当敬宝之。

《天时占》易理解析

原文说，占天时不用考虑体用，主要依据八卦卦象、五行判断就可以了。具体地说：离卦是火，主晴；坎卦是水，主雨；坤卦是土，主阴晦，就是阴天；乾卦主晴明；震卦含乙卯，十二辟卦为雷天大壮，一般在春夏主打雷；巽卦在哪个季节也主风；艮为止，土克水，下雨遇到艮就止住了，为久雨必晴。除此之外，艮卦的应爻是丙申子孙爻，也主晴；兑卦世应爻都是父母爻，而且丁未、丁丑纳音都是水，所以即使不下雨也是阴天；夏天本来就是火旺，又没有坎水的话，就是干旱之征，而冬天坎多无火，就是下雪、下雨之象，所以"夏占离多而无坎，则亢旱炎炎；冬占坎多而无离，则雨雪飘飘。"

这里介绍一下六爻爻象占卜天气所主，请大家牢记：

父母爻主雨；子孙爻和妻财爻主晴；官鬼爻主雷电，兄弟爻主风。

"全观诸卦"。就是看互卦和变卦的五行。如果是离属火主晴；坎为水主雨；坤为地气，就是云彩什么的都是地下的气上升而成，所以坤卦主阴；乾卦为天主晴明，正常的天都是晴朗的；震为雷，巽为风。这段文字强调了互卦五行代表的天气情况。

"秋冬震多无制，亦有非常之雷；有巽佐之，则为风撼震动之应"。正常情况冬天是不打雷的，但是《易经》中也有"冬雷震震"，这就意味着秋冬如果打雷，那就是非常之雷，很大的雷，属于异象，有可能发生非常之事。如果再有风的话，那就是大风大雷。大家可以在网上搜搜，1996年前后桂林地区出现了冬雷，之后两三天就发生了以下犯上的事情。"艮为山云之气"，大家如果去黄山或者其他有山的风景区就会发现，山顶上总是雾气昭昭的，这就是山云之气。

"乾坤两同，晴雨时变"。就是两个放在一起，有雨又有晴天，按照现在天气预报的说法，就是阵雨或者雨转晴；"坤艮两并，阴晦不常"，就是阴或者多云，或者比较诡异的天气。"坤艮之土，春雨泽，夏炎蒸"。就是坤艮虽然是土，但是春天也可以为下雨，夏天也主下雨的时候很闷热。

有时候夏天雨还没下来的时候，气压很低，感觉像蒸笼一样，就是这个现象。

"《易》曰：'云从龙，风从虎。'又曰：'艮为云，巽为风。'艮巽重逢，风云际会，飞沙走石，蔽日藏山，不以四时，不必二用。"这一段原文，很多人不理解。我们知道艮为云，巽为风，艮卦初爻为丙辰，"云从龙"这个象意是容易解析和理解的。但是"风从虎"就很难理解了，巽卦中没有虎的象意，那这个虎是从哪里来的呢？让人百思不得其解。那么我们再看原文这一段的最后一句："故卦体之两逢，亦爻象之总断。"这一句，明确提出了爻象的概念，也就是梅花易数如果不会六爻纳甲法，不会用爻象，有很多象意是研究不出来的，很多所谓的江湖大师，实际上根本就没有入门！现在我们用纳甲法，把艮为云和巽为风，作为一个整体来看，就可以是山风蛊卦，人变为归魂卦，内卦巽为卦宫。蛊卦辛酉鬼爻持世，应丙寅兄弟，由此辛卯就变成了丙寅虎，又都是巽宫兄弟爻主风，比喻风势像老虎一样凶猛，这就是

"风从虎"！加上艮卦中丙辰为龙，为"云从龙"，云从地下升起，山风蛊卦这种组合就叫"风云际会"，风从下面往山上刮，感觉像整个山都被吹倒一样（但是风在上山在下的风山渐卦，不叫"风云际会"）。艮本为山为石，居于上卦，初爻丙辰纳音沙中土，被下卦巽风吹，所以是"飞沙走石"，像虎一样凶猛的大风刮起了沙石，而且寅卯都在上九爻，刮到山顶了，故为"蔽日藏山"。

既要用卦象也要用爻象，两者紧密结合，才是周易占卜之道、预测之道，只用卦象或者只用爻象，都不可取。为什么有好多人预测得不细致、不精确？问题也在于此。余下的原文理解起来没有难度，有的是卦象直接取用，不再一一解析，挑重点的说明一下易理：

"地天泰，水天需，昏蒙之象"。坎主雨，坤主阴，居于上卦，都在天上，水天需又为坤宫游魂卦，所以也主下雨，但是下卦乾主晴明，即为有雨但是又下不下来的状态，这其实就是昏蒙的状态。

"天地否，水地比，黑暗之形"。天地否卦就是地支申，与子水半合，水性润下，地也在下，水地有一比，水为黑色，就是天气乌云密布，而且云特别低，几乎没有光线了，白天也跟晚上似的。

"八纯离，夏必旱，四季皆晴；八纯坎，冬必寒，四时多雨"。就是占天时遇到纯离卦的话，夏季旱情格外严重，一年四季晴天居多；遇到坎则是冬天格外寒冷，四季多雨。

"久雨不晴，逢艮则止；久晴不雨，得此亦然"。这个就是取艮为止的象意。

"又若水火既济，火水未济，四时不测风云"。就是遇到这个卦象，不能确定天气是刮风还是下雨，天气多变，难以确定。比如火水未济，三世异外卦宫，为离宫卦，世应爻兄弟为风，坎为雨，为有雨有风，但又是离宫卦主晴。水火既济为坎宫卦，同样道理，也有风雨多变的因素。

"风泽中孚，泽风大过，三冬必然雨雪"。兑泽本来也主雨雪，巽主风，就有刮风下雨雪的象意。

"地风升，风地观，四时不可行船"。卦象上风地相遇，有风有阴，坤为亥，又有雨的象意。坤卦应爻乙卯为船，行船的话就会有遇到风浪。

"离在艮上，暮雨朝晴；离互艮宫，暮晴朝雨"。离在艮上，火山旅卦，离宫卦，丙辰子孙持世，应己酉财爻，丙辰由己卯父母爻化来，酉为晚上应父母爻，为晚上下雨；到了辰时，己卯化为丙辰，父母化为子孙主晴，所以是"暮雨朝晴"。余下的大家根据这个思路自己研读一下原文。

象意解析15　偶遇猫儿吃青草，克应次日雨又晴

在这里分享一个占测天时的易案，这个易案也验证了一个民俗谚语。我曾经看过曹鹏博士著的一本书叫《启功说启功》，是关于书法的著作。这本书里记载了曹博士有一次出差的时候带了一本万年历，上面记载有句民谚：猫啃青草，次日必雨晴。就是如果见到猫啃青草，那么第二天肯定下雨，但是下完雨之后，天马上就放晴。那么这个谚语的易理是什么呢？猫肯定是丙寅，与丙申相应。猫啃青草，青草就是吃的，丙申子孙爻为吃的。丙申又在上互卦震中，有青草的特征。申又是坤，上互卦震又是乙

卯，为大地的草坪，也可以是青草或者嫩草。由此丙寅与丙申，就是猫啃青草象意，丙申有青草的特征。甲为一，乙为二，为次日，乙卯纳音大溪水为下雨，但是乙卯是由子孙爻丙申化来的，子孙爻主晴，所以下完雨就放晴。

象意解析16　神话八戒戏嫦娥，现实婆婆扭秧歌

大家可能看过我用干支易象解析《西游记》的博文，有人也质疑过这么解析《西游记》有没有应用价值。下面这个易案就是由解析《西游记》得到的启发。

我的学员过年的时候，在厨房打了一个碗，我判断她家一定是吃火锅的时候，电磁炉打不着火了。在厨房打了个碗，就是丙申子孙爻旺动，因为丙申在上互卦震中为锅碗，与丙寅炉中火相应，又在下互卦为坎为水中，这不就是吃火锅象意吗？丙申旺动冲丙寅，丙寅为电磁炉，子孙制鬼，所以是电磁炉打不着火了。后来我又根据这个象意，问她婆婆是不是会跳舞，她说跳舞倒是不会，但是喜欢天天出去扭秧歌。

我在解析《西游记》猪八戒戏嫦娥时，曾经解析过嫦娥手里为什么有只兔子：手为艮，丙申为震又为坤，有坤中乙卯的象意，卯为兔子，所以嫦娥手中抱着兔子；坤中又有未，未在大六壬中为己未，为太常，己未又在离宫为女，"常"字加"女"为"嫦"，以其为我，加"女"又是"娥"，为嫦娥。坤为亥为猪，乙卯大溪水与癸酉相应为酒，子孙主玩耍，所以为猪八戒酒后戏嫦娥。丙申居上互卦震中，为嫦娥跳舞。我就是把这个神话故事的解析，平移到她的易案中了。

因为我知道她公公已经不在了，所以我又问她是不是晚上九点钟以后，有个男的联系她婆婆。她说是有这么一个男的，晚上喝完酒到了九点来钟，就给她婆婆打电话，很烦人。后来我又问她婆婆早年是不是养过兔子，她反馈说婆婆就是养兔子起家的。

所以不管是对民谚的探研，还是对神话故事的解析，只要合情合理，就完全可以把探研的结论应用到现实生活中，去指导我们的预测。

十二、《三要灵应篇》解

《三要灵应篇》原文及精彩部分易理解析

三要者，运耳、目、心三者之要也。灵应者，灵妙而应验也。夫耳之于听、目之于视、心之于思，三者为人一身之要，而万物之理不出于视听之外。占决之际，寂闻澄虑，静观万物，而听其音，知吉凶，见其形之善恶，察其理之祸福，皆可为占卜之验。如谷之应声，如影之随形，灼然可见也。其理出于《周易》"远取诸物，近取诸身"之法。是编则出于先贤先师，采世俗之语为例。用之者鬼谷子、严君平、东方朔、诸葛孔明、郭璞、管辂、李淳风、袁天罡、皇甫真人、麻衣仙、陈希夷，继而得者邵康节、刘伯温、牛思晦、牛思继、高处士、刘湛然、富寿子、泰然子、朱清灵子。其年代相传不一，而不知其姓名者不与焉。原夫天高地厚，万物散殊，阴浊阳清，五气顺布，祸福莫逃乎数，吉凶皆有其机。人为万物之灵，心乃一身之主。目寓而为形于色，耳得而为音于声。三要总之，万物备矣。

右乃天地万物之灵，而耳、目、心三者之要，故曰三要也。

是以遇吉兆而顺有吉，见凶兆而不免乎凶。物之圆者事成,缺者事败。此理断然,夫复何疑。

右乃占物克应,见吉则吉,遇凶则凶。

是以云开见日,事必争辉,烟雾障空,物当失色,忽颠风而飘荡,遇震雷而虚惊。月忽当面,宜近清光;雨乍沾衣,可蒙恩泽。

右乃仰观天文,以验人事。

重山为阻隔之际,重泽为浸润之深。水流而事通,土积而事滞。石乃坚心始得,沙乃放手即开。浪激主波涛之惊,坡崩主田土之失。旱沼之旁,心力俱竭;枯林之下,相貌皆衰。

右乃俯察地理,以验人事。

适逢人口之来,实为事体之应。故荣宦显官,宜见其贵;富商大贾,可问乎财。儿童哭泣,忧子孙;吏卒叫嚣,忌官讼。二男二女,重婚之义;一僧一道,独处之端。妇人笑语,则阴喜相逢;女子牵连,则阴私见累。匠氏主门庭改换,宰夫则骨肉分离。逢猎者,得野外之财;见渔者,有水边之利。见妊妇,则事萌于内;遇瞽者,则虑根于心。

右乃人品之应,以验人事。

简而言之,就是我们要充分学会运用外应,看到、听到眼前一个信息抑或是感觉到生活中的某个现象,很快就可以做出判断,得出结论。这就是《三要灵应篇》的主旨,与那些所谓的"闪电眼"之类,有本质区别,大家也要注意鉴别真伪,不可混为一谈。

《三要灵应篇》中列举了十多种运用外应占断的方法,也列举了很多例子，有一些原文直接讲出或者我们能够一眼就可以看出其中易理的，请大家自己阅读原文即可，而有一些易理比较深、内容比较重要的，我们就从易理的角度，逐一进行解读和分析，以便大家能够准确地掌握和领会并能在实践中变通和运用。

"儿童哭泣，忧子孙"。就是当别人来问事情的时候，正好看到或者听到旁边有小孩在哭泣，那么可以不用询问，就知道是因为担心孩子的事情而来占测。这里要注意的是：来占测和小孩子哭，必须同时发生，这样孩子哭的信息才能与问测者的事情建立起关系，两者的信息才可以相通。只有这时，才可以用孩子哭来佐证问测的事情，不能只是看到路边有孩子哭，就说是忧子孙。这个不叫外应。我们要是这么用就麻烦了，两者缺一不可，这才是《三要灵应篇》要表达的意思。

"吏卒叫嚣，忌官讼"。如果来问官司，这时正好碰到过去叫吏卒，现在可以是警车呼叫或者警察抓人之类的事情或者场面，又或电视中正播放这样的场景，就是给予了不利于官司的信息佐证。

"二男二女，重婚之义"。问婚姻碰到两男两女，那么就主重婚，两次以上婚姻。就是直接运用眼前的信息，在你能看到、听到的感知范围内，它们之间的信息是畅通的。

"一僧一道，独处之端。妇人笑语，则阴喜相逢；女子牵连，则阴私见累"。僧道一般是孤独的，这个容易理解。碰到妇人笑着说话，就主家里女性有喜事。要是碰到女子和男子在纠缠，就是与男女关系有关之事，为这方面的事情烦恼。

这一段余下的都是非常直观的简单取象，木瓦匠都齐了，那就是盖房子或者与装修有关；遇到屠宰，就是与子女闹矛盾或者要分离的信息；见到渔夫，就是水边得财；见到怀孕的，就是事情还在萌芽当中；见到失明的人，眼睛看不见，但是眼不明心明，虽然心里有事情，但是看不到端倪，找不到方向，焦虑之征。

　　至于摇手而莫为，或掉头而不肯。拭目而喷嚏者，方泣；搔首而弹垢者，有忧。足动者有行，交臂者有失。屈指者多阻节，嘘气者主悲忧。舌出掉者有是非，背相向者防闪赚。偶攘臂者争夺乃得；偶下膝者屈抑而求。
　　右乃近取诸身之应。

　　摇手或者屈指，指为手为艮，艮为止，动了就主阻止，所以说莫为和阻节；有一个成语叫失之交臂，所以说交臂有失；一般我们有愁事了才嘘气，所以说嘘气主悲忧；人在衣冠不整时，一般也是为愁事所烦恼。这段也基本是简单直观的类象。
　　《三要灵应篇》很好，应用也可以很准。它的主旨就是提醒我们，要善于运用周围能看到的一些信息。这也反映一个人的易学天赋和灵气，当然这个也不是完全和绝对，万一没有这些外应信息，我们怎么办呢？所以根本的还是要把纳甲法运用得很熟练，就可以快速地推测出来。预测最终还是要侧重于易理，仅仅靠"抖机灵"，不是长远之计，即使一次两次准了，但是真正要碰到具体的事，真要较真儿，还得要靠实力，靠基本功。因此我们倡导既要抓好外应，信息给我们了，答案就在身边，那就要充分抓住用好，否则就是"骑驴找驴"了，同时还要结合易理，熟练基础，这样预测的准确度就会提高。

若逢童子授书，有词讼之端；主翁笞仆，防责罚之事。讲论经史，事体徒间于虚说；语歌词曲，谋为转见于悠扬。见赌博，主争斗之财；遇题写，主文书之事。偶携物者，受人提携；适挽手者，遇事牵连。

右乃人事之应。

"若逢童子授书，有词讼之端"。见着小孩拿书过来，可能是要有官司之征，这就不是直观取象了，其中的易理是：小孩就是子孙爻，书就是父母爻，也主文书印鉴，子孙爻动了，克官治鬼，也主理论道理，也有打官司的象意。

"谋为转见于悠扬"，就是事情还有转机。余下都是直接象意比喻：看见打人的就有责罚之事，讲经论史表明事情只是说说而已，赌博本来就是夺财，题写就是写书法，为文书，拿着东西的就有提携之象，看到牵手的，为有牵连的事情发生。

及夫舟楫在水，凭其接引而来；车马登途，藉之载而往。张弓挟矢者，必领荐；有箭无弓者，未可试。持刀执刃，须求快利之方；披甲操戈，可断刚强之柄。缫丝者，事务繁冗；围棋者，眼目众多。妆花刻果，终非结实之因；画影描形，皆为妆点之类。络绎将成，可以问职；笔墨俱在，可以求文。偶倾盖者，主退权；忽临镜者，主赴诏。抱贵器者，有非常之用。

负大木者，有不小之财。升斗，宜量料而前；尺剪，可裁度以用。见蹾昀，有人拨剔；开锁钥，遇事疏通。逢补器，终久难坚；值磨镜，再成始得。玩斧磨钢者，迟钝得意；快刀砍木者，利器伤财。裁衣服者，破后方成；造瓦器者，成后乃破。弈棋者，取之以计；张网者，摸之以空。或持斧锯恐有伤，或涤壶觞恐有饮。或挥扇者有相招之义，或污衣者防谋害之侵。

右乃器物之应，即远取诸物之义。

缲丝，就是剥茧，抽丝剥茧很麻烦，所以为事物繁冗；下过围棋的都知道棋眼，就是棋格中间那个孔，棋盘上有很多，所以主事情有很多人围观；络为蚕丝的粗丝，绎为将粗丝制成细丝，蚕丝为巽为辛巳，制成细丝就是辛巳动，得世爻辛卯生为细丝，克鬼爻辛酉，所以可以问官问职；笔墨俱在，可以求文，这个古代可以理解为科考，放在现在也可以判断为考学、考公务员，等等。

瓶盖可以理解为在最高处，可以是父母爻壬戌，也可以是壬申，偶尔看到瓶盖倾倒，问官职的话，那可能就是被免职或者退居二线；八卦类象中乾为镜，为器具为子孙，可以为甲子，照镜子就是甲子动，生甲寅青龙，甲寅旺了冲壬申，爻辞为"见龙在田，利见大人"，为奉旨见帝王，所以"忽临镜者，主赴诏"，但这个一定是在不经意间突然看见或者有人忽然去照了一下镜子才有可能应验，天天照镜子那就不是外应了，也不可能天天奉诏的。

"负大木者，有不小之财"。这个也不尽然，负为背为艮，见木为丙寅鬼爻，所以也可能主官司。书本的东西只是给我们一个启发、一个知识点，可以活跃我们的思维，但也不能全信，"尽信书不如无书"这句话太有道理了！一定要因人而异、因地制宜。将我们的本心与外面的一切信息、与我们的观察想象力和分析判断力、与我们的所学所知所验，融为一体，才能用得灵，才有妙断神应，照搬照抄书本知识，就犯了本本主义、教条主义的错误。

补器者，是一种传统手工艺者，泥锅或者泥盆、泥缸等破了之后，可以给补起来的那种手工，某些地区称之为"锔锅"，现在基本上已经被社会淘汰了。遇到这样的人，要联系到具体事情：如果是问婚姻的话，那终究还是走不到一起或者是将来要离异；问钱财也是终究到不了手的意思。看到磨镜子的，与"铁杵磨成针"一个道理，事情比较艰难，但是最终可以成事，与后面一句"玩斧磨钢者，迟钝得意"意思差不多。

"快刀砍木者，利器伤财"。我们按照卦理而言，木能成财的一般是震卦，世应爻都是财爻，为青龙也主财，就是说可能事情是好事，但是会损财；裁缝需要先把布料剪破，才能制好衣服；烧成的瓦器，最终都会破掉；对弈肯定需要计谋；网张开后，中间都是空的；洗茶壶酒杯，肯定是为了喝茶饮酒；手持刀斧，就有被伤的风险；挥扇子会招风，动作与招手类似，有招呼或者召唤的意思；衣服脏可以理解为临鬼爻，为有人谋害。

　　虽云草木之无情，亦于卜筮而有应。故芝兰为物之瑞，松柏为寿之坚。遇椿桧，则岁久年深；遇苗菽，则朝生暮死，占产占病，得之即死之兆。枝叶飘零当萎谢，根核流落主牵连。奇葩端的虚花，嘉果可以结实。
　　右乃草木之应。

至于飞走，最有祯瑞。故乌鸦报灾，喜虫报喜。鸿雁主朋友之信，蛇虺防毒谋之害。鼠啮衣，有小口之灾；雀噪檐，有远行之至。犬斗恐招盗贼。

鸡斗主有喧争。牵羊者，喜庆将临；骑马者，出入皆利。猿猴升木，身心不安；鲤鱼出水，变化不凡。绳拴马，疾病难安；架险禽，囚人未脱。

右乃禽兽之应。

"乌鸦报灾，喜虫报喜"是一句民谚，其中也有易理支撑：乌鸦是一种鸟，羽毛黑色，叫起来很难听，可以为艮宫父母爻丙午，在二爻为宅，与丙子相应，黑色的鸟为丙子旺临宅，为克宅之象，肯定不是好事，为报灾；艮为少男，如果应在家庭成员上，那就是小男孩出问题。这也是"鼠啮衣，有小口之灾"的易理所在：丙子可以为老鼠，丙午父母爻可以为衣服。反过来小男孩病了，也可以克应家里衣服被老鼠咬了，但是这种现象现在在农村或许有，城市里已经不多见了，要是在现代城市的环境里这么去判断，十有八九是测不准，所以理论必须要联系时代的发展、联系实际才能用活用准。后面有一句"雀噪檐，有远行之至"，与这个刚好相反，为丙午动冲丙子五爻为道路，为外卦，所以有远行之至。喜虫就是一种类似蜘蛛一样会吐丝的小虫子，为巽卦子孙辛巳，子孙动了生财爻是好事，所以报喜。鸿雁南飞可以为己巳，为兄弟爻为朋友，离为火为信息；虺为大毒蛇，可以为庚午，午为乾为头，庚午为子孙，主计谋，与庚子应，子为玄武，可以为毒谋之害；犬斗为丙戌应丙辰兄弟，戌与寅合，为合鬼爻丙寅临兄弟，鬼临兄弟为盗贼之征；鸡斗，为辛酉鬼爻应辛卯兄弟，辛酉又为兑为口，为喧争之象；未为羊，牵羊需有绳，为辛未，巽宫财爻旺，为喜庆将临；骑马者，出入皆利，这个倒是未必：塞翁失马摔断其腿，庞统骑马因此丧命，我们要辩证地看待问题；猿猴升木，可以为庚申，震主动，鬼爻动为身心不安；鲤鱼出水，为甲子动，有鲤鱼跳龙门之征，为鱼化龙，变化不凡；绳拴马，为辛巳，子孙被困不能治鬼，为疾病难安；架险禽，把禽关进笼子里，实际也是子孙被困之象，鬼爻无制，囚人未脱。

实际上《三要灵应篇》，包括《梅花易数》里其他很多口诀或者类象，都有易理支撑，只不过有一些是一眼就可以看出来的，我们没必要再去深入探研易理，但是也有很多是一眼看不到的，就需要我们必须用易理解析清楚。只有懂得原理才能变通，才能灵活，用起来才能灵验，死记硬背是没有任何意义的。

  酒乃忘忧之物，药乃怯病之方，故酒樽忽破，乐极生悲；医师道逢，难中有救。藤萝之类堪依倚，虎豹之象可施威。耕田锄地者，事势必翻；破竹剖竿者，事势必顺。春花秋月，虽无实而有景；夏棉冬葛，虽有用而背时。凉，扇多主弃损；晴，伞渐逢闲废。泡影电光，虚幻难信，蛛丝蚕茧，巧计方成。
  右乃杂见观物之应。

喝酒的时候，如果突然有酒杯打碎了，就要注意乐极生悲，要小心；药和医师都是子孙，路为白虎，主刑伤死亡和疾病，有鬼爻的特征，路上遇到子孙可以治鬼，可以理解为难办的事情还有救应；耕田锄地，需要翻土，也是鬼爻动，事情的发展趋势可能会遭遇翻盘；大六壬中丙寅为竹，寅为木，丙寅为火为中空，所以艮也可以为竹节。破竹剖竿，就是鬼爻被制，事情的发展趋势就是顺利。有些事情，看起来没用，但是换个角度，可能还有一翻作为，提示我们可以换个角度看问题，寻找解决办法；但有些东西，如果环境或者条件变了，可能就没用了，与"兔死狗烹，鸟尽弓藏"的道理是一样的，所以我们理论如果不联系实际的话，怎么能学好易学？

遇到水泡中的影子、遇到电光，都是虚幻或者一闪而没的事情；遇到蛛丝蚕茧，就意味着办事情还需要一定技巧，好好谋划才有成功的可能。这些都是生活常理的直接运用。

若见物形，可知字体，故石逢皮则破，人傍木为休。笠飘水畔，泣字分明；火入山林，焚形可见。三女有奸私之扰，三牛有奔走之忧。一木两火，荣耀之光；一水四鱼，鳏寡之象。人继牛倒防失脱。人言犬中忧狱囚。一斗入空门者斗争，两丝挂白木者乐事。一人立门，诸事有闪；两人夹木，所问必来。

右乃拆字之应。

这段是字的组合应用。石见皮就是"破"字，人木就是"休"字，笠见水就可以组合为"泣"，三女就是"奸"的繁体字"姦"；三牛为"犇"，实际也是奔的繁体写法；一木两火，可以组合为"荣"的繁体字"榮"；人与牛可以组合为"失"；两丝挂白，就是"乐"的繁体"樂"；两人夹木，就是"来"的繁体字"來"；

一水四鱼除了原文的说法，也还可以直接取坎宫子孙戊寅，戊寅为鳏寡孤独。

下面这段文字是取文字谐音为外应断事。

　　复指物名，以叶音义。如见鹿可以问"禄"，见峰可以言"封"。犁主分离，桃主逃走。见李，问讼则得理；逢冠，问名则得官。鞋为百事和"谐"，盒则百事可"合"。难以详备，在于变通。

　　右即物叶音之义。

　　及夫在我之身，实为彼事之应。故我心忧者，彼事亦忧；我心乐者，彼事亦乐。我适闲，彼当从容；我值忙，彼当窘迫。

　　右即自己之应，近取诸身之应。

　　欲究观人之道，须详系《易》之辞。"将叛者其辞惭，将疑者其辞支。吉人之辞寡，躁人之辞多。诬善之人，其辞游；失其守者，其辞屈。"

　　右一动一静之应，近取诸身之义。

　　既推五行，须详八卦。卦吉而应吉终吉，卦凶而应凶终凶。卦应一吉一凶，事体半凶半吉。明生克之理，察动静之机，事事相关，物物相合。

　　此五行八卦及克应动静之理。

　　活法更存乎方寸，玄机又在于师传。纵万象之纷纭，惟一理而融贯。务要相机而发，须要临事而详。

　　右言占卜之理，在人变通之妙。

　　嗟夫！方朔覆射，知事物之隐微；诸葛马前，定吉凶于顷刻。皇甫坐端之妙，淳风鸟觉之占。虽所用之有殊。诚此理之无异。

右言三要灵应妙处。

可以契鬼神之妙，可以会蓍龟之灵。然人非三世，莫能造其玄；心非七窍，莫能悟其妙。故得其说者宜秘，非其人者莫传。轻泄天机，重遭阴谴。造之深，可以入道；用之久，可以通神。

右言灵应之妙，不可轻传妄授，宜秘之重之，以重斯道也。

象意解析17　组字预测

周亮工的《字触》中记载了这样一个故事：一位老人临近年前，到庙里问外出的儿子还能不能赶回家过年。老人是拄着拐杖去的，庙门口有一个米箱，进去的时候就把拐杖横放在了米箱上。庙里的和尚一看，就让老人赶紧回去，并告诉他的儿子已经回来了。老人一到家，果然看到儿子回来了，就又回到庙里问和尚是什么原因。和尚告诉老人说：很简单，您把拐杖放到米箱上了，米字加一横就为"来"字，所以说您儿子回来了。这个就是最简单的组字预测的案例。

象意解析18　"架险禽，囚人未脱"应用

这是我弟弟贺云达的易案。我弟弟和一位老总在我上海工作室附近的酒店吃饭，酒店的大堂经理叫房鹏。老总就问这个名

字好吗？云达根据这个问话，判断老总这几天要打官司。结果那位老总第二天去机场的时候，被限制出行，原来是公司的合作伙伴，突然因为生意上的事情把他告了，提前也没有任何征兆。这个实例的判断依据，就是房鹏这个名字，有大鸟关在房子里的信息，鸟为朱雀，主口舌官司。

中国的汉字很有趣，清代周亮工的《字触》就是一部文字故事的著作，有兴趣的朋友也可以看一看。《梅花易数》也还有专门测字的章节，但是其方法与干支易象学不同，我觉得还是干支易象的方法更准确一些。

象意解析19　坐似关公夜读书，妙应家中供三清

再给大家分享一个关于外应的易案。大概2000年左右，我和几个朋友一起聊天，让我预测他们家里都供什么神像。一位在我左边离着灯比较近的，我通过左为震为武人和因为离灯近脸被灯光映红了这两点，判断他家供关公；坐在我东北方向的，通过东北为艮，卦象是一个阳爻底下两个阴爻，阴爻为虚，谐音须为胡须，神像为鬼爻，寅为三，判断其家供着三个有胡须的老头，结果是供的道家三清。

十三、《触机占断法》原理精解

《梅花易数》第二卷中的《复明十一应》，主要是论述了天时、地理、时令、动物，包括言语、声音、五色、写字等十一种外应，基本都是体用生克的简单类象，大家依据学过的知识，很容易读懂。比如五色之应，就是不论卦象，直接以所见颜色（青碧绿色属木，红紫赤色属火，白属金，黑属水，黄属土）来定五行，再按照体用判断吉凶。

有点意思的是"复明写字之应"，我们略微做一下解读：淬，是一种使金属增加硬度的工艺，就是把金属烧红了再蘸到水里，俗称淬火。而把原文这句话和对应的结论，我们按照干支易象学的方法，化为坎宫财爻戊午与世爻兄弟戊子相应就可以了；涕，就是墨蘸得非常饱满，流淌于纸上，像人的眼泪一样，有哭泣的意思，可以理解为甲子旺冲克壬午，为长辈有病灾的特征，所以防有丧服之事；鬼笔，按照爻象就是鬼爻，为官司盗贼，为疾病，所以要防止盗贼，拓展一下也可以为防口舌官司，如果再与方位结合起来推断具体事情，就可以更准确一些。同样需要注意的是，不能看到写字出现这种情况，就判断有丧服，必须与问测的事情结合起来，在别人恰好问这类事情的时候，才有可能灵验，大家可以多在实战中验证。

《触机占断法》不是《梅花易数》的内容，而是作者将当时广为流传的一篇外应口诀收纳到了这部著作中，但是只有歌诀，没有易理解析。我们的主要精力是解读其中有趣而且能够引起丰富易象联想、有丰富易理内涵，能够开拓思维视角等内容。一些生活经验总结和不符合易理或者非常浅显易懂的，就不去浪费时间。其实学习易理也好，工作也好，也得抓住重点，抓住关键环节，抓主要矛盾，纲举目张。

在讲解《触机占断法》解析之前，先分享和解析一个与外应结合参断的易案。

象意解析20　教授合伙人失联，外应参断显玄机

那天是甲寅月庚寅日辛巳时，清华大学一位教授，很着急地给我打电话，说正在谈的一个合作项目的合伙人，这两天突然失联了，各种联系方式都联系不上。他的学生给他摇了一卦，得水山蹇卦，然后跟我通话期间，有个陌生人去了他屋里，后来了解是这位教授认识的一个人安排这个陌生人给他送驾驶证。我判断两点：

1. 当天下午或者晚上，就可以与合伙人取得联系，而且这个项目与电子信息相关；

2. 与教授联系送证之人或者合伙人的名字中带草字头、木字旁和三点水。教授当即说这三个全带。到下午申时，又给我反馈说刚刚联系上，项目也成功签约了。

本易案解析与启示

我在判断的时候，参考了一下水山蹇这个卦，但是主要还是

按照自己的思路，并参考了当时的时空信息。

1. 庚寅为震宫兄弟为雷电，辛巳为巽子孙为风为信息，合为电子信息；

2. 合伙人为朋友，把月令甲寅的信息加进来，庚寅松柏木和甲寅大溪水都在二爻宅爻，纳音水木相生，而且外应这个时候恰好有人进屋给他送驾驶证，所以判断能见面。什么时候见面？逢冲或者相合时候，就是下午申时或者晚上亥时。庚寅震宫，为名字带木字旁或草字头，甲寅大溪水为三点水。他反馈说全带，这个外应就更加佐证了能见面的信息。

这个易案给我们的启示：朋友，可以考虑月令。预测可以结合当下的时空信息顺势而为。这也证明外应是可以帮助判断的，更证明了我们前面所讲的思维方式方法是行之有效的。大家把基础知识熟练之后，可以大胆地在实践中运用和拓展。但是大家也不要死记硬背，而是要理解地记忆，这样才能记得扎实。学得越轻松，用得才能越轻灵。

《触机占断法》原文精选与易理解析

什么叫触机？就在别人熟视无睹和司空见惯中发现不寻常的玄机。《易》曰："百姓日用而不知。"易理都蕴藏在百姓的日常生活中，我们学易者更需要在生活的不知不觉中，发现玄机。我们挑选《触机占断法》中比较精彩和富有易理的内容，为大家做解析。

曹姓之人若经营，切记莫雇牛马姓。

百家姓中藏生克，牛马吃尽曹家坑。

取牛马在槽中吃食，有夺财的意思。

请求调动和晋升，忌遇段邵丛姓逢。
邵与少字是同音，神明感格君要清。

少和从属对调动晋升都不好。

调动忌遇刘姓逢，谋利休与吴合营。
圣人造字象形声，天人感应藏其中。

刘与留谐音，但天下姓吴的都是没钱的吗？这个显然是绝对化了。

求谋忌遇崔姓逢，官事忌遇范苏姓。
谒官若碰闫姓人，须防事情有困境。

范谐音犯，苏谐音输。

杨业败亡两狼山，此因两狼克一羊。
凤雏命丧落凤坡，不信生克入幽冥。

杨与羊谐音，狼吃羊。雏通雏，庞统字凤雏，凤是天上的神鸟，落凤肯定不好，所以死在落凤坡，这就是一个简单的生活现实的生克的应用。

>宋家儿女若婚配，切记莫配段家姓。
>宋与段合音断送，不信之人要猛醒。
>米家之人若婚配，切记莫配陶家姓。
>陶与淘字音相同，淘米做饭处克境。

米被淘有临鬼之征，米淘完就要被蒸煮吃掉了。

>姓字中有刀口形，朱杨去配自投井。
>口吃猪羊刀为刑，不知之人速猛醒。

刀是杀猪羊的，这也是作者的一种臆测和想象，现实中也未必。

两则古代字应小故事

我们这里举两个简单古案例或者故事，看看古人是如何运用姓名或者字进行占测的。

1.《朝野佥载》记载：洛州人杜玄家有一头牛，杜玄很爱它。一天晚上，杜玄梦见牛长了两条尾巴，问占卜者李仙药，李仙药说，牛字有两尾，是个"失"字。没几天，杜玄家的牛果然丢失了。

2.唐代笔记小说里记载，窦建德进军虎牢营救王世充，到牛渚口的时候，找人占测成败。占卜者说：豆（窦）入牛口了，焉有取胜之理？果然窦建德在此中枪，被秦王李世民所擒。

继续解析《触机占断法》。

当年李鬼遇李魁，不知鬼名逢克星。
硬去争斗把命送，天机泄应妙其中。

魁星本来就是治鬼的。

拐子突然来家宅，须防失脱事发生。
乞丐临门事要犯，不识变通莫乱评。

这几句是有易理的：拐子就是腿瘸之人。震为足，腿瘸就是庚申鬼爻。来家宅，就是鬼爻来克宅爻庚寅，为失脱之事。由此也可以拓展一个象意——庚申可为跛脚之人；乞丐生活在最底层，靠要别人的东西为生，就是坎宫戊子，临门可以是与三爻戊午财爻相应，为兄弟夺财，为破财之征。

鸟粪突然落身上，一年之中运不兴。
最忌乌鸦粪落身，须防大祸临凶运。

鸟是朱雀为丙午，鸟粪就可以为丙辰，鸟粪又是脏东西，落在人身上，可以为丙辰兄弟临鬼爻。普通老百姓就是求财的，鬼爻临兄弟有失财之象，财运就不好了。另外午为马为乾，乾宫见火午又可以为鬼爻；乌鸦是丙子冲丙午，加上午也是鬼爻发动，所以会有口舌官司之象。

> 碗盘破裂应速扔，旧物不弃新不生。
> 若然屋挂裂纹镜，夫妻不睦定离情。

第一句就是俗话说的旧的不去，新的不来。第二句是说屋里挂了一个有裂纹的镜子，主夫妻不和，离婚之象：乾为镜，可以为甲子，但是裂了的镜子有纷争之象，可以为壬申，冲克甲寅宅爻又是妻财爻，为妻财被兄弟冲克，所以主夫妻不和及离婚之象。

> 戒具常挂在屋墙，口舌是非入门庭。
> 须知此物不吉祥，劝君收放在箱中。

既指出了问题，也提供了一个解决思路。墙为壁上土，为庚子。戒具，比如过去私塾先生的戒尺，也可以是马鞭，放到现代也可以是警棍之类，为鬼爻庚申。一方面是庚子父母爻旺了冲庚午为口舌之征；另一方面，庚申冲庚寅，鬼克宅，又是兄弟临鬼。解决办法就是眼不见为净，把它放在箱子里，不在墙上也不是这个象意了。

> 行路途中遇伤亡，劝君切莫去观望。
> 伤亡之人阴气重，身弱之人运受冲。

这个也是作者的想当然或者是一种恐惧心理，事不关己，高高挂起，没有什么易理可言。要是这么绝对，那不所有肇事科的交警都有麻烦？所以这里很多口诀，我们要一分为二地对待，要批判地继承。

梦中牙掉不为凶，若无血痕无定论，
若然牙掉有血痕，须防父母有灾情。

牙在口中，可以为兑宫，从卦象上看，就是两个阴爻，为丁未和丁丑父母爻。见血就是父母爻受伤，没见血就是父母爻没受伤。

梦见棺材要论清，若梦红棺主事成，
若梦黑棺别想红，空材无盖是凶征。

前面讲过戊戌为棺材。见红就是戊戌见戊午，为木火相生，也可以是火土相资，所以问事主成功；黑棺材就是见戊子，为鬼临兄弟，这就不好了；棺材无盖，这里有个转化：戌为山地剥，为大艮卦，只剩一口阳气在上九爻，可以理解为棺材盖；而棺材无盖，可以理解为棺材翻过来了，成了地雷复，大震卦，为木土相克之征，本身戊戌就是鬼爻，又见震木为鬼，也有兄弟临鬼的象意，主官司、死人、破财等，为凶征。

梦见生胎主生气，梦见蛇咬灾祸行。
梦见猫挠心不静，狗咬手指有祸征。

梦见生小孩就是子孙动，也不一定主生气。但是这里也有一定的易理，子孙旺了克官治鬼；从另一方面，官鬼也可以是规矩，破坏规矩可能让人不快；梦见蛇咬就是丁巳，但也未必一定有灾祸；猫挠和狗咬手指，则都是丙寅鬼爻发动。

象意解析21　被蛇咬，主生女儿

分享一个梦见被蛇咬的现实易案。我的一个学员说妈妈告诉她，在她出生之前曾经梦到自己在地垄上站着，地里很多蛇，把妈妈的腿咬了，妈妈后来把这个梦告诉了奶奶。奶奶告诉妈妈可能明年要生个女孩子。结果第二年她就出生了。

从易理上分析，巳为蛇，十二辟卦为乾，蛇咬就是乾世爻壬戌化为兑卦为女孩。也可以认为蛇咬为丁巳，冲丁亥兑宫子孙爻，为生女孩。

十四、《观物洞玄歌》易理精解

《观物洞玄歌》主要也是看到一些生活中的现象,然后进行判断。与《三要灵应篇》有些相似,但也有所不同。原文如下:

《观物洞玄歌》原文

洞玄歌者,洞达玄妙之说也。此歌多为占宅气而发。昔牛思晦尝入人家,知其吉凶先兆。是故家之兴衰,必有祯祥妖巷之谶,识者鉴之,不识者昧之。故此歌发其蕴奥,皆理之必然者,切勿以浅近目之也。盖此术云:

世间万物无非数,理在其中遇。
吉凶悔吝有其机,祸福可先知。
五行金木水火土,生克先为主。
青黄赤黑白五行,辨察要分明。
人家吉凶休以见,只向玄中判。
入门辨察见闻时,于此察兴衰。
若遇宅气如春意,家宅生和气。
若然冷落似秋时,从此渐衰微。
自然馨香如兰室,福至无虚日。
鸡豚猫犬秽薰腥,贫病至相侵。

男妆女饰皆齐整,此去门风盛。
家人垢面与蓬头,定见有悲忧。
鬼啼妇叹情怀消,祸害道阴小。
老人无故泣双垂,不见日愁悲。
若见门前墙壁缺,家道中消歇。
溜漕水势向门流,财帛永难收。
忽然屋上生奇草,益荫人家好。
门户幽爽绝尘埃,必定出高才。
偶悬破履当门户,必有奴欺主。
长长破碎左边门,断不利家君。
遮门临井桃花艳,内有风情染。
屋前屋后有高桐,离别主人翁。
井边倘种高梨树,长有离乡土。
祠堂神主忽焚香,火厄恐相招。
檐前瓦片当门坠,诸事愁崩破。
若施破碗坑厕中,从此见贫穷。
白昼不宜灯在地,死者还相继。
公然鼠向日中来,不日耗资财。
牝鸡早晚鸣伊喔,阴盛家消索。
中堂犬吠立而啼,人眷有灾厄。
清晨鹊叫连声继,远行人将至。
蟒蛇偶尔入人家,人病见妖邪。
雀群争逐当门盛,口舌纷纷定。
偶然鹏鸟叫当门,人口有灾连。
入门若见有群羊,家主病瘟黄。

舟船若安在平地，虽稳成淹滞。
他家树荫过墙来，多得横来财。
阶前石砌多残折，成事多衰灭。
入门茶果应声来，中馈主家财。
三餐时候炊烟早，勤俭渐基好。
连宵宿火不成时，人散与财离。
千门万户难详备，理在吾心地。
斯文引路发先天，深奥入玄玄。
右洞玄歌与灵应，同出而小异。

彼篇多为占卜而诀，盖占卜之际，随所出所见，以为克应之兆。

此歌则不特为占卜之事，一时而入人家，有此事必有此理，盖多寓观察之术也。然有数端，人家可得儆戒而趋避之，或可转祸为福。偶不知所因而宥于数中，俾吾见之，则善恶不逃乎明鉴矣。

《观物洞玄歌》原理解析

目前市面的书籍中，对这首歌诀也就是翻译一下，没见到有人做易理方面的解析。我曾经将其中一句"偶悬破履当门户，必有奴欺主"发微信朋友圈，请大家试一试。这句歌诀我在现实中也得到了验证。当时单位一位领导的司机，就把一双旧鞋挂在门口，后来司机与领导闹翻了，而且最后是领导做了妥协。

我们顺理成章就从这句"偶悬破履当门户，必有奴欺主"开始解析。这句歌诀在现代社会而言，就是看到有人把破鞋倒挂在门上,就会出现比如领导和员工吵架、闹别扭等现象,而且最后是下属占了上风。那么这句话的原理是什么?

按照干支意象学的观点,首先定位卦宫和爻位。鞋与足有关,就是震卦,一个阳爻在下,两个阴爻在上。震卦初爻庚子与庚午相冲,我们不用考虑旺衰,通过鞋子破了这个事实,就可以判断是庚午的力量大。实际上不管是子水克午火,还是午火冲子水,都是鞋子破了的象意,在现实生活中遇到这一对组合,就可以判断为鞋子破了,要换鞋子,这就是与生活紧密相连了。而庚午四爻为门户,也相当于鞋子挂在半空中,也说明庚午比较旺。庚午居震卦下互卦艮中,艮与震相比较,就是倒过来的象意,也是倒悬的特征。庚午为子孙为奴仆,克官治鬼,奴婢应该处于低位,但现在居高临下,而且旺了也会克庚申五爻尊位为主人,午为朱雀,为口舌官司,所以为奴欺主。

"鸡豚猫犬秽薰腥,贫病至相侵"。猫和犬,为艮卦丙寅,我们知道艮宫是坤宫世爻癸酉变化而来,与坤宫鬼爻乙卯相应,酉为鸡,坤宫有猪。秽薰腥,就是出现了不好的气味,可以看作是鬼爻发动了,对于普通老百姓来讲,一个是破财,一个是家里有人得病,运势下降,所以是贫病到来侵害。

"自然馨香如兰室,福至无虚日""男妆女饰皆齐整,此去门风盛"。这两句就是一些生活常理的映射,看到这两种情况,肯定家境过得是不错的。

"家人垢面与蓬头,定见有悲忧"。这句实际上也是生活常理,但也有其易理——蓬头垢面,从干支易象学的角度来看:乾为头,可以为壬午,如果看到某个人突然头上出现了这种状况,就是壬午鬼爻发动了,可能会出现老人身体不好或者得病住院的情况，也可能出现伤灾车祸等，有悲伤和忧愁的事情发生。

"鬼啼妇叹情怀消，祸害道阴小"。鬼啼，我们谁也没有听过，实际上与妇女叹息一样，是一种类似女人叹气的奇怪声音，如果听到这种声音，就主家里的女人和小孩有生病或者不好的事情：响声就是震，女人的响声就是乙卯鬼爻，可以为鬼的响声即鬼啼。坤宫鬼爻发动了，与子孙相应，所以对小孩和妇女不利。

"老人无故泣双垂，不见日愁悲"。这个情景和原理，实际在《老人有忧色占》中做过解析，老人无缘无故叹息，结果几天后因为赴宴被鱼刺鲠喉而亡，也是壬午鬼爻发动。

"若见门前墙壁缺，家道中消歇"。庚子为壁上土，可以为墙壁，庚午为门户。门前墙壁缺，就是庚午被损，庚午为子孙财源，就是财运受损了，有家道败落之象。

"溜漕水势向门流，财帛永难收"。溜槽水，就是生活中产生的脏水，类似我们现代都市生活下水道里的水，向门流实际也是乙卯鬼爻发动。

"忽然屋上生奇草，益荫人家好"。《三命通会》云：纳音屋上土喜木连接，屋上长草就是有生助之征，为吉兆。

"门户幽爽绝尘埃，必定出高才"。这句话按易理很难理解。这就是一个人的修为到了一定程度，就会产生一种感觉，一种强烈的直感。就像下棋，围棋九段的感觉和业余段位的感觉是不一样的。高手这种直觉都非常厉害，搭眼一看，就知道棋子应该放在哪里，而且经过计算放得就是正确。但是初段的人即使去计算，可能都达不到这个程度。

风水真正高手也是一样，实际上并不是理论学得多完美，但当理论积累到一定程度时，其感觉与别人是不一样的。不用理论也不用怎么计算分析，看一眼直接捕捉到的这个点就非常好，这就叫天赋，有的人有天赋，有的人没有天赋。

《礼记·大学》："大学之道，在明明德，在亲民，在止于至善。知止而后有定，定而后能静，静而后能安，安而后能虑，虑而后能得。"做学问，首先就是要止要静，如果静不下来，即使再好的书、再好的学问，也学不进去。我们如果想看点书或者学点知识，却感觉很困难，就是因为有外界一些干扰，让心静不下来。静则心安，然后才能思考，思考才能有收获，这就是大学之道。如果一个住宅能有这种幽静绝尘的感觉，那么这里肯定要出学问大、胸襟大的高才。古宅深院还有名人故居，都让我们有这种感觉。

"长长破碎左边门，断不利家君"。左为震，庚午为门户，破碎就是发动，克庚申五爻为尊位，为家君。

"遮门临井桃花艳，内有风情染"。一般卯月桃花就开了，井可以为水风井卦，上坎下巽。坎为水，巽为木为风，是水木有情，为情缘之象。井爻在初爻为内，巽风主飘摇不定，又临桃花，所以主家里有不正常的男女关系，比如现在说的婚外情等。

"屋前屋后有高桐，离别主人翁"。《说文》：桐，荣也。《尔雅》：荣，桐木。按，与梧同类而异，皮青而泽，荚边缀子如乳者为梧，亦谓之青桐。皮白，材中琴瑟，有华无实者为桐，亦谓之梧桐。这句歌诀中是指皮白的梧桐。

"前为朱雀，北为玄武"。屋前为离卦，见木为己卯父母爻，与己酉相应，为皮白，高大为旺，木旺见火为焚烧之象，不利父母老人；屋后为坎，见木为戊寅，旺则冲父母爻戊申，主家里老人不长寿，或者有父母早死之征。有的人把"金锁玉关"之类描绘得如何如何，其实按照我们解析的原理，进院直接看一眼，基本上就能判断事情。

象意解析 22　歪树长疙瘩，克应女病重

　　分享一个与宅中之树断吉凶相关的案例。前段时间受朋友之约，为一位生意人看风水。我一走进东南角院子，就看到挺大挺粗的一棵树，长得有点歪，感觉有点要倒的样子，然后又看到树身上，密密麻麻长满了看起来很丑的木疙瘩。我对那个老板说："最近你家里有女性得了妇科疾病或者肿瘤之类的疾病。"老板就问我："跟我关系近吗？"我说："跟你关系是平辈儿也不远。"他后来一问就验证了，是他嫂子刚刚医院检查回来，得了恶性子宫肌瘤，就是子宫癌。老板当时就佩服。原理就是：东南为巽，见木为兄弟为平辈，长着很丑的那种疙瘩是鬼爻为病，密密麻麻而且长相很恶劣，就是癌症。

　　"井边倘种高梨树，长有离乡土"。就是看到家里井边，如果有高大的梨树，主家里经常有人外出，不在家里住，就是我们常说的背井离乡之象。

　　梨树为木，对应的只有巽和震两卦。一般高大的树木取震卦，花草之类的取巽卦。再就是初爻为井为宅基地，正常情况有井得有水，震初爻庚子有水可为井，与庚午相应，这样取象自然就把巽卦屏蔽掉了。庚午就是梨树，因为庚午为子孙，为树上长的果实，午为马为乾为圆的，午又为离，谐音梨，所以为梨树。

　　庚午纳音路旁土，在外卦，子孙又主出行，它与内卦家乡的井庚子相应，就是背井离乡之象。这句与"遮门临井桃花艳，内有风情染"所说的现象，在城市中已经很难有了，但是在农村还

是有的。

"祠堂神主忽焚香，火厄恐相招"。这句话中出现的现象不太符合常理，但毕竟也是一种奇怪的现象或者幻觉。从易理的角度分析，家里的神像或者祖宗牌位前面的香炉就是丙寅，为艮宫鬼爻，着火了就是鬼爻发动，古代不像现代那么发达有电磁炉、电饭煲等，那时家里烧火做饭的只有灶火。丙寅纳音炉中火，又是艮宫世爻，为我为家，炉中火鬼爻发动了，就是家里着火的特征。

但是实际上丙寅发动也不仅仅是香炉，供桌前摆的杯盘碗打碎了也是鬼爻发动，同时也不光应火灾，也主有口舌之征，因为它与丙申子孙爻相应。我在朋友圈公开过几个自己测错的例子，其中一个就涉及这对爻象。我们研易人一个很重要的品质，就是要做到实事求是，错了就是错了，不能为了准确率去造假，更不能去骗人。我们更要重视测错的易案，好好记录下来，反思自己错在哪里，是理论出现问题，还是应用方面出现短路了？然后及时纠偏，才能不断提高预测水平，"失败是成功之母"。

但是现在好多人对别人要求太高，对自己要求太低了，包括我的一些朋友也是这样，认为我测对了是正常的，测错了是不正常的。现在医院做手术都还要求家属签字，何况是做学术研究？每个领域都有自己的难题，我也有自己的难题，比如在研究《易经》山火贲卦中的"白马翰如"，说有人骑着白马去迎亲，这其中白马的象意，我用了两天时间才突破。

我并不比大家聪明，但是我持之以恒，笨鸟先飞，每天都拿出大量的时间，放在学习和探研周易爻辞以及其他一些难点问题上。我的学员有问题还可以问我，而我的难题只能自己去解决，而且我相信自己最终也能解决这些问题。我还有几千个实战案例做支撑，信息存储量还是很大的。这次为大家解析的《梅花易数》尽管也是高起点，但其实有很多更加高端的，比如《金口诀》等易学典籍，要比《梅花易数》高不止一个层次。其实如果大家真正认真地对待这本书，认真地按照这里的内容和要求去学习的话，那水平肯定会高出很多，因为虽然借助的是《梅花易数》平台，但实际上展示的却是成熟而且管用的干支易象学的理论体系，其中大量的实案，也是干支易象学实实在在的成果。

"檐前瓦片当门坠，诸事愁崩破"。这句歌诀里的"愁崩破"，不是愁事没了的意思，恰恰相反，是指烦心事都要来了，愁得都要崩溃了！愁事是鬼爻，屋檐就是屋上土丙戌和丁亥，与鬼爻相应的，只有丁亥与丁巳。这里涉及一些纳音知识，不是《梅花易数》的内容，大家这么理解即可。

"若施破碗坑厕中，从此见贫穷"。这句的意思就是，破碗要是扔在厕所里，就会导致财运下降，逐渐贫穷。厕所是食伤临鬼，可以是丙申，与丙寅鬼爻相应。丙申子孙爻，在上互卦震中为碗，临鬼就是破碗。子孙爻为财爻的元神，破了就是发财的路径没了，自然就开始贫穷。

"白昼不宜灯在地，死者还相继"。"人死如灯灭"。灯应该放到高处，放在地上，喻人就相当于人死入地之象。但是要注意这句歌诀的后半句"死者还相继"，就是在家里已经有人去世的前提条件下，如果再发现有灯放在地上，主还要有人离世，没有这个前提条件，就不能这么武断说有人死。

法穷通而思变，遇不对即调头

再给大家提醒和强调一个问题。大家也应该有体会，就是当取象和思路对了的时候，预测进行得也就非常顺畅，毫无迟滞，都能够神奇应验；但是取象思路有问题的时候，就会感觉很别扭，走不下去了。我们一定要有灵活的思维，如果在实测的时候，连续测两点三点不对，要马上意识到思路错了，取象错了，这时要立即调整思路，否则就会撞南墙撞得头破血流。这是保持准确率的一个方法，我有时候都不用两点、三点，一点不对就马上换思路了。

易经是讲变化的。"穷则变，变则通"，这既是易理，也是无数的历史经验总结。我们要懂得变通，不要像现在抱着"生克制化取用神"那套落后的理论不放的人，明明不对、不准，还是死咬住往里钻，像电视连续剧《霍元甲》里的霍元甲，如果他和宫本武师比武的时候不懂得变招，那不就输了甚至被打死了吗？我们看金庸武侠小说里的宗师，也都是穷变的绝顶高手。

"人死如灯灭"的实证启示：甲辰乙巳覆灯火如果见到辛卯，为灯火临风，主家里有人去世，或者腿脚不好，非常准。

"公然鼠向日中来，不日耗资财"。日中就是中午，为丙午，老鼠为丙子，这句的易理就是丙子冲丙午，为损财之征。

"母鸡早晚鸣伊喔，阴盛家消索"。母鸡为癸酉，叫声为乙卯，母鸡叫就是乙卯鬼爻动了。《观物洞玄歌》里的很多断语非常接地气。如果在农村听到某家母鸡乱叫，就主这家阴盛阳衰，女人比较强势，但是财运不好。

"中堂犬吠立而啼，人眷有灾厄"。狗在屋里叫得跟哭一样，就是临鬼爻，可以理解为壬戌见丙寅，狗为祭祀之物，哭为有人死亡之象，主有灾厄。

清晨鹊叫连声继，远行人将至。喜鹊为丙午，清晨为卯时，为木火相生之象。喜鹊叫肯定是动了，什么能让喜鹊动？只有丙子来冲的时候。丙子五爻为道路，为外卦，为远行的人要到了。

"蟒蛇偶尔入人家，人病见妖邪"。这句用一个实例来为大家解析其中的易理。

象意解析 23　食伤泄喻秀，恍惚说蟒仙

在我的一次授课中，正在讲解姓名预测"符教女"的时候，一位学员也没和我打招呼，直接上来就在黑板上写了两个字的人名：喻秀。就说这是个女的，然后请我预测。

我看了一下就说：这个女的已经得了重病，整天望着屋顶，晃着脑袋，说自己是蟒仙附体！结果那位学员反馈：太准了！原来是他老姨得了肺癌晚期，整天说自己是蟒仙，想出马仙也出不去！当时，全场学员激动得又跺脚又鼓掌，觉得太不可思议了，怎么还能预测出蟒仙附体？！不在现场确实难以置信。我当时还开玩笑说：一个小小的蟒仙，见到我这"上仙"，让它现原形当然不在话下！

实际上这完全是易理。近取诸身，远取诸物。我当时一看"喻"有口和立刀，立刻想到兑卦，然后食神吐秀，取兑宫子孙爻丁亥与丁巳相应。丁巳为鬼爻为病；巳为蛇，丁巳与丁亥相应，亥十二辟卦为坤为大腹，可以为蟒蛇；姓为我，为身体，所以为蟒仙附体；巳为眼睛，兑为口，子孙主言说；丁巳在初爻，应丁亥在四爻，纳音屋上土，为瓦片为屋顶，蛇的脑袋是摇晃不定的，所以整天望着屋顶、晃着脑袋，说自己是蟒仙附体！

人在病重的时候，可能会出现这种幻觉吧，这个也可以理

解。这不就是"人病见妖邪"吗？

"雀群争逐当门盛，口舌纷纷定"。雀为朱雀在离宫，群雀就是离宫兄弟爻己巳，与三爻鬼爻也是门户己亥相应。争逐就是兄弟爻动了，冲鬼爻己亥，又是离宫，主口舌纷纷。

"偶然鹏鸟叫当门，人口有灾连"。西汉初著名政论家、文学家贾谊，非常有才华，可惜在汉文帝间抑郁致死，年仅三十三岁。毛主席非常欣赏他的才华，曾赋诗"年少峥嵘屈贾才"以咏之。贾谊非常著名的作品之一，就是《鹏鸟赋》。鹏鸟实际上就是猫头鹰。猫头，可以为丙寅艮宫鬼爻，飞进宅子里，就是鬼爻入宅，所以人口有灾连。《鹏鸟赋》实际上也是贾谊看到猫头鹰飞入屋内后，觉得自己不久于人世而写的。

"入门若见有群羊，家主病瘟黄"。这句话作者可能想表达未羊为土，主瘟疫。但是没有道理，也不符合常理，否则农村养羊的专业户，那不都有问题吗？

"舟船若安在平地，虽稳成淹滞"。这句的意思就是，出去办事的时候，碰到船放在了平地上，主事情虽然可以办成，但是过程会慢，会有迟滞，比预期的要晚。船最形象的爻象就是乙卯。乙卯为震为木，纳音大溪水，水上有木又可以流动的就是船。乙卯放平地，为坤宫鬼爻，主迟滞，但是鬼爻也主事成之象，官鬼也是管事的。

"他家树荫过墙来，多得横来财"。这句话要联系生活常理去理解。与我们学的古诗"一枝红杏出墙来"不同，树荫能从他家过墙来，肯定不会是小树，就是震卦；过去都是土墙，用卦表示就是山地剥，为戌之十二辟卦，为大艮卦。两者综合起来，用爻象表示就是庚戌，为震卦世爻为我，应爻庚辰也是财爻可以为多，但是这个财不一定是大财，而是得了不该得的财，因为是别人家的树荫过墙来。

"阶前石砌多残折，成事多衰灭"。不论现代还是过去，石砌台阶一般是石头或者水泥做的，可以为艮宫。《易隐》在论风水时，将台阶定义为鬼爻，因为官是一级一级的，台阶也是一级一级的，所以台阶石砌就是艮鬼爻丙寅，而残折就是鬼爻发动。应用到现实生活中的话，如果单位有石阶破损，就可能有领导更迭之象，如果破损得厉害了，那就有可能是单位领导摊官司出事了。当然家里台阶坏了，当官的肯定官运不好，普通老百姓也有口舌官司、病灾破财等不好的事情。给我们的启示就是：不管家里还是单位的台阶坏了，都要及时修好。

"入门茶果应声来，中馈主家财""三餐时候炊烟早，勤俭渐基好"。这两句就是生活常识的观察。特别是古代粮食不多，很多人吃不上饭，物品也没有现在那么丰富。那时候如果有这两句描述的情况，有水果待客，一日三餐正常做饭，那说明家里日子不错，粮油充足。

"连宵宿火不成时，人散与财离"。连宵宿火，相当于我们现在的篝火；不成时，就是看到的时候，篝火已经灭了。这也是生活常理的延伸，篝火需要木来生，木为财，人们点燃篝火以后，聚在一起吃饭，灭了就是人已经散了，木头也成灰烬了。

"千门万户难详备，理在吾心地""斯文引路发先天，深奥入玄玄"。这两句就是客套话，但是也说了要讲易理，要与我们的内心进行感应。

十五、《体用生克诀》等解析与批判

我们还是遵循既要原原本本学,又要拓展延伸学的原则,先把原文大意讲清楚,然后再理论联系实际分析,其中不对的我们也要批判地继承。

《占卦诀》原文与批判

又如占卦而问吉事,则看卦中有生体之卦,则吉事应之必速。变看生体之卦,于八卦时序类诀其日时,如生体是用卦,则事即成。生体是互卦,则渐成;生体是变卦,则稍迟耳。若有生体之卦,又有克体之卦,则事有阻节,好中不足。再看克体卦气阻于几日,若乾克体,阻一日,兑克体,阻二日之类推之。如占吉事,无生体之卦,有克体之卦,则事不谐矣。无克体之气,则吉事必可成就矣。

有如占不吉之事,卦中有生体之卦,则有救而无害;如无生体之卦,事必不吉矣。若以日期而论,看卦中有生体之卦,则事应于生体卦气之日;有克体之卦,则事败于克体卦气之日。要在活法取用也。

其大体意思是:占卦问吉利的事情,如果是用卦生体卦,事情就会很快办成，互卦生体卦会渐成，变卦生体卦，事情就会稍迟一些，就这样一个急慢顺序。然后再依据震旺于春，离旺于夏，兑旺于秋，坎旺于冬的时令和乾一、兑二、离三、震四、巽五、坎六、艮七、坤八的先天卦序，诀断事成的时节和具体日期。

如果在得卦之中，生体卦与克体卦的都有，就表明事情在发展中将遇阻挠，美中不足，再依据克体之卦的先天八卦序数，来预测事体将受阻几日。乾为一，如果是乾卦克体预示受阻一日；兑为二，兑卦克体，受阻二日等。如果只有克体之卦，而无生体之卦，事情的发展将会不和谐。

预测不吉利的事情，如果卦之中出现生体之卦，预示坏事虽坏，却还有救，不至于有大的损害。如果不见生体之卦，事情就会很不吉利。推测应验的日期，就要审视生克体卦之卦所属旺衰：生体卦的卦气旺盛之日，就是事情成功之时。克体的卦气旺盛之日，就是所测事体毁败之时。

应期确实挺复杂，但也没有那么复杂。原文这种定应期的方法很牵强，不能自圆其说，既不准确，应验率也不会高。应期的确定，第一要联系所问测的具体事情以及这个事情的期限大概是多少；第二根据日元和六亲判断应期。如果大家学了纳音、六亲，可能应期会定得更准。我们学典籍也需要带有批判的精神，有不合理、不正确的地方，会为大家指出来。任何知识，都要批判地继承，书也是人写的，里面的观点也不一定全对，我们要"不唯书，不唯上，只唯实"。

《体用互变之诀》原文与批判

　　大凡占卜，以体为其主，互用变皆为应卦。用最紧，互次之，变卦又次之。故曰：用为占之即应，互为中间之应，变为事占之终应，然互卦，则分其有体之互，有用之互。如体在上，则上互为体卦之互，下互为用之互；体卦在下，则下互为体之互，上互为用之互。体互最紧，用互次之。

　　例如观梅恒卦，互兑乾，兑为体互，见女子折花。若乾为体互，则老人折花矣。盖兑乾皆克体，但取兑而不取乾，此体互用之分。

　　大凡占卦，变卦克体，事于未后必有不吉；变生体及比和，则事事临终有吉利。此用互变之诀也。

这个原文也很直白易懂，还是强调体用，并又将变卦分为体用，然后应事的重要程度和时间，也分用卦最快，互卦次之，变卦最后，因为体是开始，互是中间，变是结束。大家了解是怎么回事就可以了，如果非要执着在体用生克之中，而不用纳甲之法，那么预测层次一定提高不了。纳甲法非常快，一爻直接定位，最多两爻事情就非常清晰了，为什么非得在体用卦象关系上转来转去呢？原文这个太格式化了，规定得太死了，思维和思想全被束缚住，一点变化的空间都没有了，如同画地为牢，只能在画好的圈子里转。易学是讲变化的，现实世界也是瞬息万变的。《易》曰"周流六虚"，就是这六个爻象之间不停地运动，随时都可以变化，生活现象变化了，爻象就会随之而变。所以，通过对

《梅花易数》的综合研究看出，其所有易案和理论总结、思维模式，只是停留在体用这个层面。但比如在震卦类象中"的颡"马克主的特征，不用纳甲法是不可能得出这个结论的。仅这一点就可以证明《梅花易数》的作者不懂纳甲法，他只是将当时和古代的八卦类象以及其他一些歌诀，整理、搜集、转引到书中，这也是《梅花易数》这本书的价值贡献和亮点。它也像《三命通会》一样，是那个时期的集大成者，但作者并不知道这些类象的原理出处，其本人的水平并不高。即使拿大家自己的易案去和《梅花易数》中的易案进行比较，相信都要高出很多，孰优孰劣，一目了然。

但这种模式，在宋明时期的易经领域，应该说也是应用上有了创新，理论上也有了突破和发展，在当时也是可以引发震动的一门理论。只不过在今天，这个理论和思维就显得非常滞后了，与那些生克制化取用神的命理书，比如《子平真诠》《神峰通考》《滴天髓》《千里命稿》等并无二致。

二十世纪九十年代的时候，研易的人都在找秘诀，就像金庸写的武侠世界都在找秘籍，都想找《九阴真经》一样，但是真正的秘诀，实质上是不存在的。我们把基础打好了，方法得当，就像我们干支易象学的方法，就是秘诀！但是这个秘诀要是基础打不好的话，就不灵了。

《体用生克之诀》原文及批判

占卦即以卦分体用互变，即以五行之理断其吉凶。然生克之理，于内卦体用互变一定之生克。若外卦，则须明其真生真克之五行，以分轻重，则祸福立应。何也？

假如乾兑之金为体，见火则克。然有真火之体，有火之形色；真火能克金，形色则不能克。能克则不吉，不能克则不顺而已。盖见炉中火、窑灶之火，真火也；烈焰巨炷，真火也。乾兑为体，遇之不吉。若色之红紫，形之中虚，槁木之离，日灶之火，则火之形色，非真火之体，乾兑之金，不为深忌。又若一盏之灯，一炬之烛，虽曰真火，细微而轻，小不利耳。又若震巽之木体，遇金则克。然钗钏之金、金铂之金、成锭之银、杯盘之银与器之锡，琐屑之铜铁，皆金也。此等之金，岂能克木？木之所忌者，快刀锐刃、巨斧大锯，震巽之体值之，必有不吉。又若离火为体，见真水能克，然但见色之黑者，见全湿者，与夫血之类，皆坎之属，终忌之而不深害也。余卦为体所值，外应克者，皆以轻重断之。

若夫生体之卦，亦当分辨。土与瓦器皆属坤土，金遇之土能生金，瓦不能生也。树木柴薪皆木也，离火值之，柴薪生火之捷；树木之未伐者，生火之迟也。木为体，真水生木之福重；如豕如血，虽坎之属，生木之类轻也。其余五行生克，并以类而推之。

《体用生克之诀》将五行强行也是想当然地分为真五行和所谓的形色五行，说真五行有生克，形色五行就是假生克，这种论调也是有问题的！非得是真水才克火吗？这又不是消防队救火！我们讲过易学思维是形象思维，讲的是卦象和爻象，比如水和火，有其形象一定就有其生克的象意存在，没有所谓真火、真木之说。象意是存在于我们的想象和形象思维之中的，如同《心经》里讲的，"不生不灭，不垢不净，不增不减"，比如我们想象的卦象中有寺庙大门漆掉了象意时，谁还能拿着油漆去补上吗？我们想象中的楼房，还能搬进家具、住进人去吗？

这种论述，也是劲儿用偏了，落得太实了，象意的生克，不等同于实际生活中具体物品的生克。就像研究命理的生克制化一样，把旺衰强调得太过分了，甚至给五行赋分量化，这样学习永远都入不了门。还是那句话，周易原文也好，《焦氏易林》也好，从来不讲衰旺，就是讲象意。再举一个实例来证明我的观点。

象意解析24　寒冰巫师应烫腿，坎水中有离火象

庚寅年前后，一位朋友的爱人，给孩子买了美国知名儿童文学作家玛丽·波·奥斯本的《寒冰巫师》，书封面中的寒冰巫师，脑袋上缠了一圈黑布，一个眼睛也用一块黑布挡着，像个独眼龙，手里拿着拐杖坐着。朋友说他怎么看怎么别扭，问我通过这个图片能看出什么来吗？

我说：我要看这个图片的话，那你孩子的右脚烫伤了，因为他的右眼睛用黑布挡着！朋友说：我孩子确实右脚烫伤了，因为是电饭锅里的热汤洒在脚上烫伤的！你是怎么取的象呢？我没有直接讲，而是启发这个朋友：

我说：脑袋缠一圈黑布，那么黑色取什么象？朋友说：黑色为坎卦。

我又说：缠一圈中间看不见脑袋了，又是空的，这个又该取什么卦象？朋友说：那应该是离卦。

我说：又是坎卦，又是离卦，但又都在脑袋上现实存在，到底取哪个卦？朋友说：那我就不知道怎么取了。

我说：简单！为什么不合二为一，坎卦照常取，然后坎卦中加入离卦火的信息不就完了吗？

朋友说：还有这么玩儿的？

我说：当然可以！坎水中加入火的信息，这两个象意就都出来了，就是热水。乾卦为头，九宫格为右侧，右眼睛被黑布挡上了，说明右侧有伤。乾宫的黑布就是甲子，初爻为脚，是右脚被热水烫伤。

我们看这个易案里水和火的生克关系，和《体用生克之诀》里论述的，是一回事吗？根本不是！所以，我这么批判是有实际心得体会的，是经过调查研究，是有发言权的。要是回到二十年前，我也对《梅花易数》顶礼膜拜，但现在就我对《梅花易数》的理解和认识，还有大量的实践案例，随便举个实例，就可以颠覆其中不合理、不正确的理论。

《占卜坐端之诀》原文与拓展

坐端者，以我之所坐为中，八位列于八方，占卦决断之。须虚心待应，坐而端之，察其八卦八方应兆，以为占卜事端之应。随其方卦有生克之应者，以定所占之家吉凶也。

如乾上有土生之，或乾宫有诸吉兆，则尊长老人分上见吉庆之事。若乾上有火克之，或有凶兆，则主长上老人有忧。

坤上有火生之，或坤上有吉兆，则主老母亲分上，或主阴人有吉利之喜。坤宫见克，或有有凶兆，则主老母阴人有灾厄。

震宫有水生之，及东方震宫有吉兆，则喜在长子长孙。见吉而或见凶，则长子长孙不利。

坎宫宜见五金，及有吉利之谶，则喜在中男之位。若土克若见凶，则忧在中男矣。

离宫喜木生之，或有可喜之应，则中女有喜。若遇克，或见凶，则中女有厄。

艮为少男之位，宜火生之，见吉则少男有喜。若遇克，或见凶，则灾及少男。问产，必不育矣。

兑为少女，土宜生之，见吉则少女有喜，或有欢悦之事。

若问病，如乾卦受克，病在头；坤宫见克，病在腹推之。震足、巽股、离目、坎耳及血，艮手指、兑口齿，于其克者，定见其病。

至于八端之中，有奇占巧卜者，则在乎人。此引其端为之例也。

《占卜坐端之诀》是可以借鉴和拓展应用的。原文的意思，就是端坐在哪里，就以坐的这个位置为中心，法自我立，不再以实际的八方为参考中心，比如我们进入一个酒店，在饭桌上一坐，还能拿罗盘量一下谁坐哪个位置、东南西北在哪里吗？不用！其实东南西北也是人定的，就以自己的座位为中心，前面就是离，后面就是坎，左边就是震，右边就是兑……以心为法，确定八个方位，然后通过观察周围的环境、摆设，纳入五行，就可以直接给每个人判断吉凶祸福了。也可以转一下托盘，看哪个菜停到谁的眼前，那个菜取什么五行、取什么卦象，再根据《占卜端坐之诀》进行判断。

比如东北角位置有火生，则有少男之喜；一盘芹菜为乙卯为震，转到哪里停了，那么可能那里对应的孩子有恙，也可能自己的左手左脚有伤；坤方窗台有盆花，那就是老妇临鬼有病灾；火锅转到兑，有口舌之忧；米饭到坎，可以为鬼爻发动等。这个应该是能灵验的，也不用像有些人占测时，还非得让人吃口菜，看看菜的五行再去推断，但也不能刻意去做，要自然而然。

易理故事　言天为禄言人鬼，心有异动象亦改

《梅花易数》中，引用了这样一个故事：

唐魏征为仆射，有二典事之。长参时，征方寝。二人窗下平章，一人曰："我等官职，总由此老翁。"一人曰："总由天上。"征闻之，遂作一书，遣由此老翁者，送至侍郎处。云："与此人一员好官。"其人不知，出门心痛。凭由天人者送书。明日引注，由老人者被放，由天者得留。征怪之，问焉，具以实对，乃叹曰："官职禄料由天者，盖不虚也。"

说的是唐朝魏征任仆射时，有两个主管为他办事。长参时，魏征刚刚躺下，就听到这两个人在窗前议论。一个人说："我们的官职，都是这个老翁（就是魏征）决定的。"而另一个说："都是由天定的。"

魏征听到后，就写了一封信，派那个说"老翁定的"的人送

十五、《体用生克诀》等解析与批判

去侍郎府。信上说:"请给此人一个好官职。"但这个人不知信的内容,刚出了门就心口痛,可能是心脏病犯了,不能去了,但是魏征安排的工作还要干完,就只好请那个说"由天定"的人帮忙送信。

第二天下来批注,"由老翁定的"那人被流放,而"由天定的"那人被留下。魏征很奇怪,问他们原因,他们就把实情全告诉了魏征。魏征于是长叹说:"官职俸禄由天定,这话果然不假!"

这个故事也是有易理支撑的。从干支易象学的角度来说,天和老翁都是乾卦,言说为子孙甲子,与壬午应。说人事,壬午就是鬼爻为疾病,所以说由老翁定的那个人得病了,午为心脏,为心痛了;说天,则天不克人,壬午就是官禄,所以说由天定的那个人得到了好的官职。

十六、《万物赋》象意精解

《梅花易数》第三卷中的《万物赋》里,也讲述了一些克应关系,有不少闪光点,虽然有些类象从应用的角度而言,与我们今天城市生活可能不是很适应,但是这些思维对于我们研究现代城市生活也好,还有其他领域也好,有借鉴的作用。《万物赋》里面的易象,实际已经解析了不少,需要我们反复进行思维训练,要知道来龙去脉,知其然,更要知其所以然,才能举一反三,否则就是读死书。我也不厌其烦地反复强调:一定要把纳甲法、六亲、十二辟卦和八卦类象等内容,反复练、反复记,学懂学熟练。要做到真懂、真会、真用。

《万物赋》原文与解析

人禀阴阳,卦分先后。达时务者,近取诸身,远取诸物。观物理者,静则乎地,动则乎天,原夫万物有数,《易》数无穷。动静可知,不出于玄天之外;吉凶必见,莫逃乎爻象之中。

《万物赋》原文开篇就讲爻象。很多人因为不懂六爻纳甲法,所以也不懂爻象,更不会用爻象,但是我们一路走来,哪个不用爻象？比如震卦的"的颡""馵足"，都是爻象。类象中都包含有爻象，仅仅八卦形象那点类象是远远不够的，就如原文所言："莫逃乎爻象之中。"

"远取诸物，近取诸身"。比如兑为口为羊，近可以取口，远可以取羊；乾为天为父，远可以取天，近可以取父；震为雷为足，远可以取雷，因为我们够不到雷，近可以取足。远取诸物，近取诸身，就是离得远，就取够不到的；离得近，能看到什么就取什么。"远取诸物，近取诸身"，一定要灵活，不要给点类象就会这点，其他的就不会了，就像我们讲的，古代没有洗衣机，现在有洗衣机怎么办？那洗衣机的类象，那就要我们自己去探索出来。只有懂得易理，才可以与时俱进，与时偕行。

未成卦以前，必虚心而求应；既成卦以后，观刻应以为断。声音言语，傍人谶兆，当遇形影往来，我心指实皆是。及其六爻以定，三才既生，始寻卦象之端，终测刻应之理。是以逢吉兆而终知有喜，见凶谶而不免乎凶。故欲知他人家之事，必须凭我耳目之闻见。未成卦而闻见之，乃已生之事；既定卦而观察之，乃未来之机。或闻何处喧闹，主有斗争；或逢此间笑语，必逢吉庆。见妇啼叹，其家阴小有灾；吏至军来，必有官司词讼。或逢枷锁，而枷锁临身；倘遇鞭杖，而鞭杖必至。讼若屠而负肉，此为骨肉有灾。倘逢血光，而又恐灾于孳畜。师巫药饵，病患临门。见饭则有犯家仙，逢酒则欠神愿。阴人至，则女子有厄。阳人至，则男子当灾。

未列成卦之前，占测人一定要静下心来，去观察外部事务的克应预兆。成卦之后，即依据内外卦的生克兆应变化，来推断事物的发展趋向。声音言语，物行人影等与我们的直觉相关的预兆，都可以用来推定六爻的变化位置。天、地、人三者位置确定以后，再去寻找卦象变化端倪，最后纳入卦的克应之道，自可根据吉祥的预兆，预知是否确有令人高兴的事情；根据凶险的预兆，预知是否真有凶险。

要了解别人家的事情，一定要凭听觉、视觉，用耳朵听，用眼睛看，靠敏锐的感觉能力，先确定是哪个卦象。比如听到有不太正常的喧闹之声，主争斗之象；听到有比较吉利的欢声笑语，那就有喜事儿，直接这么判断就可以了，这就叫外应。如果一眼能看到的东西，没有必要用易理去解释，并不是解释不出来：如喧闹完全可以取乙卯。坤主静，见鬼爻就是动，坤又为众多，就是众人喧闹；乙卯又与子孙癸酉相应，就是争斗之象。定位一定要准，这种象意要取震卦或者巽卦就错了，第一步定位准了，后面取象才能是正确的。

"见妇啼叹，其家阴小有灾"。这个属于我们前期解析过的，这种情况就不再赘述。

"吏至军来，必有官司词讼"。军人是武人为震卦，官吏可以为庚申鬼爻，与宅爻庚寅相应，为宅爻临鬼，为官司词讼之征。原文中的枷锁和鞭杖，也可以用庚申表示，但在运用的时候需要把握具体情况，与问测的具体事物、情景联系起来才能准确，不能人家来一个警察朋友或者军人探亲回家，就断官司，但如果是做梦梦见这种情景，那么判断为词讼官司和打架等都可以。

"讼若屠而负肉，此为骨肉有灾。倘逢血光，而又恐灾于孽畜"。如果碰见屠夫背着肉，就有可能骨肉分离，也可能去的地方有杀鸡杀鱼等宰杀之象。要是问外面的人是否安全，那就是不安全了；碰见血光，家禽可能有灾。家禽也是子孙，如果恰好问找孩子的事情，那就有可能走失或者被害了。就是把给出的象意直接拿来用，这也符合"远取诸物，近取诸身"的道理。

"师巫药饵，病患临门"。我们在解析八卦兑卦类象时讲过兑卦丁未为师巫：丁未是父母爻，又是以嘴问天，与神沟通的人。巫和周易不是一回事，它是类似东北"跳大神"这种满族传下来的民俗文化。药饵不是药，但是也是吃的，是子孙爻。过去我们吃的那些草药，很多味道比较苦，就拿一点糖或者别的东西，放进药汤里一起喝掉，就是药饵。巫师是父母爻，药饵是子孙爻，两个相见为父母爻克子孙爻，这样鬼爻因为无制而旺了，所以是病患临门，家里有人病了。

"见饭则有犯家先，逢酒则欠神愿"。这里说的家仙不只是祖先，也可能是部分地区家里供的类似"保家仙"之类的小仙。这个也是有前提条件的，现在大酒店天天吃饭的络绎不绝，不能说见着吃饭就说犯家仙。而是别人恰好是问病或者与此相关的事情的时候，饭端上来了，可以这么判断。这时候要是拿酒过来了，就是欠神愿，就是给神仙许的愿没有还。

发誓和祈愿可能也有一种信息，这种信息就是人的心理所产生的力量，但是这种力量如果没有回应，它又起了反作用，并发展成为一种病因。古代人对许愿是很虔诚的，没有还愿的话，就会心神不安，这也是心理上的疾病，最终也会转化到具体病灶，在中医上称之为"癔病"。这个也不是迷信，别说是欠神，就是欠人东西，也有这种副作用，欠钱或者东西不还，那就等于失信了，就没有第二次了。所以人以信立，诚信是做人的基本底线。

饭就是吃的，为子孙爻，子孙旺了生财爻，财爻克父母爻，父母又克子孙，所以是犯家仙，这就是原理。酒，我们以前讲过，在卦象上为兑卦，在地支上是未，大六壬中为己未太常，因为离卦己未与己丑相应，都是子孙食伤主吃的，间爻是己酉和己亥，酉和亥为酒。己未在离卦上互卦兑中为口，己丑在下互卦巽中为风，己未和己丑可以为口信，五爻为天爻，对上天言说就是许愿。逢冲逢克，对神就是许愿未还。现实生活中对人就是失信于人，不讲信誉。

"阴人至，则女子有厄。阳人至，则男人当灾"。这句话是接着上句说的。这时候恰好有个女人过来了，就是家里的女人发生了这种情况；男人进来了，就是家里的男人失信于人或者失信于神。

这几句话很有意思，实际上也包含了人生哲理。所以说诚信很重要，答应的事就要办好，不能说话办事不算数。

又须八卦中公，不可一例而论。卦吉而爻象又吉，祸患终无；卦凶而谶兆又凶，灾祸难免。披麻带孝，必然孝服临头；持杖而号，定主号泣满室。其人忧，终是为忧；其人喜，还须有喜。故当观色察形，以为决意断心。其或鼓乐声喧，又见酒杯器皿，若不迎婚嫁娶，定须会客宴酬。

就是要依据卦象而去判断，不可以偏概全。卦象吉爻象也吉，祸患终究会消亡，卦象凶且预兆和外应也凶，灾祸难免要发生。外应的应用，必须要跟具体问测的事情建立起关系，比如这里的披麻戴孝，那必须问测老人病等相关事情的时候才准，如果马路上见到披麻戴孝或者丧车，就断别人有孝服的，那不是找抽吗？

手杖是丙午。因为艮为手，手杖是手扶之物，起着帮助、辅助作用，为父母爻就是丙午。丙午又居二爻宅位，持杖而号，就是整个家里的人都在呼号，叫"号泣满室"，大凶之征。

古人判断一个卦象，始终把"远取诸物，近取诸身"这两句话放在很重要的位置，作为很重要的判断前提，并把周围的这些情况全部结合起来，察言观色，既要结合卦理，又要充分考虑实际，进行综合判断，这样就保证了判断的准确率。

欲知应在何日，须观爻象值数。巽五日而坤八日，离三朝而坎六朝。又观远近克应，以断的实之相期。应远，则全卦相同；应近而各时同断。假如天地否卦，上天一而下地八，设若泽火革卦，上兑二而下离三。依此推之，咸无一失。此人物之兆，察之可推也。及其鸟兽之应，仍验之有准。

鹊噪而喜色已动，鸦鸣而祸事将来。牛犬之类，日辰不见，金日遇之，六畜有损。木日见猪，养猪必成。庚日见鸡鸣，丁日见羊过，此凶刃之杀。已日值马来，壬日有猪过，此皆食禄之兆。

鸟兽之应里的鹊和鸦的外应，我们在《观物洞玄歌》已经解析过了；牛犬之类的见金，就是庚辛白虎为杀戮，六畜见了有被宰杀的象意；猪为亥水，见木为水木相生，具体应用比如要是在农村盖猪圈择日，就选甲乙日；庚见酉鸡，丁见未羊，都是十干羊刃，如果有这个外应，问测婚姻肯定不好；己见午马，壬见亥猪，都是十干禄位，禄过一位就是刃。如果己日有人送一个唐三彩的马或者是马的吉祥物，壬日送一个猪的储钱罐或者玩具，就可以断有官禄之喜，其余可以类推。初学者不知道刃禄的话，可以搜索十干禄刃自己学习一下。

见吉兆而百事亨通，逢凶谶而诸事阻滞。或若求财问利，须凭克应以言。柜箱为藏财之用，绳索为穿钱之物。逢金帛宝货之类，理必有成；遇刀刃剑具之器，损而无益。

又看元卦，不可执一，逢财而有财，无财则无益。凡物成器，方系得全；缺损破碎，有之不足。或问婚姻，理亦相似。物团圆，指日可成；物破损，中途阻折。此又是一家闻奥。斯理明，成事昭然。

这些就是根据所见物体的形象和功能，直接与相应的事情对接判断吉凶。

逢柴炭主忧，折麦主悲，米必奇，豆必伤。袜与鞋，万事和谐；棋与药，与人期约。斧锯必有修造，粮储必有远行。闻禽鸣，谋事虚说；听鼓声，交易空虚。拭目润睫，内有哭泣之事；持刃见血，外有蛊毒之谋。

柴碳就是现在火锅和烧烤用的那种木炭，黑色像被火烧过一样，为离宫己亥鬼爻平地木；麦为巽卦，被折就是辛酉鬼爻，坤临鬼爻见到米谷就是长得奇特；见到豆（这个豆不是大豆高粱那个谷物的豆子，而是古代专门盛肉的器具）就主有伤灾；袜与鞋，就是谐音和谐；梦见或者看见棋和药为期约，一方面是谐音的运用，另一方面棋是玩的为子孙，药也是子孙，下棋也不可能一个人，也是相约之意，古诗有"有约不来过夜半，闲敲棋子落灯花"；斧锯，是丙申，也可以是辛酉，它们本来就是盖房子装修用的；土生万物，粮食是坤宫世爻子孙癸酉，存储粮食就是子孙旺，冲乙卯为足为远行；禽为巽，世爻辛卯，禽鸣则为辛巳，子孙为言说也主谋略，见风为摇摆不定为虚说；鼓中空，为离卦，声音又为震卦为乙卯主交易，所以交易空虚；目为离，润为水，为离宫鬼爻己亥，目中见水为临鬼为哭泣；刀为剑锋金，坤有丑可以通艮为手，癸酉与乙卯鬼爻相应，为有蛊毒之谋。

克应既明，饮食同断。见水为饮食酒汤，遇火为煎炮火高炙。见米为一饭之得，提壶为酌杯之礼。水乃鱼虾水中物味，土乃牛羊土内菜蔬。姜面为辛味辣羹，刀砧乃薰腥美味。此天之克应，万物之枢机。能达此者，尚其秘之。

象意解析 25 鞋带偶断行程有变

戊戌年元旦，我的一位学员说早晨鞋带断了，贺云达当即判断他可能因为买不到火车票等原因，改变行程，后来果然。这个易理很简单：鞋为震，为足为出行；鞋带为巽为风，断了就是鬼爻为阻隔，两者合起来，就是行程会发生改变。大家只要基础知识掌握得好，这样的小易案就会信手拈来。

十七、《饮食篇》原文及象意精解

《饮食篇》主要是按照八卦类象,预测与饮食有关的易象。当然古代饮食远没有我们现在那么丰富,但其中很多象意对我们的思维是有启发作用的,所以要简要地学习一下。象意特别简单,直观能看出来的,我们不做讲解,重点讲解一些有意义和有意思的。

乾卦

夫乾之为象也,圆坚而味辛,取象乎卵,为牲之首,为马为猪,秋得之而食禄盛,夏得之而食禄衰。春为时新之物,水果蔬菜之属;冬为冷物,隔宿之食。有坎乃江湖海味,有水而蔬果珍羞。

乾为金,象天为圆,为圆坚味辣;也可以类象卵、鸡蛋;牲,指家畜,也指古代祭祀用的猪牛羊等,乾为头,壬戌为太庙,可以为牲之首;乾为马,藏地支亥,可以为马为猪,也可以为猪头肉;秋盛而夏衰,就是时令上秋天金旺,食物的种类较为丰盛,质量也好,而夏季火旺金受制,食物就不如秋季好;春天万物生发,按常理春季饮食品种也比较丰富,基本都是时令蔬菜。乾卦中甲寅为春天，可以为水果，也可以是蔬菜，甲寅乙卯大溪水，都可以代表果蔬；乾占测天时冬季为冰雪，对于食物就是冷冻食品，也可以理解为隔夜饭食；乾卦见坎见水，可以为甲子，为海中金，为子孙主吃的，可以是江湖海味，也可以代表冬天的蔬果，冬天的水果比较少也比较贵，就是珍馐。

艮卦

艮为土物同烹，离乃火边煎炙。秋为蟹，春为马。凡内必多肉，其味必辛，盛有瓦器，伴有金樽。其于菜也为芹，其于物也带羽。克生生回，食必鹅鸭。生出克入，野菜无名。

艮卦的饮食类象看起来好像很简单，但要较真儿起来，还真不一定能说清楚，其中有不少亮点和精彩之处。土物同烹，实际就是类似东北的炖菜，但是为什么唯独艮为土物同烹？玄机就在于艮卦的世爻是丙寅炉中火，所以也可以代表烤鱼、烤肉等烧烤类和油炸类的食品。

秋为蟹。这个就很费思量，很多人肯定答不上来，最多只能是说艮卦上面一个阳爻，下边四个阴爻，像一个硬壳底下四个爪子，六画艮正好八个爪，但是为什么只有秋天为蟹？或许说秋为坤，都断开了，所以是八个爪，但这都是似是而非和想当然的解释。真正体现秋为蟹这个易象的，还是在艮卦的卦爻符号里——蟹是水陆两栖动物，用爻象表示，就是丙申。丙申在上互卦震和下互卦坎水中，阳爻为水中能动的，再加上艮土的信息和艮卦的象形信息，申又为秋季，组合为蟹就非常形象了。这就是艮卦类象的一个闪光点，是大家应该要学的好东西。但如果不懂纳甲法，这个易象就会百思不得其解，艮卦又没有水，怎么能有蟹呢？我们下面再用一个实例来证明这个解析。

象意解析26 "秋为蟹"例证

己亥年元旦，在面授讲座课堂上有位沈阳的郭经理说他从来不做梦，但是昨晚却梦见自己的右手青筋暴起，这个能主什么事？贺云达当场判断他昨晚因为吃螃蟹闹肚子。郭总反馈说："这个判断太准了！就是坐我旁边的一位女士，昨晚从家带来螃蟹，给我留了两只大的，结果吃完闹肚子了。"

说到手，不管是左手右手，都是艮。青筋暴起是一种反常现象，我们会想到鬼爻丙寅。左为震，右为兑金，为艮子孙，就是丙申，申又为坤为腹，临鬼爻又为食伤泄秀，所以为闹肚子。

象意解析27 梦见烧纸起火，克应人送海鲜

我朋友圈里还有一个类似的易案。有人梦到去庙里烧纸钱，火势控制不住了，然后匆忙中发现手机和钱包都丢了，问这个主什么事发生。我判断是有人给送海鲜、螃蟹之类的，结果真是有人给他送海鲜。庙里烧纸就是艮卦，手机是震卦，艮中的震卦就是丙申，又在下互卦坎，为水中之物，故有此断。古人留下的就三个字"秋为蟹"，但是实际上却包含了很多易象的变化大家研究这些的时候，一定要细心琢磨，在细节上多下点功夫，好好总

结,才能有所收获。

"春为马"。艮中丙午为马,是由乾二爻甲寅化来,前文讲甲寅为春。阳爻为骨,阴爻为肉,艮中有阳爻,但是阴爻比较多,所以"凡内必多肉"。艮世应爻都是火,被火烤的感觉与五味中辣味最相似,所以"其味必辛"。如果仅仅以艮为土来看,五味为甘,是没有辣的象意的,所以没有纳甲法,很多象意是解析不出来的。"盛有瓦器,伴有金樽"。古代盛菜的,都是瓦器,艮卦的主体是土,世爻炉中火与丙申食伤相应,丙申又在上互卦震中,为经过烧制的土的器皿,就是瓦器。古代五大窑"官汝钧定哥",普通老百姓不可能用官窑,由此也可以判断《饮食篇》的作者应该不是官员,否则这个类象就有可能定义为精美的瓷器了。金樽就是金属的盛酒器皿,还是丙申。

"其于菜也为芹"。乙卯是地上长的草,芹菜是古代一种比较常见的蔬菜,所以丙申可以为芹菜,当然也可以为韭菜;乙卯为坤鬼爻为无名,所以丙申也是无名的野菜,为"野菜无名"。"其于物也带羽。"羽五音为水,是五爻丙子,食伤主吃的,财爻也主吃的。五音:角为木,徵为火,宫为土,商为金,羽为水。"食必鸭鹅"。艮宫世爻丙寅为我,丙寅为炉中火可以为离为鸟,鸟+我为鹅;寅为甲寅,甲+鸟为鸭。

象意解析 28　丙申化鬼肺病生

一位丙申年的女士,子宫出血,两个孩子也受损伤。当时只知道是丙申年,八字是我断完之后才发给的,也不知道孩子得的什么病,已知条件就这么多。我一看子宫出血,又和孩子病有关，一下子就想到丙申，为子孙爻，申又为坤，为子宫母体，出血就是临鬼见水，就是坤宫乙卯，与癸酉金相应主肺。

坤卦

坤其于坤也，远客至，故人来，所用必瓦器，所食米果之味。静则梨枣茄芋，动则鱼虾鲜羊。无骨肉脯，杀亦为腌，藏亦为肚肠。遇客必妇人，克此必主口舌。克出生回，乃牲之味；克入生物，乃集物之烹。见乾、兑，细切薄披；见震、巽而新生旧煮，其色黑黄，其味甘甜，水火并之，蒸炊而已。四时皆为米麦之味，必带麻姜。仔细推详必有验也。

坤为大地主静，代表历史和旧的事物；乾天行健天天动，代表新的事物。逢坤卦就可能老同学、老朋友或者远方的客人来了。坤为庶民老百姓，老百姓所用的土中的器皿，就是瓦器。坤为米，甲寅乙卯都是水果。

坤宫有动也有静的，是乙卯，静则为震木为树，动则为大溪水。乙卯为树，则生宅爻乙巳，树上见巳火为离，也为梨。乙卯又与子孙爻相应为小的，又是红色的，就可以为枣。木主酸，"楂"字为木压日与横，恰好也是坤卦乙卯见乙巳，所以也可以为山楂。阳爻为骨，阴爻为肉，坤卦无阳爻，所以为无骨肉脯。

动则鱼虾鲜羊，坤宫本来就有乙未羊。关于鱼虾海鲜我有一个易案，在朋友圈发过但没有解析。我的国学群里一位企业老总，通过棋友和我认识，后来见过一面，他梦到有人送他一碗面，送面的人只有一只胳膊，认为是有人助一臂之力的象意。但是也没有人助他一臂之力，就问我对他这个梦的看法。面是五谷杂粮，很碎的东西，坤宫可以是五谷杂粮和面。震仰盂，可以为碗，坤中为乙卯。乙卯本身就是震卦，为坤鬼爻与世爻癸酉相应，而送面的人有伤残，一个胳膊，正符合乙卯鬼爻的象意。煮面条肯定是有水的，乙卯为大溪水，跟子孙爻相应主吃的，那就是水中之物、水产品。送面就是乙卯发动，生二爻乙巳为宅爻，为有人上门送东西。所以我判断这个梦主有人要给海鲜之类的水产品。结果当晚晚饭时候，有人正好从海边回来，给他带了一网兜的海鲜，他马上就给我反馈了。

乙卯大溪水为鬼爻为杀，水主咸，可以为腌菜；坤为腹，中有申为肚肠，也可以为动物内脏。坤为老妇，遇客为妇人。坤子孙持世，酉落宫为兑为口，主口舌，所以克此必有口舌。癸酉动，可以化壬戌、丙寅，壬戌是家牲，为牲之味，丙寅为炖菜，是集物之烹，所以说"克出生回，乃牲之味；克入生物，乃集物之烹"。乾兑为金为刀，坤六断为细小，所以见乾、兑，为细切薄披，就像土豆丝似的，切得很细很薄。见震、巽而新生旧煮。巽震阳爻居多，阳为乾为新生，又有阴爻为坤旧煮。大家理解这个意思之后，要多在生活中实践，才有趣味，有意思。坤十二辟卦为亥水为黑色，坤土为黄，五味主甜为甘，所以"其色黑黄，其味甘甜"。"水火并之，蒸炊而已"，就是水火都见了，为蒸菜。"四时皆为米麦之味，必带麻姜"，坤为米也为麦子，坤为厚德载物，广大之象，应爻乙卯为木又主双，可以为"林"，合为"麻"字。坤为羊为女，合为"姜"。

巽卦

巽之为卦，主文书柬约之间，讲论之际，外客婚姻，故人旧交。或主远信近期，其色白青，其性曲直，其味酸，其象长。桃李木瓜，斋辣素食，为鱼为鸡，其豆其面，非济执而得之，必锄掘而得之。有乾、兑，食之而致病，有坤，得之非难。坎为炒菜蔬，离为炒茶，带坎于中，酒汤其食。其无生，半斋半荤。其在艮也，会邻里，有贵人。食物不多，适口而已。其橘柚菜果蔬，斫伐于山林带节，虎狗兔鹿，渔捕网罗，米麻面麦。克入集食，克出羊肉。克入口舌，是非阴灾，极不可食。其味甘甜，其色玄黄。

巽为风，为传播，主言论、新闻，也与文书有关，二爻辛亥父母爻就为文书。巽应爻辛酉为兑为说，为讲论；鬼爻也有约束之意，互相之间签个合同，有个约束。巽为长女，世爻辛卯在外卦上九爻，与辛酉鬼爻为男人相应，所以是外客婚姻；辛卯也为乙卯，为坤宫为旧，为故人旧交；坤又为远，辛亥为文书口信，所以是远信近期；酉为白，卯为青，木主酸，为曲直修长，看一个人又高又瘦，其五行就为木；卯月桃花开，巽为木，所以是桃李木瓜；巽纳辛为辣，我们解析巽卦类象的时候讲过，巽为僧道，是一种摇摆不定和孤独的特征，也可以是寡妇；巽为草木，又没有肉，所以为斋饭素食；乾卦甲子动，阳变阴就是巽卦，甲子为鱼，故巽也可以为鱼，而应爻辛酉就是鸡；辛巳中，巳为乾为圆，可以为豆，辛亥亥为坤，可以为面；济执和锄掘，是说巽

十七、《饮食篇》原文及象意精解

为草木，不是水中打捞的事物，而是地里锄头挖掘出来的，也可以是土中之物，比如地瓜土豆之类的；乾兑为金，为巽鬼爻为病，见到这两个卦象，可能会因为饮食不当而得病，而土为财，辛丑，初爻为内，为离得不远的邻里，艮中也有寅木，贵人诀"六辛逢马虎"，所以有贵人，辛丑日如果有酒食之约，可能会遇到贵人。应爻辛酉为兑为少女，少女的饭量一般不大，所以食物不多，适口而已。橘柚菜果蔬，用辛卯代表就可以了。巽为绳为带节。辛卯为兔，辛酉为鹿，谐音禄，风水上有人家里放了一只鹿，就是这个意思。辛丑为艮为狗，刚刚说了有寅为贵人，动物就为虎，所以有虎狗兔鹿。辛丑为鱼，巽为绳为网，所以是渔捕网罗。辛亥，亥为坤（坤为麻，解析见坤卦），为米麻面麦。克入克出，可以理解为内外卦，巽内卦有牛有鱼，有猪有鸡，外卦有辛未为羊，所以为克入集食，克出羊肉。辛酉鬼爻，就是克入口舌，是非阴灾，极不可食。

辛卯可以为乙卯，为坤为黄，又为大溪水为玄；乙卯又是水果，土主甜，所以为其味甘甜，其色玄黄。

坎卦

坎为水象也，水近信至海内，味香有细鳞，或四足。凡曰水族，必可饮食也。或闻箫鼓之声，或在礼乐之所，其色黑，其味咸。克出饮酒，生回食鱼。为豕为目，为耳为血。羹汤物味，酒食水酱。遇离而说文书，逢乾而为海味。

对坎为水这个象意，很多人只是说古人这么规定的，但这样理解是有问题的。其实，三画卦和六画卦都分天、地、人，而从爻象符号来看，坎卦的阳爻正好都在人爻，也就是二爻和五爻的位置。阳爻主动，阴爻主静，天地间能走动的，除了人和动物，就是水了，这是一层象意。再延伸来看，坎卦是由坤卦的二五爻，取乾卦的二五爻而来。坤卦为土，它的性质是向下的，而水能在地中动，也有向下的属性，所以64卦中有一卦叫"水地比"，水和地的性情比和，都是向下的。也有"天火同人"，天是向上的，火也是向上的，表象不同，但是性情相近。木主仁，火主礼，金主义，水主智，土主信，因为水地有一比，如果坎五爻变为坤五爻，就是癸亥大海水，所以说"水近信至海内"。戊戌又与戊辰龙相应，龙有鳞，水中可以为鱼也有鱼鳞；辰十二辟卦泽天夬，为大兑卦，为金为小，为小碎金片，为有细鳞。戊戌为艮为狗，为四足。坎卦世爻戊子与戊午财爻相应，财爻也是饮食，所以说"凡曰水族，必可饮食也"。应爻戊午为火为离，鼓为中空，为离，居上互卦震为响声，戊辰中辰十二辟卦为大兑卦为口，又是大林木，见口为吹箫之征，此为"或闻箫鼓之声，或在礼乐之所"。

　　克出与生回，也可以指内外卦之间的关系和主卦与变卦的关系。戊辰大兑卦为酉，见水为酒；戊子可以为乾宫甲子，为鱼。豕为猪，八卦类象解析过，戊戌由坤五爻癸亥化来，为猪；应爻戊午为头，为离为火，为目为眼睛；坎为耳为血，在八卦类象中也已经解析过了。坎卦为水，水为黑色，味主咸，坎又有坤象为米面，就有酱的特征。酒食刚才解析过，就饮食而言，就是饭菜有汤汤水水的，为"羹汤物味，酒食水酱"。坎中戊午纳音火，午又是离卦，就可以是文书；乾遇坎水为甲子海中金，爻辞"潜龙勿用"，都是海味、鱼虾的象意。

震卦

震之为卦，木属也。酒友疏狂，虚轻怪异。大树之果，园林之蔬，其色青而味酸，其数多，会客少。或有膻臭之气，或有异香之肴。同离多为盐茶；见坎或为盐醋。

不管学《梅花易数》多少年，真较真儿的话，问震为什么为木，还真就发蒙，说不清楚。既然类象是从卦爻符号来的，那么我们就从卦爻符号中去看，震卦是由坤卦初爻变阳爻而来，法乎天者，其性必上，能在地下向上动的阳爻，只有春天植物种子，发芽并破土而出，所以震为木。

每个卦都可以代表酒食，只是吃的东西不一样。酒友，在震卦就是兄弟爻庚寅，与鬼爻相应，主疏狂怪异。有很多人将卦象学得太死了，曾经不止一个人问过我，风水上有人说西北方不能放厨房、不能放与火有关的东西，这个说法有没有道理？我觉得学易学到这个程度，是没有出路的，思维已经学死了。而风水上这么讲也就有迷信的成分了，因为如果按照这个说法推理，那么西北的老百姓都不用烧火做饭了，那还活不活了？还有一些所谓房子缺角的理论，与这个别无二致。这就是理论上没学明白，现实应用就会困惑，实际就是把象意的东西落得太实了，与现实生活对接得太死了。其实古人不论奇门遁甲，还是六壬金口诀，都是找克应的，如果连测都没有测准，用都没有用灵，却像相声里讽刺的：信我就好办了！然后就给别人调风水，放这放那的能灵吗？最好的办法就是：如果没有什么征兆，那就住着吧，挺好的调什么风水？出现问题或者有征兆了，比如办公室里做官的被抓走了等，那可以肯定这个风水有五行气场不对的，但也不能草木皆兵，要找准问题，再去做一些改变，这样对环境的和谐居住、对气场的顺畅才是有作用的。如果夸大和过分地宣扬风水的作用，那就有问题，就给了那些江湖骗子和"大师"以可乘之机。

所以大家学易既要灵活，也要实事求是，一定要以理论和克应作为最基本的前提，什么也没看出来就给别人调风水，怎么证明就是对的？我前阶段有一个易案在朋友圈发过：一位朋友摇了一个卦发来让我看，说是同学的妈妈，突然之间不吃、不喝、不说话了，得了一种怪病，医院又没检查出什么问题，问我这种情况下烧点纸祭祀一下可不可以？我就问她同学的母亲那边，是不是有个排行老二的，很年轻就死了？一落实果然。我说这样可以祭祀一下，应该有好转。结果祭祀完后，母亲也吃饭了，病也好了，一下就精神了。像这种现象听起来是迷信，说起来拿不到桌面上，很多人也是全盘否定，但未知的现象有很多，既然行之有效，为什么不可以给点空间试一下呢？

震卦庚午为子孙，为大树之果，纳音路旁土，也可以为园林中的蔬菜。木，色青主酸。客人一般是兄弟爻庚寅或者庚申，为"其数多"，但是起卦的时候震卦多，就会冲庚申，客人就少了，不来了。"或有膻臭之气，或有异香之肴"，这个我们拿生活中的常理去理解就可以了，比如香菜、茴香、韭菜等，味道很怪异，有的人喜欢，有的人不喜欢。有那么句话：再牛的香水，也干不过韭菜盒子！

同离，就是震卦见火，卦爻就是庚午，与庚子相应，子为水主咸，庚子亦可为甲子海中金，可以为盐，盐就是海中来的；午与子应，可以为热水，震又是草木，用热水煮的草木，又是子孙吃的，就是茶。所以"同离多为盐茶"。木主酸，水主咸，酸见坎为液体之酸，与吃的有关，为醋。

离卦

离则文书交易，亲戚师儒，坐中多礼貌之人，筵上总英才之士。其物乃煎烤炙烧，其间或茶盐。白日之夕，虽之以烛。春夏之际，凡物带花，老人莫食，心事不宁。少者宜之。宜讲论，即有益。为鸡为雉，为蟹为蛇，色赤味苦，性热而气香。逢坎而酒请有争，逢巽则炒菜而已。

离卦上互为兑为交换，下互为巽为风也为变换，所以为兑换；离卦二五爻都是子孙，也主交易。火主热情，又生土，为关系比较近，像亲戚一样。离中虚，表现在行为上，就是比较谦虚有礼貌。离卦也是儒家"克己复礼"思想的最好表达：世爻己巳与己亥鬼爻相应，就是克己之征，而约束自己，即为仁义之象，也因为巳为乾为义，己巳与己亥纳音均为木，主仁，所以为"亲戚师儒，坐中多礼貌之人，筵上总英才之士"。离宫己巳与己亥中，亥为水为盐；己亥为火中见水，在上互兑中为吃喝，纳音又都为木，可以为茶，也可以为茶树，还可以为红茶和熟普洱茶，为古树上品之茶。己巳和己亥还有一个时间定位，为"白日之夕，虽之以烛"，就是傍晚太阳将落要点灯之时，预测事情的时候，逢己巳、己亥，可以断事情发生在这个时间。我们看古人为我们总结得非常细致清楚，但是如果不懂爻象和纳甲法，又看不明白，解释不清楚。

"春夏之际，凡物带花，老人莫食，心事不宁。少者宜之"。这几句也要通过世应爻去理解。春夏之际，花开之时，己巳为木又为火为红色，木上长的红色之物，即为花；巳亥为乾坤为老人，己亥为鬼爻，吃了就是临鬼，离为午火主心，所以心事不宁；小孩为子孙，克官治鬼，所以宜之。子孙己未主言说，上互为兑也为言说，与己丑相冲为辩论，为宜讲论。离卦类象中解析过：己酉居外卦，与初爻己卯相应，卯为兔尾短，在离宫为短尾巴的鸟，所以己酉为鸡也为雉。离为中虚，为壳硬内软之物；世爻己巳与应爻己亥中：巳为蛇，巳在巽卦又为虫，纳音大林木五音为角，上互卦为兑为刀，己丑为牛，亥为水中之物，见巳为热水为红色，合起来判断为蟹，故为蟹为蛇。古人的取象很接地气，都是我们常见的东西或事物。离为火为赤色，为炎上，为求索。"求之不得，辗转反侧"，有所求，就有所苦，吃的东西和生活中一些事情的感觉是紧密相连的，故五味主苦，为色赤味苦。离卦为火为夏，性热；己巳为木为禾，离为日，合为香，巳为巽又为气体，故言性热而气香。"逢坎而酒请有争"，逢坎就是离中见水，为己亥鬼爻发动，与世爻兄弟相应，为请客吃饭时，会有争执；"逢巽则炒菜而已"，巽为草木，没有肉，离见木为己卯父母爻，克子孙酒食，也就不会丰盛。

大家学了这些克应的象意后，要积极去实践验证，但是克应要讲究自然而然地顺势而为，不能刻意地去制造现象，那就不灵了，这样才能在合理的基础上，不断拓展和丰富自己的思维。

兑卦

兑之为卦，其属白金，其味辛而色白。或远客暴至，或近交争来。凡动物刀砧，凡味必有辛辣，凡包里腌藏。其于暴也，为筐为菱；其于菜也，为葱为韭。盛而有腥臭，旺而有羊鹅。坐间有僭越之人，或有歌娼之女。单则必然口舌，重则必然欢喜。生出多食，克出好事。

兑为金，金白水清，为白色。兑为刀，落在食物中像刀割一样的感觉就是辛辣。兑丁酉为外卦兄弟爻，与宅爻相应，为远客，卯酉冲，卯为震动，所以为暴至，突然来了；兄弟爻也主纷争，近交争来，与邻居或者比较亲近的人争执起来。刀砧就是菜板，有刀就要有菜板，可以用丁卯炉中火代表，也泛指厨房用具。

"远取诸物，近取诸身"。一个象的远和近，取用也是不同的，兑卦远可以为羊，近就看不到羊了，可以为口，不是只一个象意用起来没完没了，而是根据情况的远近和复杂程度，灵活变化。这需要感悟力，需要实践，需要合理的想象。

兑卦世爻丁未，应爻丁丑，《说文》"秋收冬藏"。兑为秋，丑为冬腊月，纳音都是水主咸，所以包里腌藏。"筐"是祭祀用的青铜器，可以为丁酉，离天最近又是金属；菱就是我们吃的菱角，可以为丁未、丁丑，牛羊都是带角的。葱和韭都是辣的，但是兑为少女，为小为微，为微辣。不像辣椒那么辣的食物，常用的就是葱和韭菜。

丁未和丁丑，可以为牛羊肉，我们知道牛羊肉特别是羊肉有膻味，实际比较规范的说法，就是腥臭之味。世爻丁未即为羊肉，丁为火为鸟，世爻为我，就是鹅，所以既可以是羊肉也可以是鹅肉。

丁未是由乾取坤之癸酉而来，癸酉为坤子孙，克官制鬼，鬼爻为规范，克制规范就为僭越，有不符合礼仪规范的人或者事出现；丁未世爻生丁酉，丁酉冲丁卯，卯为震为响声，兑为口，为少女，为从少女嘴里发出的声音，可以为唱歌，歌娼就是卖唱的少女。另外，丁酉兄弟爻可以为少女，卯为震，《三国志》管辂说，卯有长子的征候，可以为男人，冲克丁卯财爻，就是从男人身上得财，这其实也符合歌娼的特征。这些象意非常活灵活现，把吃饭的场面都给描述出来，古人高明就高明在这里。可能人没喝酒之前都很正常，酒过三巡后又见到小姑娘，就出现了拉拉扯扯的事情。兑为口舌，也有喜悦之象。

学习干支易象，务要去套路化

学习干支易象，最怕学成套路式的预测，象意应该是像天上的云一样，随风而动，意象万千，绝对不是像有的人学了点皮毛，一见易案，还没等看明白就大言不惭地套卦，说这个取象不外乎什么……其实，一出手就错了！好的、玄妙的象意，很多是在情理之中，又在意料之外，情景的感和应都到位了，象意就呼之欲出了。就像下棋中讲的"妙着神势巧自生"，绝对不是一以贯之的贯性和套路思维。那种不外乎的猜测和假想，就是刻舟求剑思维！真正的象意应该像看精彩的影视大片一样，完全是让人思考的思维拓展，没有一点人为痕迹。凡是想当然的套路思维，都不会有太大长进，真正好的象意是空灵的。一些人之所以学了多年没有长进，就是因为不爱思考，总想学个绝对的招法，以一以贯之的思维，去面对所有千变万化的生活现象，怎么可能预测准确呢？还不谦虚，一讲就是想当然的话，还总是觉得自己很牛，好像什么都明白，一看易案不知谦虚和思考，而是想当然地拿自己现有的、认为可行的思维去套，也就有了对别人易案的想当然猜测，说点"不外乎什么什么的话"，其实连边都没有沾，这种思维早落后了。请大家务必记住，学易永远没有一劳永逸！否则就跳不出想当然和一以贯之的套路，越陷越深，最终思维与"三了"命理（即围着日元辩旺了、衰了、从了，来取用神）那一套一样，就学废了！易象永远都是千变万化和鲜活的！所以要想学好易，必须理论联系实际，去套路化。

十八、《观物玄妙歌诀》象意精解

《观物玄妙歌诀》中的类象，我们挑选精彩的部分为大家解析。这里的类象与前面的歌诀中相比，还有一些新变化的，会重点解析，与前面重复的或者是简单的，就一带而过。

《观物玄妙歌诀》象意精解

观物戏验者，虽云无益于世，学者以此验数，而知圣人作《易》之灵耳。物之于世，必有数焉。故天圆地方，物之形也；天玄地黄，物之色也；天动地静，物之性也；天上地下，物之位也；乾刚坤柔，物之体也。

这段原文象意基本已经解析过了，但有一个启示就是：一方面，类象在不同的事物和视角上，取用是不同的；另一方面，不同的事物，也可以是同一个类象，大家取用的时候，要依据实际，灵活变化。

故乾之为卦，刚而圆，贵而坚。为金为玉，为赤为圆，为大为首，为上之果物。见兑为毁折，逢坎而沉溺，见离为炼锻之金。震为有动之物，巽为木果为圆。坤艮，土中之石，得火而成器。兑为剑锋之锐，秋得而价高，夏得之而衰矣。

其中，巽为木果为圆，为辛巳，巳为乾为圆；坤艮均为土，但艮中上九爻为阳，为石，所以歌诀在坤卦类象中云：艮为带刚之土石也。艮余爻均为阴爻为土，土堆到上九爻天边的感觉，就是山，这个也已经在艮为山的八卦类象中详细解析过。艮坤土得火，就可以烧制成瓦器、陶瓷等。

"秋得而价高"，俗解为秋金旺而价高，非。"物以稀为贵"，旺则价高，显然与常理相悖。秋为申酉戌，纳兑卦为金为丁酉，与丁卯财爻相应，秋旺丁酉动，得丁卯之财，是为价高之易理。兑见夏为见离火，为丁巳鬼爻，所以夏得之而衰。

坤之为卦，其形直而方，其色黑而黄，为文为布，为舆为釜。其物象牛，其性恶动。得乾可圆可方，可贵可贱。得震巽为长器，离为文章。兑为土中出之金，艮为带刚之土石也。

坤为土，为路，道路一般都是笔直的，另外坤里面还藏申金，也有笔直的象意；在古人的认知世界里，天是圆的，地是方的，所以制成的铜钱，像乾隆通宝等，都是外圆内方，象征着天圆地方。坤土为黄，坤为亥水为黑色。从我们的日常观察来看，近看土地是黄色，但远看也是黑色。衣食为父母。坤为大地万物之母亲，父母爻可以代表衣服；坤为亥为冬，也需要衣服保暖，用卦爻符号来表示，就是父母爻乙巳，为火，所以见离也主文章。

坤为大腹，乙卯为震为车，即为舆。坤为釜的象意也在乙卯中：釜就是锅，曹植曾七步赋诗："煮豆燃豆萁，豆在釜中泣。本是同根生，相煎何太急。"乙卯为震为电，为器具，与癸酉金属相应，纳音大溪水，下有乙巳火，在现代社会可以类象为电饭锅。

牛与恶动，都是相对乾卦而言。乾为马，坤为牛，四爻癸丑也为牛；乾主动，坤主静，所以恶动。另一方面，坤中能动的，为应爻乙卯鬼爻，动则临鬼，所以恶动。得乾为乙巳，巳为乾，乾圆坤方，为可方可圆。古代高低贵贱和阶级层次划分非常清晰，乙巳与五爻尊爻癸亥相应，可以为贵客，而坤为众，又为平民百姓，所以可贵可贱。坤卦是一个很接地气的卦象，一般是指平民百姓。见兑为癸酉，就是土中之金。

任何象意的应用都是有条件的，绝对不是书中这么规定，所以就这么用，那样学多久也学不会，更重要的还非常需要每个人善于思考，并在熟悉基础的前提下，不断提升象意整合能力。这种整合能力要多练，要多实践，才能对象意有感觉、有体会。错了不要怕，要研究所错之处、所错之因，不能原因都不知道，稀里糊涂就过去了；还要探研正确的思维和角度，及时总结，及时记录，慢慢就会提高。学易的人很多，但是用心学易的人不多！不要好高骛远轻视基础，不要浮光掠影只看热闹，要学门道，只有用心学，用心对待，易学才对我们有回应，我们实践起来才能得心应手。

震之为卦，其色玄黄而多青，为木为声，为竹为萑苇，为蕃鲜及生形。上柔下刚，是性震动而可惊。得乾乃为声价之物，得兑为无用之木。见艮山林间之石，见坎有气之类。巽为有枝叶，见离为带花。

震卦和巽卦比较，震为树干，巽为枝叶，木上见离为火就是花，其他象意都已经解析过了。

巽之为卦，其色白，其气香，为草木，为刚为柔。见离为文书，见兑乾为不用，乃遇金刀之物。坤艮为草木之类，坎兑为可食之物。为长为直，并震而春生夏长，草木之果蔬。

巽卦里面的象意，我们也解析过很多。巽为风为气，巽为禾苗，巳为午为马为乾为日，加起来就是香字，故为气香。见离也是辛巳，为子孙与父母爻辛亥相应，为文书。见兑乾为临鬼不用，金刀就是辛酉，辛酉为兑为口，也是入口之物，见坎为辛亥。

坎之为卦，其色黑，亦可圆可方。物为柔为腐。内则刚物，得之卑湿之所，多为水中之物。见乾亦圆，见兑亦毁，又乃污湿。得震巽而可食。见离水火既济，假水而出，假火而成。又为滞于物，兑为带口也。震巽为带枝叶，为带花也。

坎为水为黑色。可圆可方，一则是水无定形，二则水地有一比，坎阴爻类坤为方，阳爻类乾为圆。水至柔；戊辰、戊戌都是鬼爻，戊戌为尸骨，坎可以为腐尸，动物尸体腐烂之后，都有腐水，所以可以为腐烂之象。

坎卦爻象阳爻在内，阴爻在外，外表弱，但内心很强大，为外柔内刚。兵法云：兵者，诡道也。故能而示之不能，用而示之不用，近而示之远，远而示之近。所以坎也主兵法和谋略、智慧。于人可以为足智多谋之士，也可以为阴险狡诈之辈。离卦相反为示强，外刚内柔。水见木，我生者为子孙主吃的，所以得震巽而可食。也可以为花。

大家好好体会一下坎卦类象的含义，这对我们的生活、对我们处理好各类事情，都有很大的指导意义，什么都让人一眼看透了，那就是思维结构太简单了。建议大家有机会读一下《曾国藩家书》，讲了很多关于诚信和尊敬的意义，非常值得思考和学习。毛主席晚年曾经评价曾国藩是地主阶级最厉害的人物，那是非常有内涵的。多年历练之后，就会深刻认识到"敬"和"信"两个字对于人生的重要意义，受益匪浅。

离之为卦也，其色黄而青，体燥，其性则上刚下柔。为山石之物，土瓦之类。小石与大山，为门途之处。为物见乾而刚，兑而毁折，坤而土块。巽为草之物，而震为木物类也。坎并为河岸之物，离并为瓦器。震巽并见，篱壁之物。

"震巽并见，篱壁之物"。篱壁就是我们俗称的篱笆墙，与土砖墙不同，它是由小树枝之类的搭成。离见震为己卯，纳音城墙土，可以为墙；离见巽为己巳，纳音大林木，巳又为火，中间是空的，很符合篱笆墙的特征。

所以己卯和己巳相见，就有篱笆墙的象意，大家可以到实践中验证，看看能否判断出在某个方位有篱笆墙。

离见坎为己亥，亥为坤为土，可以为水边之土，又居三爻，可以为河堤。水地有一比，离宫的阴爻具坤土性质，可以看成是低处，也可以看成水，那么亥阳爻也就可以为岸堤。

离中己丑为艮，艮为门为小路，为门途之所。己丑为离宫子孙，可以为小石，又与己未天爻相应，还可以为大山。所以类象是变化的，"其大无外，其小无内"，但是现在的命理理论，什么"干不克支支克干"、什么"三合失令不化，不透不化"，都是画地为牢，束缚自我的谬论。还有一种学易的方式，是食古不化，唯古是从，凡是古人说的，都是对的，不敢越雷池半步，那也是迂腐之举。实践是检验真理的唯一标准。学习古书最重要的一点，就是要批判地继承，带着批判的眼光、带着挑剔的眼光、带着疑问去读书，才能学到真东西，取到真经。

兑之为卦，其色白，其性少柔而多刚，为毁折而不全，带口而圆。见乾先圆后缺，见艮则金石废器，见震巽为剥削之物，见坎为水之类。得乾而多刚，得坤而多柔。长于西泽之内，于水中之类，得柔而成器也。

"见艮则金石废器"。艮为山石，这句话的意思是：虽然是金石之质，但却是废物，没有什么用了，比如宝刀断折了或者美玉碎了，可以用丁丑象形为缺口表示；震巽为木，见刀就是被刀削过的；见水为丁亥，为水中之物，丁亥纳音屋上土为瓦，也为成器。

十九、《诸事响应歌》精彩象意解析

《诸事响应歌》原文

混沌开辟立人极,吉凶响应尤难避。先贤遗下预知音,皇极观梅出周易。玄微浩瀚总无涯,各述繁言人莫记。大抵体宜用卦生,旺相谋为终有益。比和为吉克为凶,生用亦为凶兆矣。问雨天晴无坎兑,亢旱言之终则是。天时连雨问晴明,艮离贲卦响应耳。乾明坤晦巽多风,震主雷霆定莫疑。凡占人事体克用,诸事亨通须有幸。比和为妙克为凶,又看其中体卦证。乾主公门是老人,坤遇阴人曰土应。震为东方或山林,巽亦山林蔬果品。坎为北方并水姓,酒货鱼盐才取定。离言文书炉冶利,亦曰南方颜色赤。艮为东北山林材,兑曰西方喜悦是。生体克体亦同方,编记以为诸事应。

凡问家宅体为主,旺相须知进田土。生用须云耗散财,比和家世安居处。

克体为凶决断之,生产以体为其母。两宜生旺不宜衰,奇偶之中察男女。乾卦为阳坤为阴,又有来人爻内取。阴多生女阳生男,此数分明具易理。婚姻生用必难成,比和克用大吉利。若问饮食和生体,必知肴馔丰厚喜。生用克体饮食难,克用必无比和美。坎兑为酒震为鱼,八卦推求衰旺取。

求谋称意是比和，克用谋为迟可已。求名克用名可求，生体比和俱可取。求财克用日有财，生体比和俱称意。交易生体及比和，有利必成无后虑。出行克用用生体，所至其方多得意。坎则乘舟离旱途，乾震动则坤艮止。行人克用必来迟，生体比和人即至。成远恒迟升不回，艮阻坎险君须记。若去谒人体克用，速可追寻依卦断。相生比和终可寻，兑临残缺并井畔。离为冶所及南方，坤主方器凭推看。疾病最宜体旺相，克用易安药有效。比和凶则有救星，体卦受克为凶兆。离宜服热坎服冷，卦见坤土温补亨。亦把鬼神卦象推，震主妖怪为状貌。巽为自缢并锁枷，坤艮落水及血刃。凡占公讼用宜克，体卦旺相终得理。比和助解最为奇，非止全仗他人力。若问墓穴在何地，坤则平阳巽林里。乾宜高葬艮临山，离近人烟兑兴废。比和生体宜葬之，克用尤为大吉利。若人临问听傍言，笑语鸡鸣亦吉美。美物是为祥端推，略举片言通万类。

精彩象意解析

坎兑为酒震为鱼

坎兑为酒解析过了。震为鱼，与巽为鱼易理大致相似，震卦初爻庚子，是坤取乾宫甲子而来，甲子为海中金为鱼。

兑临残缺并井畔

从卦爻形象而言，兑上面有个口，又为泽，所以为井。但这么解释不充分。水风井，有水有风为井，但是兑卦中没有这样的卦象，所以还要引入纳甲法：丁未世爻，未为二十八宿的井宿，所以丁未就可以为井。这样才能更形象一些，也可以是兑为井的佐证。

巽为自缢并锁枷

巽为绳，世爻辛卯与辛酉鬼爻相应，为人死之象，辛卯为世爻为自己，辛卯又是房梁，自缢的特征非常明显、非常形象。所以八字中辛酉与辛卯相见的话，容易出现上吊自杀的倾向。卯酉为门户，卯为开门，酉为关门为锁，辛酉为鬼爻，可以为锁枷。

坤艮落水及血刃

坤卦和艮卦都是土，跟落水有什么关系呢？以前有《梅花易数》书中解释：艮为石头，为下落，一个阳爻在上，两个阴爻在下，就会落下来。这种解释过于牵强，而且落水的象意在哪里呢？坤卦世爻癸酉，居上六爻最高处，应爻乙卯大溪水为三爻，这就是落水的象意；艮世爻丙寅与丙申相应，丙申在下互卦坎中，同理也是落水之征！丙申与癸酉均为刀剑之象，都与鬼爻相应，见水为血刃。

震主妖怪为状貌

这句比较有意义，八卦中为何震主妖怪？妖怪肯定是鬼爻，但每卦都有鬼爻，显然不够。而震卦鬼爻庚申这组干支，都藏在兑卦，兑为少女，临鬼即为夭折，女+夭为"妖"！大家可以验证：八字有庚申，对应兄弟姐妹或者家里人有早亡的信息。这是自己挖掘出的象意，书中找不到。

二十、《占物类例》等歌诀解析

《占物类例》解析

　　凡看物数，看其成卦，观其爻辞。如得乾，曰"潜龙勿用"，乃曰不可用之物；"见龙在田"，乃曰田中之物；"或跃在渊"，乃曰水中之物；"亢龙有悔"，乃废物也。如得坤之"直、方、大"，乃曰宜而方大之器物；"括囊无咎"，乃曰包裹之物；"黄裳元吉"，乃曰黄色衣服之物；"其血玄黄"，"困于石"，乃曰石物或逢石而破；"困于株林"，乃曰木物。又言爻辞，不言物类，而不能决者，须以八卦所属之象察之。

　　这里作者虽然强调了爻辞的应用，但实际上又用得太过简单和牵强。

　　比如乾卦初爻甲子为鱼，爻辞"潜龙勿用"，作者就认为是东西没有用，但是鱼就没有用吗，不可用的话，又怎么能食用？由此看出，这篇歌诀的作者和其他歌诀比如"震主妖怪为状貌"的类象，不在一个层次上，又证明了《梅花易数》确非一人所为，而是集大成者。我们看书学习，要有分析和洞察力，才能鉴定好坏，看出问题和破绽。如果爻辞就像这篇文章说的那么用，那不就成了笑话吗？"见龙在田"，就是田中之物，那后面还有

"利见大人"怎么解释，大人会是田中之物吗？而且我们讲过，甲寅乙卯大溪水，可以为海产品，也可以是水中之物！

"亢龙有悔"实际上也不是废物。其真正的易理直观来说：乾卦世爻壬戌与甲辰相应，所以乾卦才谈龙。实际乾卦阳爻都可以为龙，所以甲辰就不是一条龙，而是六条龙！甲辰特别旺，一条狗能敌过六条龙吗？那么作为世爻，去冲最旺的龙，就可能会有一些做完又后悔的事，这才是"亢龙有悔"的象意。我在新浪博客上发表过一个易案和解析：有人微信头像是好几条龙头，那么甲辰是父母爻，旺动克子孙，乾为头为长辈，所以断长辈有夭折之人，后来又判断马上换房子或者买房子等事情，也都准了。这就是"亢龙有悔"爻辞的应用，绝对不是像作者这么理解和应用，大家可以试试，放到实践中像作者这么用可能准吗？这个作者爻辞理解和应用水平，与曾经批判的《老人有忧色占》中，山火贲爻辞应用水平是一个层次，都是低水平。我们水平高低是一回事，但大家在学习古书时，得需要有分辨能力，能抓关键，抓重点，学习有用的。我的观点是不懂纳甲法的梅花易数，都是没有入门的梅花易数。

真正易经爻辞的原文应用，每一条都有预测功能而且都能令人浮想联翩，产生意象万千的效果，易经原文博大精深，其中的取象方式方法变化太多了。这里再给大家解一段易经爻辞原文，也算是为大家将来研究易经爻辞提供一种思路。

"龙战于野，其血玄黄"爻辞解析

"龙战于野，其血玄黄"，是坤卦上六爻的爻辞。言龙，那得要有龙；说战，那得要有战争的场面。这两个象意首先要清晰地找出来，然后血在哪里，玄黄又指什么？这些全部用干支表达出来，才能正确理解爻辞的含义，也才能启发并最终指导我们如何正确地运用爻辞，因为学以致用，才是我们的目的。曾经有人跟我炫耀能把64卦全文背下来，但是能用吗？《亮剑》里的李云龙，大字都不识几个，肯定没背过《孙子兵法》，但却是常胜将军；赵括倒背如流，却致使十万大军被活埋，留下了"纸上谈兵"的千古笑柄。所以我们反对死记硬背，反对读死书，死读书，并一直倡导学得越轻松，用得越轻灵。易经是一门应用性很强的学问，学了不会用，还不如干点别的。武功的最高境界，是无招胜有招；学问的最高境界，是得意而忘言。

战争肯定要有武人，坤宫的武人就是乙卯。管公明说，乙卯有长子的征候，为震，为武人。乙卯与癸酉子孙爻为部属相应，落坤宫又为众，为众武人为士兵。癸酉纳音剑锋金，又为武人持刀剑之象，与卯相冲为争斗之征，居坤上六爻，为边疆为野外，为平野；乙卯为震，为青龙。此为龙战于野！

战争肯定要流血，乙卯动为大溪水，与癸酉刀剑相应，又为坤宫鬼爻，可以是负伤或战死武人所流之血。水为黑色，但血又有红，为玄色，据《周礼·考工记·钟氏》记载，玄色为黑里微赤的颜色，坤土为黄色。此为其血玄黄。

这里还有一层时令的信息，卯酉为日出日落之时，如果那个时间，再加上太阳的光照，大家稍微想象一下，一幅古代战争流血的场面，就会栩栩如生地浮现在眼前！

又诀：体用断物之妙。生克制化之妙，于诸诀中，此诀极为美验。其所诀：以生体者，为可食之物；克体者，为可近人之秽物。体生者，为不成之器；体克者，为破碎损折之物；比和者，乃有用成器之物。又生体象者为贵物，克体象者为贱物，所泄为废物也。

又诀：凡算此数，以体卦为主，看其刚柔。用卦看其有用无用。体生方圆曲直，可作可用，如用生体，乃可食。用变互卦，看其色与数目。此互卦决其物之数目也。如互见重兑、乾，决为一二之数。互见艮、坤，为七八之数也。但互卦重乾、重艮、重坤、重坎、重离之属，皆是两件。物乘旺，物数多，衰而物少。离为中虚之物，或空手无物。又决物之数者，如互艮卦，先天七数，后天亦不出八数之外。

《物数为体诀》解析

凡算物数者，不但以体卦为体，凡卦之多者，皆可为体。如乾金多，以金为体，则多刚；坤多以土为体，多柔。乾卦，体卦乾，而用是乾，而互又是乾。固曰金为体而刚矣，便是圆健刚硬之物。非金非石，此为体矣。

观物有体互变卦，并无生旺之气者，为不入五行之物。观物观爻，如八卦中阳爻多，乃多刚之物；阴爻多，乃多柔之物。

这部分大致也是说体用，但是有点变化，我们拓展一下。诀中说卦多为体，可见体卦是可以变的。但是比如人手里拿着一个圆物，如果按照《梅花易数》的体用分的话，那个圆物取的卦为体卦，手就是用，这个就不符合实际了，即便是按照《梅花易数》体用诀，那应该手是自己的为体卦，而用的圆物为用卦才合理一点，所以单纯就拿体用那套模式套，然后再除以六余数为动爻，一个是麻烦，再说也不准。干支易象学是不接受这套梅花易数的体用理论，变化太少。大家对于学习也不要畏难，变化越多才越有趣！要带着乐趣去学，从这些象意的复杂变化中，研究出生活中的一些变化，再判断能预示着什么，有什么样的发展趋势，这才有意思。

又诀：观物变在五六爻，多是能飞动之物。

就是三爻到了五爻、六爻，为能飞动之物。这个倒未必一定是飞行动物，但是用爻位来看问题这个思路还是不错，可以借鉴。

凡观物，以变爻为主应，用之应验也。如得乾，初爻变为巽，乃金刀削过木之物。二爻动，变为离，乃火中锻炼之金。三爻动，变为兑，乃毁折五金之器，虽圆而破处多也。

这段就是把变卦的五行考虑进去了。乾变巽，为金刀削过木之物。乾变离，为火中锻炼之金。乾变兑，虽然圆物但可能有很多缺口。实际应用中，如果测病遇到乾变兑，就是有人头部要手术之象；反过来，如果遇到兑变乾，又问手术恢复得怎么样，那就是可以康复之征。这就是爻象的一种应用方法，有一定的合理性，大家可以在实践中去验证。

《观物趣时诀》解析

凡算物,趣时察理,无有不验。以春得震、离为花,夏得震为有声之物,秋得兑为毁折成器之物,冬得坤为无用土物也。

这里举了一个震卦例子,象意都很好理解,它启示我们在预测的时候:一要讲易理,二要与天气、季节等因素结合起来。但事情也不是那么绝对,需要我们实践中去检验。还是建议大家不论学命理,还是学奇门遁甲、大六壬,不要主攻旺衰,思维进入旺衰这个圈出不来。《焦氏易林》和《周易》原文里,从来不讲日辰月建旺衰,就是讲象意。

干支易象解析《观物用〈易〉例》

有人以筐盛物者,算得地天泰之初变升,互见震、兑,曰:此必是草木类而生土中也,色青根黄,当连根之草木也。盖爻辞曰:"拔茅茹,以其汇。"乃曰:"此乃干根之草木也。"视之,乃草木连根,新采于土中也。互震为青色,兑为黄根也。

这个易案和下面另一个易案,都属于射覆的范畴。古代物品种类少,交通和信息不发达,生活在一个区域的人和物也就那么多,但是现代社会品物繁杂,射覆就是一件极其困难的事情。这两个易案的生活气息倒是很浓厚，感觉事情很真实，但是作者又用爻辞来附会结果，道理显然也讲不通，这就是乱用，就是误导后人和学习者。所以说《梅花易数》里的内容参差不齐，良莠俱在，精彩的部分是收集了当时很多有亮点的类象思维和口诀，但是像这种乱用爻辞的部分易案和论述，还有明显落后的体用生克观点，不是我们所提倡的。

如果用干支易象学的观点：地天泰就是寅木，其色青，居于艮宫为根黄，直接就到位了。然后地风升，巽为草木，坤为地，所以是草木连根。

爻辞有着非常丰富的类象思维，每一个爻辞都有预测功能，但是需要正确理解含义，才可以准确应用，也才能用准。得像我们解析的"龙战于野，其血玄黄"和"亢龙有悔"爻辞一样，一招一式、一景一物，都能说得清楚才行。

又有以令钟覆物者，令占之，得火风鼎之雷风恒。乃曰："此有声价气势之物，虽圆而今毁缺矣，其色白而可用。"盖其辞曰："鼎玉铉，大吉。"互见乾、兑，虽圆而毁也。开视之，乃玉绦环，果破矣。

这个易案，实质上就是乾见兑，为圆而有毁。引用的爻辞也是几无关联，反而成了故弄玄虚的装饰点缀。

按照干支易象学：钟，一般在寺庙里比较多见，可以为艮卦。钟又能发出声音，就是居于上互卦震中的丙申，也为火中锻炼之物。申金为白，与鬼爻应，可以为有损。明汪廷讷的《种玉记·赠玉》中记载，玉绦环是一种系有丝绦的玉环，佩之以祈福。结合卦象，完全可以类比出来这个象意。起卦不一定非得要把主互变全列出来，当然如果象意的信息量不够，可以参考互卦和变卦的类象，一眼就看出来的事情，何必兜个大圈子呢？易本来就是大道至简。

象意解析29　丙申为钟，克应火光之灾

取寺庙里的钟为丙申，也是有实际易案做支撑的：大家可能会记得丁酉年初上海静安寺有一个钟掉下来，把一个女义工砸伤了的新闻报道。我针对这个事情判断在农历五月份要发生爆炸，会有小孩被炸伤，有人记录了当时预测的微信截图。结果是江苏还是浙江省有幼儿园发生爆炸，小孩1死1伤。大家看这个易案精确不精确？事件精确、时间精确、人物精确。

女的去寺庙当义工，就是子孙丙申发动临鬼，伤的又是腿足，为上互卦震也发动了。震为动，到农历五月份临午见火光，为爆炸之象；丙申为子孙为小孩，申为坤也可以是幼儿园；丙申纳音为火，见午月又是阳刃，所以小孩在幼儿园炸伤。《梅花易数》精彩的部分到此基本结束了。大家如果有兴趣，可以看看裴松之版的《三国志》，里面有《管辂传》。管辂的易学水平要比《梅花易数》高太多了。

二十一、《占卜十应诀》精解与拓展

《占卜十应诀》实质上就是十种取卦和判断吉凶的方法。为便于学习,列原文如下:

《占卜十应诀》原文

凡占卜,以体卦为主,用为事应,固然也。但体卦既为主,用互卦相应,参看祸福。然今日得此一卦,体用互变中决之如此;明日复得此卦,体用一般,岂可又复以此诀之?然则若何而可?必得十应之说而后可也。盖十应之说,有正应、互应、变应、方应、日应、刻应、外应、天时应、地理应、人事应,所谓十应也。夫正应者,正卦之应也。互应者,互卦之应也。变应者,变卦之应也。此二卦之诀也。占者俱用之以断吉凶矣。至于诸应之理,人有不知者,故必得诸用之诀,卦无不验。不得其诀而占卜吉凶,或验或不验矣。

得此诀者,宜秘之。

[正应]正应者,即体用二卦决吉凶。

[互应]互应者,即互卦中决吉凶。

[变应]变应者,即变卦中决吉凶。

[方应]方应者，以体卦为主，看来占之人在何方位上，即看其所坐立之方位。宜生体卦，又宜与体比和，则吉。如克体卦则凶，如体卦生之，也不吉。

[日应]日应者，以体卦为主，看所占属何卦，及体卦与本日衰旺如何。盖卦宜生体，宜比和，不宜克体。也不宜体卦生之也。本日所属卦气如寅卯木、巳午火、申酉金、亥子水、辰戌丑未土也。

[刻应]刻应者，即三要灵诀也，占卜之顷，随所闻所见吉凶之兆以为吉凶之应也。

[外应]外应者，外卦之应也。占卜之际，偶见外物之来者，即看其物属何卦，如火得离、水得坎之类。如见老人、马、金玉圆物，得乾。见老妇、牛、土瓦物，得坤之类。

又如见此者，为外应之卦。并看其卦与体卦生克比和之理，以决吉凶。

[天时应]天时之应，占卜之际，晴明为离、雨雪为坎、风为巽、雷为震。如离为体，宜晴。坎为体，宜雨。巽为体，宜风。震为体，宜雷。火见雷为比和，参之生克，以定吉凶。

[地理应]地理之应，占卜之时，在竹林间，为震、巽之地。在江河溪涧池沼之上为坎。在五金之处为乾、兑之乡。在窑灶炉火之所为离。在土瓦之所为坤、艮，并为体卦，论生克比和之理以决之。

[人事应]人事之应，即三要中人事之克应也。盖占卜之际，偶遇人事之吉为吉，偶遇人事之凶为凶。如闻笑语，

主有吉庆之事。遇哭泣，主有悲愁之事。又以人事之属于卦者论之。老人属乾，老妇为坤，少男为艮，少女为兑。并看此人事之卦与体卦生克比和，以决吉凶。

此十应之理，占卜之际，耳闻目见以决吉凶，并以体卦为主，详见生克比和之理。如占病症，互变中皆有克体之卦，本卦中又无生体之卦，断不吉也。又看体衰旺，若体旺则庶几有望，体衰则无复生理。如是，又看诸应有生体者，险中有救；有克体则不可望安矣。其余占卜，并以类推之。

《占卜十应诀》象意解析与拓展

在这里先拓展一下"刻应"的应用，为大家提供一个判断思路：正常是十五分钟为一刻，一小时四刻，一个时辰八刻，但我们实际应用中，可以将一个时辰120分钟，均给12个地支，也就是每10分钟赋给一个地支，然后在时辰上按照五子遁法起干支，比如甲辰时，那么7点到7点10分，就是甲子，7点11到7点20为乙丑……或者再具体一点，比如7点9分的时候，直接将子支配上十天干壬水9，为壬子，这样就可以根据干支吉凶克应，逢冲、逢生、逢克等信息，判断10分钟之内发生的事情，能够更加细致和精准了。

还有外应。比如正在看电视的时候，电视剧或者电影中，正好有车祸的相关情节，这时有人问行路有关的事情，就可以判断有车祸或者剐蹭，也可以判断腿脚受伤；还有天时应，比如我们遇到一个火克金的卦象，但是天正在下雨，就不能按火，而是应该按水去判断事情的吉凶。这种情况也有不少实例验证是可行的。

还有地理应。比如一条水沟,它在不同的地方,就有不同的爻象;再比如家里买了一个老虎的摆件,放在东北方就是鬼爻丙寅,放在西北方就是财爻甲寅,放在北方就是子孙戊寅,放在正东就是兄弟爻庚寅,一样的风水摆放物件,但不同地方所应的象意是变化的。

人事应。就是对面要是来了一个人,看是少男少女,还是中男中女,还是老妇老人,把对应的象意加进去判断。

其余的大家看一看原文就可以了,我的感觉是都太笨重了,缺乏灵活性和思维空间。《论事十大应》,基本是与官事或者官司有关。

《论事十大应(论日辰秘文)》解析与拓展

> 一行。问官事属木,旺木有文书。属火,有官司财。金木,财有至。有客至,问病人大潮热。金水米浆。

行就是行走,我们都说行如风,站如松,卧如弓,坐如钟。行如风为巽木,而官司一般都是火为朱雀,也主文书,有木来生,所以有文书。

木火相生也可以是通过官司得财。学传统命理的一见木火相生就说是通明之象,实际上木火相生还有一层象意主因官司得财,大家要注意这一点,命理上也可以借鉴。木生火克金,为财有至,得财。朱雀丙午与丙子涧下水相应,所以有人来问病,就为大潮热病,吃的就是米粥豆浆之类的。

二立。官司不发，木土无金木，大小口舌，病不凶。财水土，有贵人至，文书发动。

站立为不动，所以官司不发，病也不凶。财水土可以为丙子，五爻尊位为贵人，冲丙午宅爻，为有贵人来。丙午被冲，为文书发动。

三坐。问官司，有讼不成。主财。属火主和劝。金败财，木得财。病却月，又有犯林木神，有祸不凶。

坐，可以看成是金。丙午见金就是丙申子孙，克官治鬼为有理，所以讼不成；丙午宅爻为我，丙申子孙又是丙午的财爻，主财，有木生丙午也可以为得财，有病也不凶。但是火到金为败地，可能也有败财的事情。

四卧。问官司，侧睡者，欲起必作，主阴人事。金有财，火事发破财。土水无财难就。土木有财。

侧睡着，那就躺着问，按《梅花易数》的基本原则一般是应事迟。躺着是坤，所以为阴人事。这里说的很多东西，只是提供了一个大概的思路，不能照搬照抄，还得具体情况具体分析，见金也不见得就有财，见火也不见得就破财，这是我的观点。

五担。官司被人自惊。火，与面说人成口舌。问信见水土得财。金木客至。病有犯，四肢沉重，不能起。

在古代，老百姓挑个扁担是非常常见的情景。担为行走为巽，可以为辛卯，碰到这样一个外应，再遇见与火有关的（并不是非要看到着火），就是见辛巳，巳主虚惊怪异。巳又头为面，为子孙也主言说，扁担又是辛卯兄弟，为对面口舌。信为巽，见水为辛亥，也可以为坤土为财爻，为得财。见金为应爻为客，再见木为辛卯兄弟，卯酉为门户，为有客至。有病犯为临鬼爻，巽为股也可以是四肢，所以四肢沉重，不能起。

六券。官司不成，火有财，水土有灾，心下不安，有贵人，主口舌，不凶。

券，古代用于买卖或债务的契据。《说文》："书于简牍，常分为两半，双方各执其一，以为凭证。后用纸帛书写券，契也。""券别之书，以刀判契其旁，故曰契券。"

七窠头。官司立见口舌。火，大官司。水土比和，财无，小人分上，口舌怄气，病。主阴人小口灾。

窠头就是裹头或者缠头。头见火为壬午，乾为大。缠头也是纠缠之象，因为缠为腾蛇，为巳为乾，为火也为乾鬼爻，所以立见口舌，马上就应。这里还隐含着一个应期的问题，应期没有固定的套路，都要根据实际情况判断，比如午为地支7，又为火，就可以断2到7日，或者按照我们讲的"时辰12等分法"，再进一步精确。水土都见，午火冲子孙甲子，又有土泄气，又拉又吐，憋气得病，子孙主小孩，也可以主家里的女人。

八跌足。官司破财，外人欺，心下惊慌。火主破财。土不凶，病。有孝至。

跌足就是碰到光着脚的。凡是涉及足，首先要考虑震卦，大的方向不能错。

震卦见火是子孙庚午，冲父母爻，也主破财。子孙在外卦四爻，有外人欺之象；与庚子应为水火交战，心慌之象。见土为财爻不凶。午火要是特别旺，冲父母爻也主有孝服。庚子为鞋，庚午为光，光脚的象意实质上与"偶见破履挂门户，必有奴欺主"的易理是一样的，那里是奴欺主，这里是外人欺。

九喜。官司自己无，主外人有请，劝官司，有酒肉。别人事，口舌纷纷。求财不许。不凶。

就是打官司碰上一些喜事，全是喜的外应，那么可能官司口舌就会应到别人身上。

十怒。官司主外人欺凌，不见官，主破财，倚人脱卸。火惊，病凶。

震卦为怒，外应有怒气不好。庚午是由壬午化来，庚子由甲子化来，尽管是子孙爻，但也主怒，也有一层官司的象，也主火灾、病凶。与八跛足的易理异曲同工，只是变化了一种形式。朱熹讲"理一分殊"，理是一个，但是形式是变化万千的，我们要灵活适应，关键要多实践，多应用，而且要独立思考。

《卦应》象意补充讲解

《卦应》实际就是八个卦的分类类象，已经讲解很多了，这里把没解析过的简单说一下。比如乾卦中"凶盗：军弓手，贼，强横，停尸。"乾卦全是阳爻，就是强横，壬午鬼爻也可以代表停尸或者死尸，与壬子应也可以代表贼。

"疾病：手太阳脉弦紧，天威所罚，上壅目熟，寒热。"古琴与古筝的琴弦，很像乾卦的阳爻，脉象像琴弦似的，中医就主这些病。脉是寸关尺，卦是天地人，医易同源。

坤为露，因为坤世爻为癸酉，酉月的节气是白露。癸酉为金也可以代表骨头。

坎主难产，因为坎二五爻都是鬼爻，是由坤宫为腹化来，为难产。

离卦为远旧取索，意外之物。这个就是离卦己未与己丑，也可以是坤卦癸亥与乙巳。

艮卦损胎、次男。胎儿就是子孙，丙申与鬼爻相应为损胎，丙申在下互卦坎中，为次男。八字里有丙申的话，就有损胎之象。兑卦为雨露。雨是父母爻丁未天河水，丁酉就是露。

二十二、《玄黄克应歌》象意精解

《指迷赋》主要是测字，也就有两句有用的可以说一说，主要解析《玄黄克应歌》。

《指迷赋》原文象意精解

尝闻相字，乃前贤妙术，古今秘文，为后学之成规，辨吉凶之易见。相人不如相字，即相其人，变化如神，精微入圣。自古结绳为政，如今花押成数。言，心声也。字，心画也。心形如笔，笔画一成，分八卦之休咎，定五行之贵贱，决平生之祸福，知目前之吉凶。富贵贫贱，荣枯得失，皆于笔画见之。或将吉为凶，或指凶为吉，先问人之五行，次看人之笔画。相生相旺则吉，相克相泄则凶。如此观之，万无一失。

为官则笔满金鱼，致富则笔如宝库。一生孤独见，于字画之欹斜，半世贫穷。乃是笔端之愚浊，非夭即贱。三山削出，皆非显达之人。四大空亡，尽是寂寥之辈。父母俱存兮，乾坤笔肥。母早亡分，坤笔乃破。父先逝兮，乾笔乃亏。坎是田园并租宅，稳重加官。艮为男女及兄弟，不宜损折。兑上主妻宫之巧拙，离宫主官禄之荣枯。震为长男，巽为驿马，乾离囚走，壬主竞争。震若勾尖，常招是非，妻定须离。若是圆净，禄官亦要清明。离位昏蒙，乃是剥官之杀。兑官破碎，宜昏硬命之妻。金命相逢火笔，克陷妻儿。木命亦怕逢金，破财常有。水命不宜土笔，不见男儿。火命若见水笔，定生口舌。土命若见木笔，祖产自消。相生相旺皆吉，相克相刑定凶。举一隅自反，遇五行而相之，略说根源，以示后学。

《指迷赋》测字的方法，其实就是八卦化九宫，然后与八卦类象对接进行预测。左为震，右为兑，上为离，下为坎。然后坎左为艮，右为乾；离左为巽，右为坤。如果笔画乾位和坤位比较肥大，就是父母俱在；如果这两个宫位的笔画出现败笔或者勾勾抹抹的错笔，那就有对应的父母早亡的信息，坤位就是女长辈，乾位就是男尊长。

同样，坎为田园住宅。这个位置出现问题的话，就主田宅出问题或者没有田产之象。相书说"天庭饱满，地阁方圆"的道理也在于此。

艮在九宫格的左后方，为男女及兄弟，这个位置出现破损或者败笔，主兄弟损折。兑为妻宫，这个部位字的形体特征，可以反映妻子的一些情况。但是出现什么具体情况、程度如何，就如同应期的判断一样，需要各自的领悟能力和对易理的把握能力，这也最能反映一个人的易学水平。《奇门遁甲》也好，《金口诀》也好，古人留下的对象意阐述的文字中，都留有余地。象意变化万千，规定得越具体，实质内涵就越小，反而抹杀了个人的灵性和发挥空间，只有易理和个人感应高度同步的时候，才能有易象的精彩演绎和精准判断。"阴阳"只有两个字，却可以纳天地万物于其中。离宫为官禄，也为口舌。离宫是火，炎上，是高高在上的，官禄也是高高在上，过去老百姓都是仰视，所以代表官禄。离又为朱雀主口舌。看相常说印堂发黑，要不就是摊官司，要不就是得病、出灾祸。印堂发黑，易理实际就是鬼爻己亥发动了。

巽为驿马，与我们平常说的三合驿马，比如巳酉丑在亥，申子辰在寅，不是一回事，这里要从易象的角度去理解：乾为马，是不停地动的，我们已经解析过；巽风也是不停地动，与马的性情特征类似，所以为马。从十二辟卦的角度，午为马，辟卦为天风姤，为大巽卦，所以巽也可以为驿马。

乾到离十二长生诀为囚地，所以乾离囚走；壬为水在大六壬中为壬子玄武，在坎卦，可以为世爻戊子兄弟爻，所以说壬主竞争。钩尖为金，震宫如果有带钩尖的字或者笔画，就是鬼爻庚申，冲宅爻家宅不宁，所以常招是非，妻定须离，但如果笔画圆润干净，做官也是清明之官。离位昏蒙，与我们说的印堂发黑一个道理，为鬼爻发动，乃是剥官之杀。

兑为妻宫，这个宫位的字出现破碎之象，比如钩抹、错字等，就有克妻之象，所以要娶命硬，就是要娶传统命理生克制化取用神那套说的日元特别旺的女的为妻。但通过我现在对命理的研究和掌握，这是属于套路化的落后思路，有一定的历史局限性。命理从纳音来论是比较准确的，围绕日元生克制化取用神并不准确，应验率很低，只是目前还有很多人在学在用，抱着不放，错了也不思悔改。

又将笔画与判断个人命运联系起来：金命相逢火笔，就是鬼爻冲子孙，克陷妻儿；木为财，逢金为鬼，所以木命亦怕逢金，破财常有；水命不宜土笔，比如写比较厚重的字，或者方型字。坎为中男，见土也是鬼爻，所以不见男儿；火命若见水笔，就是己亥鬼爻发动，所以定生口舌；土命若见木笔，就是笔画或字形比较瘦长，比如坤见就是乙卯鬼爻发动，坤为田产为旧为祖，为祖产自消，家道败落之象。

其他的大家自己对照原文，理解一下其中的思路即可，没必要也不能照猫画虎，要结合现实生活的实际。

《玄黄克应歌》原文象意精解

玄者，天也；黄者，地也；应者，克应之期也；天地造化克应之谓也。其曰：

凡是挥毫落楮时，便将凶吉此中推。
忽听旁语如何说，便把斯言究隐微；
倘是欢言多吉庆，若闻愁语见伤悲。
听得鹊声云有喜，偶逢鸦叫祸无移。
带花带酒忧还退，遇醢逢醯事转迷。
更看来人何服色，五行深说处根基。

鹊和鸦已经解析过了。带花带酒，实际上就是子孙爻克官治鬼。

醢和醯，就是肉酱和醋，遇到这两样，事情就会变得前景不明，扑朔迷离。前面解析过，醢和醯可以为坎卦，也可为癸酉和乙卯。水地有一比，是相通的。

坤卦有句象辞："先谜而后得主"。从古到今，人们解释得五花八门，实际从纳甲法来解释非常简单明了：坤卦世爻癸酉与乙卯鬼爻相应，乙卯为震为足为车，主出行。占天时坤鬼爻主大雾，出行遇到这种天气，就会迷失方向，而子孙癸酉又主晴，所以先谜而后得主，最终能找到正确方向。其实古人说的就是这个意思。在飞行行业有句话叫"十雾九晴"，就是早上有大雾的时候，到中午十有八九是晴天，飞机就可以起飞了，早上就是卯时。这个我在朋友圈发过相关的易案，证明我的解析是正确的。

有人抱得婴儿至，好把阴阳两字推；
男人抱子占儿女，妇人抱子问熊罴。
一女一子成好事，群阴相挽是仍非。
若见女人携女子，阴私连累主官非。

测生产要阴阳结合，男子抱着孩子测生产，就是生女孩，女子测就是男孩（这里的熊罴，不是野兽，而是指男孩）。女见子为好。女子可以为大震卦地雷复，再携女子就是少女，为兑克震，也可以为二女争男；三个女的在一起，就是"奸"的繁体字"姦"，都是阴私官非之事。我们在读古书的时候，要尝试着从多个角度去分析问题，才能大大提高思维的广度和灵活性，实际应用时速度就会很快，但是不锻炼不可能达到这个效果。我现在拒绝了很多人的求测，但是觉得对自己易学提高有帮助的，还是去实测。也通过研究《搜神记》《稽神录》《睽车志》等古代小说，寻找灵感，做了大量的探研和笔记，收益颇丰。干支易象学其实就是我通过探研《三国志·管辂传》中"乙卯有长子的征候"这句话悟出来的。

忽然写字宽衣带，诸事从今可解围。

跛子瞽人持杖至，所谋蹇滞不能为。

有个成语叫宽衣解带，预测相关事情的时候，正好有人脱外套或者腰带断了，外应就是解围。

前面曾经强调过取象的时候要尽量考虑全面，然后好从中选优，这个跛子盲人，就不能像《触机占断法》中"拐子突然进家宅，须防失脱事发生"一样取乙卯，因为没有包含盲人的象意。

一个是脚不方便的、另一个是眼睛出问题的，还有手杖和门，这几个因素我们最好全部纳入一组干支中去表达，这样含义更大，象意才能产生连贯性，判断也更确切，才可能出现神奇的效果，否则预测的效果肯定不一样。

考虑到这句话的结论，取丙申与丙寅相应，显然更为恰当。丙申在上互卦为震，为足，与鬼爻相应为腿脚不好；丙寅和丙申纳音都为火，丙寅在上九爻，完全可以为眼睛，临鬼为眼睛出问题了。瞽人在古代还有乐师的含义，春秋战国时期就有一位，还有我们熟知的《二泉映月》阿炳，原理在于丙申子孙主才艺，居上互卦震为响声，为音乐方面的才艺。手杖为丙午，艮为门，为持杖至。艮为山为止，应丙寅为鬼爻，所以停滞不前。

竹杖麻鞋防孝服，权衡柄印主操持。

见果断之能结果，逢衣须说问良医。

若见丹青神鬼像，断他神鬼事相随。

若画翎毛花果类，必然妆点事须知。

竹杖类象还是艮卦，为丙寅鬼爻，麻鞋为巽卦辛卯，又与辛酉鬼爻相应，麻本身也是孝服的一部分，所谓披麻戴孝，所以主孝服；果、衣为谐音外应。

丹为红为离，青可以为水，丹青就是己亥（己亥纳音木为青色亦可），八字离火见水之人，可能与画画有关。己亥为离宫鬼爻，应世爻己巳，巳主怪异，当看到有人画神像的时候，如果有人问事，那此事与鬼神有关或者比较怪异。

翎毛和花果都是妆点之类的，可以取辛巳，与辛亥相应，如果画的是翎毛花果，那么事情就与化妆有关。

辛亥是巽宫父母爻纳音钗钏金，为女人的金银首饰。古代王公贵族和富家小姐的主要饰品就是金银首饰，但随着时代的发展，我们要与时俱进，与时偕行，要赋予钗钏金新的内涵和类象：既然是女人的装饰，那我们取其功用，放在现代社会就完全可以类象为化妆品。下面用一个实测易案来支撑这个观点。

象意解析30　辛卯为床底，梦蛇得两物

雷博士在道教学院当老师的时候，发微信说他梦到床底下有蛇，然后他很害怕被蛇咬，就用被子把蛇盖住了，他妹妹好像听到动静也醒了，并且把灯打开了，问我能应什么事。我判断十日之内，有女人给他送两样东西，同时他妹妹也有人送东西。雷博士当时没给我马上反馈，后来大约十天左右电话反馈说，开始觉得这个判断不太可能应验，因为他的学院本来接触女的机会就少，而且即使有女学员，几年来也没有人送他东西，给妹妹送

东西也觉得不太可能。但是这个却神奇应验了，原来是雷博士给某位市领导搞到一个治脱发的秘方，这位领导为了表示感谢，在外地打电话请自己的母亲给博士送了两样东西：一个是一本集邮册，另一个是瓶蒋公纪念酒，他妹妹是有人给送了两瓶化妆品。

床底为辛卯，床底有蛇就是辛巳。拿被子把蛇捂住了，就是父母爻辛亥动克辛巳，巽主双，又主女人，所以有女人送他两样东西，他妹妹也动了，所以也有人送她化妆品，亥为十二天。这就说明辛亥钗钏金完全可以拓展为化妆品，与辛巳相应为头面，为往脸上抹的东西。

这个易案还有一个趣点：辛卯为巽世爻，居上九爻最高位，却为什么类象为床底？雷博士也这么问过我，易理在于：庚寅、辛卯纳音都是松柏木，庚寅为震二爻为宅，应庚申五爻为头，那么在房子中与头有关的木制东西，就是床，而纳音也分阴阳，庚寅为阳为床上面的话，那么辛卯就是床底！

　　　　有时击磬鼓椎响，定有佳音早晚期。
　　　　寺观铃铙钟鼓类，要知仙佛与禳祈。

这两句是听到乐器之类所应之事。磬和铙都是古代的打击乐器，铃铙钟一般是和鼓一起配合，在寺庙道观里做法事祈福用的，如果用卦象表示，还是丙申与丙寅。易理与上海静安寺易案是相通的。那个是爆炸，是子孙临鬼，有人受伤；这个是做法事，取子孙治鬼的象意。大家多思考思考，有些易象判断的感觉，是讲不出来的，需要自己体会自己悟。

二十二、《玄黄克应歌》象意精解

倘是携来鱼雁物，友朋音信写相思。

鱼，我们知道可以为甲子，雁可以为壬午，朱雀为雁，又代表文书书信。乾宫为男，动化巽卦辛丑为财爻为女，辛丑与辛未两个财爻相应，也可以为友朋。午为目，化巽为木，为相；辛丑、辛未为内外卦初爻为田宅，阴爻也可以为坤为田，午在中医脏器代表心，为思。我们不是把男女书信寄相思，比喻为鸿雁传书吗？

逢梅可说娣媒动，见李公私理不亏。
见肉定须忧骨肉，见梨只怕有分离。
仕宦官员俄顷至，贵人相遇不移时。

这几句就是取谐音外应或者直接象意表达了，非常简单直接，这种情况，就没有必要再去绕弯用易理表示。

仕宦用干支可以为庚申，五爻为贵，与宅爻相应为到访。贵人诀甲戊庚牛羊，但是寅丑均为艮宫地支，见寅也相当于见到丑。

出笔拔毫通远信，笔头落地事皆迟。
墨断须防田土散，财空写砚忽干池。

这段是说文房四宝的外应象意。关于如何取象这部分内容，很多人抓不住重点或者觉得基础很枯燥，不愿意去深入学习，实际上我也是下了一番笨功夫的。也有一些人，老是问我取象对还是不对，其实取象可以用反推法，只要你取的象意符合事情的所有特征、符合过程出现的所有物象，一般是没有错的，而且这样大家会对象意的认识理解更加深刻。

笔墨可以为乙卯与癸酉。乙卯为大溪水，为蓝色或黑色，又是木质，居坤宫又有柔软的象意，与子孙相应，也主文字，癸酉又是上六爻为远方，所以为通远信。乙卯本身也可以主文字，因为甲寅是文字，纳音两个是相通的，只要有一个代表某种象意，另一个也可以表达同样的象意。

那么甲寅为文字的象意，是从哪里得出的？寅木在乾宫，也通艮宫，可以代表金石，代表竹子，与五爻壬申剑锋金为刀剑相应。最早的文字比如甲骨文，就是刻在石壁、龟甲、兽骨等上面，到秦汉统一文字后，就发展演化为竹简。乾为龙，甲寅与兄弟爻相应，又是木，所以为青龙；寅地支又为虎，那么用刀剑刻在石壁、龟甲、兽骨上，呈现龙虎之形的，在古代就是文字，再后来就改为毛笔写字了。

笔头落地，为乙卯见乙未，卯未半合，事有迟滞之象。古代没有现成的墨汁，都要磨墨，所以那时的墨石就如山石一样，坤为牛为丑为山石，而在坤宫墨汁就是癸亥大海水，颜色是黑的，大六壬中"亥为墨池"就是这么来的。墨池断了，相当于癸亥冲宅爻乙巳为父母爻，为田土纠纷之象。

我们现代没有墨池了，那墨汁洒了的道理也是同样的，这里是说田宅纠纷，那我们断母亲生病、长辈住院或者有长辈去世等等家里添堵的事情，以我多年的经验，也完全可以！后面一句是倒装，很好理解：癸亥墨池是坤宫财爻，干了，直读就是财空，缺钱了。这段话，正确取出笔墨是关键，我们研究《梅花易数》，就得这么较真儿才行。

犬吠如号忧哭泣，猫呼哀绝有人欺。
贼盗将临休见鼠，喜人催动爱闻鸡。

犬吠如号、猫呼哀绝已经讲过了：狗为壬戌，祭祀之物；猫为丙寅，为世爻为我，哀嚎肯定是丙申冲丙寅，为有人欺负之征。

盗贼就是壬子，我们在坎卦类象中已经详细解析，再见鼠为坎，兄弟爻持世，壬子见坎本身也可以为戊子，子为地雷复，就是说盗贼之事可能要反复发生。

子孙为喜神，见鸡就是癸酉，所以听见鸡叫也是好事，因为鸡叫我们解析过，就是癸酉应乙卯，包括我们解析过的民俗民谚，比如鬼怕鸡叫，桃木辟邪等内容，大家可以结合起来看一看，会更有助于理解象意。

马嘶必定有人至，鹊噪还应远客归。
字是朱书忧血疾，不然火厄有忧危。
楼上不宜书火字，木边书古有枯枝。
朱书更向炉边写，荧惑为灾信有之。
破器偶来添砚水，切忧财耗物空虚。

马嘶鹊噪已经解析过了，写朱字，就是丙子冲丙午，主血灾，子午冲也主火灾；楼上书火就是木生火旺，有房子着火之忧；木加古为"枯"字；朱书炉边写，就是丙寅生丙午，也主火灾，相生也有书信到来之象；破器盛砚水，与墨池落地易理相通。

笔下忽然来喜子，分明吉庆喜无疑。
若在右边须弄瓦，左边必定产男儿。
叶上写来多怨望，花间书字色情迷。
果树边旁能结果，竹间阻节事迟疑。
晴宜书日雨宜水，夏火秋金总是时。
更审事情分向背，玄黄克应细详推。

这些都比较简单。古人生女叫弄瓦，生男叫弄璋，阴阳相对，左边是男，右边就是女；叶子是巽宫，字为父母，克子孙为怨望；古代写字一般都是男人，在花间为女，就比喻色情之事；竹子一节一节的，办事就有不顺畅的象意；夏天火旺，如果夏天生人起名字为夏雪的话，那就可能主寿促。

二十三、《探玄赋》等歌诀象意阐释

《探玄赋》《玄黄歌》和《玄黄序》这三个基本上以测字为主,实际上《梅花易数》从第四卷开始,大部分内容是与写字作画有关。

《探玄赋》原文及平移易象思维

且夫天字者,乃乾健也,君子体之。地字者,乃坤顺也,庶人宜之。君子书天,得其理也。庶人书地,亦合宜也。夏木春花,此乃敷荣之日;冬梅秋菊,正是开发之时。一有背违,宁无困顿?日字要看停午,月来须问上弦。假如风雨,要逢长旺之时。若是雪霜,莫写炎蒸之候。牡丹芍药,只是虚花。野杏山桃,皆为结实。森森松柏,终为梁栋之才;郁郁蓬蒿,不过园篱之物。书来风竹,判以清虚。写到桑蚕,归于饱暖。锣鸣炮响,可言声势之家。波滚船行,俱作飘流之士。鱼龙上达,犬豕下流。泉石烟霞,自是清贫之士。轩窗台榭,难言暗昧之徒。河海江山,所谓广大。洞溪沼沚,做事卑微。灯烛书在夜间,自然耀彩。

月星写于日午,定是埋光。椒桂芝兰,岂出常人之口。桑麻禾麦,决非上达之人。黄白绿青红,许以相逢艳冶。宫商角徵羽，言他会遇知音。剑戟戈矛，终归武士。琴书笔砚，乃是文人。问贱与贫，因见自谦之德。书富乃贵，已萌妄想之心。金玉珍珠，不过守财之辈。荣华显达，宜寻及第之方。恩情欢爱，既出笔端。淫荡痴迷，当眠花下。酒浆脍炙，哺啜者必常书之。福寿康宁，老大者多应写此。

《探玄赋》的取象没有什么难点，比如"森森松柏，终为栋梁之才"，就是直取庚寅辛卯松柏木为栋梁之意。基本是根据生活中的日常现象和经验，因势利导，做出简单判断，易理不深，但很接地气，生活气息很浓厚。

易象可平移，取法乎自然

《探玄赋》的思维角度，很不简单。取法于自然，并将生活中的现象，直接平移到面相、八字等预测中的取象思维就不简单。能把生活中直白的现象和规律，直接用于预测，需要发挥每个人的洞察力和灵感，还有对易理的理解和生活的感悟能力，并能把这诸多因素综合起来，进行判断和取舍，这是非常不容易的。

易曰：大道至简，百姓日用而不知。越是富有生活气息的事物和现象，越接近易理本质。历代易学大家都是运用这种思维的高手。比如《三国志·管辂传》中记载，管辂见到一人形如枯木，直接判断此人将不久于人世；又见到两个人面呈黑色，延伸到耳根，就说二人将亡于水中，结果二人是赶牛车坠河而死。试想，如果管辂没有这种强烈的形象思维和易象的平移能力，怎么又能如此准确地判断呢？

由此可见，这种平移易象的思维，完全可以应用于现实生活的预测，也可以用于判断大运流年。譬如，我们谁也没有见过鬼，但是每个人的心里，又都对鬼有一种独特的感觉。我有一个易案就是抓住了当时对鬼的强烈感觉，通过一个人鬼魅一样的微信头像，加上恰好翻朋友圈时，忽然找不到此人的感觉，一下想到了面相中的鬼气，又基于鬼怕雷火的感应，判断此人戊子年有婚灾、破财等事情发生，结果全部应验，当时我也非常高兴能用这种思维判断准确。

如果没有这种思维能力，像《麻衣神相》《柳庄相法》等，大家也都理解不了，更谈不上正确应用了。所以我们要善于发现，善于总结，善于联想，善于将易理与生活对接，要通过这种平移易象思维锻炼，大大调动形象思维和想象能力，不断加强对生活经验的感悟，用易理指导生活，又要将这些理解和感悟，不断升华成为易理，从而提高预测水平。

《玄黄歌诀》原文与亮点解析

大抵画乃由心出，以诚剖决要分明。出笔发毫逢定位，笔头若出干无成。墨断定知田土散，纸破须防不正人。犬吠一声防哭泣，鼠来又忌贼来侵。赤朱写字血光动，叶上书来有怨盟。忽见鸡鸣知可喜，人警梦觉事通灵。马嘶必有行人至，猫过须防不正人。船上不宜书火字，楼头也忌有官刑。有时戏在炉中写，遇火焚烧忽不宁。破器莫教添砚水，定知财散更伶仃。笔下偶然蝇嘻至，分明六甲动阴人。在左定生男子兆，右至当为添女人。曾见人家轻薄辈，口中含饭间灾速。直饶目下千般喜，也问刑徒法里寻。花下写来为色欲，女人情意喜相亲。花开花落寻灾福，刻应之时勿自盲。麒麟凤凰为吉兆，猪羊牛马是凡形。此际真搜玄妙理，其中然后有分明。应验只须勤记取，灾祥议论觉风生。

这里的内容大部分已讲过，只解析一句歌诀：墨断定知田土散，纸破须防不正人。我们知道纸是由木浆制成的，所以可取乙卯为纸，纸破就是乙卯和癸酉相冲，卯酉为四正，相冲即是不正。癸酉为子孙，子孙也主小人。

《花押赋》原文与亮点解析

夫押字者，人之心印也。古人以结绳为证，今人以押字为名。大凡穷通之理，皆与阴阳相应。先观五行之衰旺，次察六神之强胜。五行者，立木、卧土、勾金、点火、曲水之象。六神者，青龙、朱雀、螣蛇、玄武、勾陈、白虎之形。上大阔方火乃发，用竖瘦兮木乃生。荣金要方水要润，土要肥而木要正。故曰：炎炎火旺，玉堂拜相。洋洋水秀，金阙朝元。木盛兮，仁金义广，金旺兮，性急心刚。土薄而离巢破祖，土厚而福禄绵绵。故曰：土少木多，根根所挫；金少火多，两窟三窝。金斜而定然子少，木曲而中不财丰。盖画长兮，象天居上。土卧厚兮，象地居下。内木停兮，象人在于中央。三才全兮，如身居其大厦。无天有地，父早刑。有天无地兮，母先化。有孤木兮，昆弟鸡倚。天失兮，故基已罢。内实外虚兮，虽才高无成。外实内虚矣，终富贵而显赫。龙蟠古字,必有将相之权,不正偏斜,定是孤穷之客。腾蛇缠体,飘流万里之程。玄武克身,妨妻害子。身之土透天,常远父母之言,而有失兄弟之理。只将正印接五行,仔细推详。大小吉凶,搜六神而无不难矣。

《花押赋》现在来说,就是签字签名的学问。"签字画押"大家都听说过,古人最早是结绳记账,后来就找个中间人一起,双方商量好,写个字据,再把各自的名字写上,按个手印就生效了,在现代社会就演化为合同了。我们现实生活中,也会经常签字签名按手印,也知道每个人的指纹都是独一无二的。

《花押赋》中强调了签字签名的五行:立木、卧土、勾金、点火、曲水,就是竖为木,横为土,勾为金,点为火,折为水。又将六神青龙、朱雀、腾蛇、玄武、勾陈、白虎纳入签名的形状,要求签名写字要"上大阔方火乃发,用竖瘦兮木乃生""荣金要方水要润,土要肥而木要正"。

易象可以平移,实际上观字也完全可以延伸到观人之中:人长得方而不圆,就是金形;既方又圆,就是金水都有;长得肥为土形……这对我们研究相学也有参考意义。下面挑其中三个亮点,给大家简要解析易理,其他请大家自己看一看原文,感兴趣的也可以参悟参悟。我们既要原原本本地讲,又要拓展延伸地讲,还要理论联系实际地讲。所有的内容都没有脱离《梅花易数》,都是原文中有的,而且不管哪个版本的《梅花易数》,这些内容都可以找到。

"龙蟠古字,必有将相之权"。我们首先定义卦宫:谈龙,是乾卦；谈古，为坤为旧为古。那么龙蟠古字，为乾中之坤，坤中有申，在乾为壬申，与甲寅相应，乾九二爻辞："见龙在田，利见大人。"所以，必有将相之权。

"螣蛇缠体，漂流万里之程"。大六壬中，螣蛇就是丁巳，与丁亥相应，子孙主远行，亥为海，为漂流万里之象。这里与丁亥纳音屋上土是两回事，大家注意理解和辨别。

"玄武克身，妨妻害子"。玄武为壬子，在坎宫可以为戊子，与戊午妻财相应，为妨妻，戊午也冲戊子，为害子。

《玄黄序》原文与亮点解析

龟形未判，此为太古之淳风；鸟迹既分，爰识当时之制字。虽俱存于简牍，当深究其源流。成其始者，信不徒然，即其终者，岂无奥义！宝田曰"富"，分贝为"贫"。两"木"相并以成"林"，"每水"东归是为"海"。虽纷纷而莫述，即一一而可知。不惟徒羡于简编，亦可预占乎休咎。春蛇秋蚓，无非归笔下之功；白虎青龙，皆不离毫端之运。今生好癖，博学博文。

少年与笔砚相亲，半世与《诗》《书》为侣。识鱼鲁之外，穷亥豕之讹，别贤愚之字。昭然于毫端，察祸福之机，了然于心目。鲜而当理，敢学说字与荆公；挟以动人，未逊后来之谢石。得失何劳于龟卜，依违须决于狐疑，岂徒笔下以推尊，亦至梦中而讲究。"刀悬梁上"后操刺史之权；"松出腹间"果至三公之位。皆前人之已验，非后学之私言。洞察其阴阳，深明乎爻象，则吉凶悔吝可知矣。

这里又提到"洞察其阴阳,深明乎爻象",也再次证明《梅花易数》是讲爻象的,不懂爻象的《梅花易数》是没有入门的。《玄黄序》的亮点是下面两个解梦的易案,我们分别做解析:

刀悬梁上,后操刺史之权

《晋书》卷四十二〈王浚列传〉记载:浚夜梦悬三刀于卧屋梁上,须臾又益一刀,浚惊觉,意甚恶之。主簿李毅再拜贺曰:"三刀为州字,又益一者,明府其临益州乎?"及贼张弘杀益州刺史皇甫晏,果迁浚为益州刺史。浚设方略,悉诛弘等,以勋封关内侯。怀辑殊俗,待以威信,蛮夷徼外,多来归降。徵拜右卫将军,除大司农。车骑将军羊祜雅知浚有奇略,乃密表留浚,于是重拜益州刺史。

我们用干支易象学的观点来看:从房梁会想到松柏木,地支寅为三,为庚寅与庚申白虎为刀相应,为房梁上有三把刀。庚寅松柏木见庚申刀为成才之象,庚寅为震五爻为官鬼为尊位,申在古十二地支分野为益州,所以官拜益州刺史。

松出腹间,果至三公之位

《梦录》:"松为人君,梦见松者,见人君也。"三国时吴御大夫丁固,梦松树生其腹上,占梦者以为十八年后为公。《三国志·吴志·孙皓传》:"以左右御使大夫丁固、孟仁为司徒、司空。"裴松之注引张勃《吴书》:"初,固为尚书,梦松树生其腹上,谓人曰:'松字,十八公也,后十岁，吾其为公乎？'卒如梦焉。"

这个易理同样与松柏木有关。松柏木庚寅在震宫二爻，可以为腹部，而辛卯为巽宫上九爻，不符合象意，自然屏蔽掉。同理与庚申官鬼爻为尊位相应，为三公之象。"理一分殊"，这两个易案就为理同而象殊。

腹中长树可以为二三爻庚寅、庚辰动，为虎化龙，也是擢升三公之象。尽管"松为十八公"也可以附会十八年的应期，但是显然从爻象中寻找答案更合理：申为金，为四九数，合十三，辰为五，共为十八之数；仅从庚寅、庚辰的角度，辰为五十之数，为十五，寅为三，合起来也是十八。

实践反复证明干支易象学的方法，是与现实生活紧密相连的，是完全可行的。

二十四、《字体诗诀》象意精解

为了更好地解析和拓展《梅花易数》中的《字体诗诀》。我们先将《梅花易数》中的《字画经验》做一下解析,其主要理论依据,是认为汉字由圣人所造,其中已经包含吉凶,所以可以将字拿来直接预测。其测字的主要方法:一是将字拆开取其中的象意;二是通过笔画的增减或者更换来获取象意,具体应用中也有不少易理,历史上也有不少精彩的测字易案。这种测字方法,本质上也是基于克应的形象思维,难度还是很高的。

与这种拆分和增减、更换字的方法不同,干支易象学是直接将汉字简化为象意,其中的不同和孰优孰劣,我们在具体解析中体会。

《字画经验》原文及解析

敷字:昔在任宰请拆之,云:此字十日内放笔,果以十日罢任。

过去一位文职官员以"敷"字求测,说此字主十日内放笔,果然十日内被罢免。原理是将"敷"中的甫,拆成"十"和"日",又将"敷"中的"方"与"攵"组成"放"字,从而判断十日内罢官。

家字：凡人书此，家宅不宁。空字头下豕，应在亥月者也。

用干支易象学的观点：豕为猪为亥为坤，为癸亥，写豕则癸亥动，冲乙巳宅爻，坤本安静，被冲为家宅不宁，应在亥月。凡人为百姓，也为坤象。

荆字：井而刑，不利小人，大宜君子。

草字头为巽卦，"刑"有立刀为兑为小，可以为辛酉鬼爻，所以不利小人，利君子。小人也可以指小孩子，因此也有小孩子有伤或者手术之象。

砚字：有一字天出之乱尔，见明之兆。

见明之兆，肯定有眼睛和光明，可以取丙午。

典字：曲折多，四七日有兴进之兆，贵人必加官进禄，四十日有进纳之喜。

典，上半部像曲也像四，中间又有十字，也与繁体字兴（興）相近，所以有人给送东西，贵人可以加官进爵。

果字：凡事善果披剃，盖口中无才，又云进小口。

果，可以直读为开花结果，有生小孩的象意。从象意的角度来理解，可以为田加木，为坤乙卯，冲子孙爻癸酉，也为生产之征。

马字：昔有马雅官，写马字无点，马无足不可动。

马（馬）：从形象上来讲，四点水相当于马的四蹄，如果书写的时候，不带四点水，为无足之象，人无足不能动，如果占测工作调动，就是不成行。

来字：来带两人之才，皆未见信，行人未应，三人同来财，午未年发。

来（來）：去掉两个"人"，就是未；加"木"中"人"形，为三个人；木喜见火土，所以午未年发。

葵字：逢春发生，又占名利，逢葵可发。占病不宜，廿日有惊恐之兆。

按纳甲法，坤纳乙癸，见草为乙卯为木，所以逢春天发生；占名利乙卯为官爻，逢葵也为生发之意；占疾病乙卯就是鬼爻不宜；草头像廿，为二十，另一方面乙为二，坤为十，也可以为二十之数。

但字：如日初升，常人主孤，凡事未如意，十日身坦然。

但，像一个人靠在日旁，有孤独之象。日出为早，拆字为十日。日出为吉利之象，所以身坦然。

谦字：故人嫌，盖无廉耻，目下有事，多是非。

谦，言字旁换女字旁，就是"嫌"；谦象廉，又不是廉，为无廉耻；"言字旁"为旁边，言为朱雀为午，为目下，也为是非口舌。

从易象的角度，谦为地山谦卦，为兑宫卦，子孙癸亥持世，应丙午鬼爻，为朱雀临鬼，又与兑子孙相应，兑为口，子孙主言说，为口舌是非多之征。所以谦卦并不是俗传的谦虚就好，还有口舌之征。象意有很多时候也并非是所见即所得，需要我们用易理进行分析思考，才能得出正确结论。

亨字：高不高，了不了，须防小人不足，及外孝不祥。

这个字，"高"也不是"高"，"了"也不是"了"。中间有口为兑，为小人，兑又为白虎，又口在字的外部，所以是外孝等不祥之征。

达字：廿日未达，即日并不顺，少喜多忧。

达（達）：中有羊为未，又有二有十，繁体中间部分又像辛苦的"辛"，所以是不顺，少喜多忧。

奇字：占婚奇偶未谐，应十日。难为兄弟，事不全。

奇为单数，有奇无偶，所以占婚姻不吉，单也是没有兄弟，事情单一，不全面。奇中有口为兑为酉，酉为十。

俊字：一住一利，交友难为。父兄反复，文书千连变易凶。

字中有像"交"不是交，像"友"不是友，交友难为；像"兄"不是兄（厶，像口不是口），像"父"不是父，为父兄反复；像"文"不是文，但又与文有关联，为"文书千连变易凶"。

常字：占病，堂上人灾，有异姓异母。上有堂字头，下有哭字头。

常，有"堂"字的上半部，下半部是上吊的"吊"字，所以堂上有人灾。口为兑，巾可以喻女（巾帼为女），为二女，堂上一般指父母，可以理解为父亲纳妾。上吊肯定有人哭，再者哭的头部也是"口"。

每字：昔曹石遗人相此字，异日必为人母，后果然。

每字，上有横的"亻"字旁，下为"母"字，直读字形即可。

城字：逢丁戊日六神动，忌丁戊日，田土不种，进力成功。

"城"字中的"成"，可以拆成"丁"加"戊"，六神即为螣蛇、勾陈动，螣蛇主虚惊怪异，勾陈忧田土，为田土不种。"横戌，点戍，戊中空"，所以要借外力才能成功。

池字：凡事拖延有日，逢地必利，盖添虫为蚺。

这个是典型的更换和加减笔画的测字方法应用。"也"加"扌"，就是"拖"，加"土"就是地，有地才有万物，为有利。蚺同蛇。

春字：宋高宗写此字，时秦桧用事，相者云：秦头太重，压日无光，桧闻言召而遣之。

这就是一个古代测字易案。宋高宗写了一个"春"字，相字的说："秦字头太重，压日无光。"暗喻秦桧弄权卖国，后来被秦桧知道之后，把相字的人发配了。

一字：土字一字王也。

也是宋高宗出宫相字,顺手拿起树枝,在地上画了一横。相者一见,纳头便拜,口呼万岁,说:地上加横,为"王"字。下面我们还要简析这个易案。

益字:有吏人书"益"字,廿八日有血光之厄。至期果然。

这个就是直接字形取象:上半部象二八,下半部像"血"字。

田字:有人出此。相言:"直看是王,横看是王,必为大贵。"

田,字形横竖都有"王"字。

古人讲:字不离母。中国很多汉字,都是由简单的或者常用的字,加减笔画而成,再进一步拆分汉字,也就是横竖撇捺折五种笔画而已,象五行组成。

六则测字易案

易案1 高凤剖椰时,此人中解元

闽县有高凤者,以善卜名,遇物辄以意推,不专用易。前明弘治己酉,福州傅用荞鼎求占科名。凤曰:"君第一人也。"既而果然。或问其故,曰:"吾适剖椰子而用荞至,其象解圆,当为解元。"(《归田琐记》)

易案2 大家写"完"字,老人有官司

多年前戌时,有人测字写一"完"字。近取诸身,取元通圆为乾,戌为火库,乾金受克之征,所以我判断家里老人病或者惹官司,结果是老人因为打架被派出所带走了。

易案3 少妇公堂哭,太守握麻雀

据周亮工《字触·外部》记载:南宋时期,安徽新安有人名汪龙,双目失明,人称"瞎龙",善于遇物起数,且多奇中,所以门庭若市。当时徽州太守怕他妖言惑众,担心聚众闹事,就想找个借口刁难并法办他。有一天召汪龙到府衙后太守问他:"你猜猜看我手里有什么东西,如果说对了,就放了你;要是说错了,就用乱杖打死你。"汪龙请求太守指一个提示,以便判断。刚好大堂上有一名少妇替亡夫诉冤,太守说,就以这个为提示。汪龙听后立刻说:"太守大人手里握的是一只麻雀。"太守听后十分吃惊,接着问他:"麻雀是活的还是死的?"汪龙机敏地答道:"生死都在老爷手中掌握着。"太守听完后不无感叹地对旁边人说:"这是个人才!"就把汪龙放了。少妇有"少年佳人"之意,可组合为"雀"字;她来为刚死不久的丈夫申冤,必定披麻戴孝,可以取"麻"字。这也是一个很神奇的易案,对生活现象和汉字的感应提炼能力、象意的组合能力,都达到了比较高的水平。

易案4 一人倚树旁,妙应贼不至

《安陆府志》:屈亨,京山人,解康节梅花数,为诸生时,以此著名。正德中,山东大盗刘六、刘七、齐彦辈自北方来,已达应山，逼近县境，有就亨叩者。词毕，倚柱而立。亨曰："无忧。以人倚木，休字也。"后贼果败去。他事多类此。

易案5 "成"字测中标，并非直读意

我在朋友圈发过这个易案：未日申时，有友找我预测可否中标，让其写一字，友写"成"字，我判断可中，验。这个并不是一看到"成"字，就按照字面意思判断中标成功了，而是结合了当时的日时和字形特点，用易理判断出来的结果：未日申时为坤，子孙癸酉剑锋金持世，"成"字近取诸身，为"戈"为刀兵，恰好为剑锋金；与乙卯鬼爻为六合主交易相应，子孙克官治鬼，所以判断能中标。这就是干支易象学测字的思维特点。

易案6 持伞扶桑树，母病不治矣

古代曾有人持伞倚于桑树，问其母病。相者说：五人扶桑，病不治矣。后来果然其母病故。伞（傘），字有五个人，为土数，桑谐音丧；伞为雨具，为父母爻，正好问母病，就为入土之征。古人的记载虽然只有一句话，也没有说为什么，但是仔细分析，又是非常符合易理的。

其实写字也好，其他事情也好，我们完全可以引入纳甲法，这样能够更细致一些，可以判断到具体的事情和具体的年月日上，这就是纳甲法的好处和优势。我们可以把占字深入研究，综合运用，但不要仅仅满足于单纯几个字的占测，只靠一点小灵气而不懂易理是走不远的。大家既要把这种方法运用得当，更要把易理和干支易象学的思维体系融入其中，这样就能把思路拓宽，预测范围就会增多，不至于只能够说一个事，再问别的事情，就说不出来了。也请大家多磨炼，多下功夫，只有预测准了，才能为别人提供一些帮助。

这个诗诀与《字体诗诀》相同之处，都是象形思维的运用，不同之处除了诗诀形式有差异外，《字体诗诀》中的类象思维比《字画经验》要多一些，丰富一些。我们将其中的象意重点做一下思维引导，也并不一定都是最合适的思路，大家在实践中如果能把纳甲法的爻象再加进其中，应该是能预测准确的。对测字感兴趣的朋友，不妨自己研究一下原文，也可以在实践中大胆验证和拓展延伸。

《字体诗诀》原文与精解

天字及二人，作事必有因；一天能庇盖，初主好安身。
地字如多理，从此出他乡；心如蛇口毒，去就尽无妨。
人字无凶祸，文书有人来；主人自卑立，凡事保和谐。
金字得人力，屋下有多财；小人多不足，凡事要安排。
木字人未到，初生六害临；未年财运好，切莫要休心。
水字可求望，中妨有是非；文书中有救，出入总相宜。
火字小人相，中人发大财；灾忧相见过，日下有人来。
土字日下旺，田财尽见之；穿心多不足，骨内主分离。
东字正好动，凡中早求人；牵连须有事，财禄自交欣。
西字宜迁改，为事忌恶人；心情虽洒落，百事懒棲身。
南字穿心重，还教骨肉轻；凡事却有幸，田土不安宁。
北字本比和，不宜分彼此；欲休尚未休，问病必见死。
身字主己事，侧伴更添弓；常藉人举荐，仍欣财禄丰。

心字无非大，秋初阴小灾；小人多不足，夏见必灾来。
头来须鄙衰，发可却近贵；要过子丑前，凡事皆顺利。
病来如何疾，木命最非宜；过了丙丁日，方知定不危。
言字如何拆，人来有信音。平生多计较，喜吉事应临。
行字问出入，须知未可行；不如姑少待，方免有灾惊。
到字若来推，出入尚颠倒；虽然吉未成，却于财上好。
得来问日下，宁免带勾陈；凡事未分付，行人信不真。
开字无分付，营谋尚未安；欲开开不得，进退两皆难。
附在问行人，行人犹在路；为事却无凶，更喜有分付。
事字事难了，更又带勾陈；手脚仍多犯，月中方可人。
卜字求测事，停笔好推详；上下俱不足，所为宜不详。
望字逢寅日，所谋应可成；主须不正当，却喜有功名。
福字来求测，须防不足来；相连祸福迫，一口又兴灾。
禄字无祖产，当知有五成；小人生不足，小口有灾惊。
贵字多近贵，六六发田财；出入须无阻，宜防失落灾。
用字主财用，有事必经州；谁识阴人事，姓王并姓周。
康字未康泰，宜防阴小灾；所为多不遂，财禄亦难来。
宁字占家宅，家和人口增；财于中主发，目下尚伶仃。
吉字来占问，反教吉又凶；因缘犹未就，作事每无终。
宜字事且且，须知在目前；官非便了当，家下亦安然。
似字众人事，所为应不成；独嫌人力短，从众则堪行。
多字宜迁动，死中还得生；事成人侈靡，两日过方明。
古字多还吉，难逃刑克灾；虽然似喜吉，口舌却终来。
洪宜人共活，火命根基别；事还牵制多，应是离祖业。
香字忌暗箭，木上是非来；十八二十八，好看音信回。

清字贵人顺，财来蓄积盈；阴人是非事，不净更多年。
虚惟头似虎，未免有虚惊；凡事亦可虑，仍防家不宁。
远字事多达，行人有信音；为事既皆遂，喜吉又来临。
同字如难测，商量亦未然；两旬事方足，尚恐不周员。
众字人共事，亦多生是非；所为应不敛，小口有灾危。
飞字须可喜，反复亦多非；意有飞腾象，求名事即宜。
秀字多不实，无事亦孤刑；五五加一岁，还生事不宁。
风字多无宁，逢秋愈不吉；疾多风癣攻，更防辰戌日。
天字已成天，亦多吞噬心；事多蒙庇盖，行主二人临。
元字二十日，所为应有成；平生刑克重，兀兀不安宁。
秋字秋方吉，小人多是非；须知和气散，目下不为宜。
申字是非长，道理亦有破；终然屈不伸，谋事难为祸。
甲字利姓黄，求名黄甲宜；只愁田土上，还惹是和非。
川字如来问，当知有重灾；仍防三十日，不足事还来。
墟字若问事，虎头蛇尾惊；有人为遮盖，田土不安宁。
辰字如写成，主有变化象；进退虽两难，功名却可望。
青字事未顺，须知不静多；贵人仍不足，日久始安和。
三字多迁改，为事亦无主；当知二生三，本申一生二。
入如来问测，分字亦安让；凡事多费解，仍防公扰忧。
字须有学识，初主似空虚；家下不了事，名因女子中。
士为大夫体，未免犯穿心；括括是非散，番多吉来临。

天字，可以拆解为二、人两个字。乾为元为因。天为阳爻，连而不断，为庇盖。

地字，为坤。从纳甲法的角度，上六爻子孙持世主远行。地字土边旁换虫为虵，同蛇；蛇居洞穴之中，为巳，在坤为乙巳宅爻，于动物为穴居。练气功的都知道"意守丹田"，就是中医讲的"脐下三寸为丹田"，也叫"气海"，这个名称与乙巳还有一定联系：坤为腹部，乙巳的位置与丹田相同，巳十二辟卦为乾为金，巳又为火，为金丹之象，坤为田，所以叫丹田；巳又为巽，为风为气，与癸亥大海水相应，为气海，真气之海。气功说丹田是人体的灵蛇所在。

人字，象形平稳和谐，又与"文"字形近，镜像为"入"字。金字，象形于房屋，内有玉，金本身就是财。金为小，则为兑上缺，木字，加减笔画，则减十为人，加横为未，为人未到。木见未土为财。水字，为坎卦，中间爻为鬼爻主是非，但也因为鬼爻发动，克世爻兄弟，利于戊午文书；水又是流动的，利于出入。

火字，字形上尖下阔小人象，中男见火为戊午为财爻，中女见火为世爻己巳，居上九爻可为如日中天。火加下再加一些别的笔画，可以组合出"来（來）"字，日下写火也可以理解为丙午，与丙子五爻为路相应，为有人来之象。火加宝盖为灾字，水火无情，火本来也是灾象。

土字，加减笔画，与日可以组成"旺"字形。土为田，有田自有财。但是土的字形，又如中间一竖将"二"字穿为两半，为骨肉分离之征。从爻象的角度理解：土为坤为亥为猪，为癸亥，坤又为剑锋金持世为刀，为宰杀之象。猪被杀之后，确实也是粉身碎骨，骨肉分离。

东字，为震为动，为寅卯为早晨，震为青龙主财帛。

西字，为兑，为交换，也为辛酉白虎，为鬼爻为恶人。加笔画则加水为洒，加木为栖。

南字，南为离，可以为骨肉分离。离卦世爻冲鬼爻己亥，亥为坤为田土，被冲则难安宁。拆解笔画，"南"将"冂"部分去掉，可以拆出"幸"字。

北字，其形左右类似，比和之象。北为坎为子时，奇门遁甲将坎立为休门，子时也是休息的时间，但水又是流动不止的。问病，则为坎鬼爻发动，戊戌为尸骨，坎卦一口阳气在地中，为险象。

身字，加"弓"为"躬"，为躬亲之征；拆散重组可以为"财（財）"。身，字形"才"在"自"下，可以理解为才学被自己藏住不显，所以需人举荐。

心字，心为火为离，见秋为己酉，酉为兑为阴小，为缺为不足，由此如八字中有己酉，可判断火旺时，有伤灾之征。

头字，头（頭）为乾，如果将乾卦理解为老阳，也有鄙衰之象。乾金见子丑为甲子乙丑海中金不吉，但乾金本为尊贵之象，过了子丑为甲寅青龙，"见龙在田，利见大人"，应壬申五爻为贵。

病字，可拆为丙为火，中医为心，木命见火，耗泄与焚烧之征。再见丙丁则为火上加火，病情加重之象，过此则有病情稳定之征候。所以说，万病由心起，诸病心源。

言字，言语本来就是口舌计较。加人为"信"，字形类"喜""吉"二字。

行字，行字问出入，出入得有门。震为足为出行，用干支易象学可以归纳为两组干支：辛卯和乙卯，一个与鬼爻相应，一个本身就是鬼爻，受阻之象，也有惊怪之征。

到字，有立刀为白虎阻隔之征；刀又为兑为交换，实际利益都是交换而来。

得字，笔画有钩，可为勾陈。又像付不是付，像信又非信。

开字，繁体为"開"，观其字形直接取象，反而有大门紧闭之征，进退两难之象。

附字，近取诸身，左耳为坎为水，问行人为流动之征，为在路上。既然能动，肯定也不会有什么凶事。

事字，笔画有钩，为勾陈之象，勾陈为戊辰，为坎宫鬼爻，为纷争未了之象。戊辰居坎下互卦震为足，应爻戊戌居上互卦艮为手。月中可以理解为月字中间两横为稳定之象。

卜字，其形上不是上，下不是下，举棋不定之征。

望字，为王为乾，见寅日就是青龙，见龙在田，利见大人，又与五爻壬申应，为有功名。

有些字，用简单的易理能处理的话，就完全可以直接进入干支易象学状态去预测，如果再能掌握和运用好纳音和纳甲法，双剑合璧，还可以断流年流月吉凶，而且准确率也会大幅度提高，非常灵验。

福字，常理福祸相依，只有一口，为不足，实际上福与下面的禄字，拆换笔画就是"补"字，也是不足之象，有口有田，又需防口舌灾害。

禄字，禄去"录"换"且"才为祖，所以无祖产，禄右下"水"底又不是完整的水，再拆分可以为"小人"二字，为晚辈有灾祸和不足之征。

贵字，可拆笔余"六"字，为六六发大财；一六为水，水是流动的，利于出入；水又是下落的，所以又要防止跌落之事。

宁字，下面有丁字，所以占家宅的话，就有生小孩添人口之象。小孩是子孙，生财为财的元神、喜神。但是拆换笔，丁与人字旁组合，又是伶仃孤单的象意。

为什么丁就主生小孩呢？还要从纳甲法去理解。丁纳甲于兑，兑为小，世应爻丁未丁丑，都是父母爻，土生金为生产之象。也正因兑父母爻持世，根据儒家孝道观念，朝廷官员在位期间，如若父母去世，则无论此人任何官何职，从得知丧事的那一天起，必须辞官回到祖籍，为父母守制二十七个月，这叫"丁忧"。

风字，为巽为不定，遇秋为金，为鬼爻辛酉，测病为皮肤类疾病，再遇辰戌，鬼上加鬼。

甲字，与黄字组合为黄甲，指古代科举考试的进士与及第者，功名之象。但是甲见到田土又成鬼爻，如果不是考试，甲也不一定利黄姓，因为黄也是土。青字，加争方为静，就是不安静之意。看着像"贵"字，下面又缺两个足脚。余下大家自己看一看解析一下，思路都差不多，下面再分享一个测字的实案。

象意解析31 测字齐为巽，领导忽调走

2013年我一位某省直机关的朋友，与上司因为意见不合，发生了冲突。机关人员比较稳定，所以朋友担心以后工作和发展，会因此受到影响，就来问我看看这个上司能不能调走，并报了姓名：姓齐而且名字里都带木。

《说卦传》："帝出乎震，齐乎巽，相见乎离，致役乎坤，说言乎兑，战乎乾，劳乎坎，成言乎。"为什么齐乎巽，先秦宋玉在《风赋》中给予了贴切的回答："夫风者，天地之气，溥畅而

至,不择贵贱高下而加焉。"所以一看这个名字,马上想到了巽卦。于是判断他的上司下两个月,也就是壬戌或者癸亥月就能调走。开始那位朋友觉得不可能,因为他知道那位上司不是本地人,而且为调走的事情做了多少年工作,也没有成功,都已经放弃了。但是一到壬戌月,那位领导却因为机缘巧合,真就调走了!

  这个易案,虽然也属于测字范畴,只是没有用《梅花易数》的方法,还是用了干支意象的思维方式:巽为木,秋被冲,又是大海水,木不就漂走了吗?但也不是说《字体诗诀》里的思路没用,《推背图》和《烧饼歌》中,都有这种方法的运用。

二十五、《玄黄笔法歌》等象意阐真

《玄黄笔法歌》在《梅花易数》第四卷中属于比较核心的部分，它将前面的测字方法，做了综合应用。在解析前先把卷中相关内容，做一下解读。

《八卦断》

乾宫笔法如鸡脚，父母初年早见伤。
若不早年离侍下，也须抱疾及为凶。

就是乾宫位置，笔法出现尖笔或者像鸡脚样的，就主父母早年腿脚受伤。乾为右，可以判断是右边受伤。

坤宫属母看荣华，切忌勾陈杀带斜。
一点定分荣禄位，一生富贵最堪夸。

实际上就是看坤宫有没有勾陈笔。所谓勾陈笔，就是横或者折笔带勾。从这里可以看出，作者有了将笔法往干支方向靠的意图，想突破但是没有具体化的方法。一些笔法的五行属性，也出现了新的变化，比如四点底，点为火，但相连又为水、青龙为木，又可以为金等，但也都没有具体应用的案例，我们做个了解就可以。实际如果按照纳甲法，将六神化为干支，完全可以应用。

    艮位排来兄弟官，勾陈位笔性他凶。
    纵然不克并州破，也主参商吴楚中。

坤为母，艮为兄弟，二宫都不易见勾陈。按照干支易象学的理论，勾陈为戊辰，纳音大林木，二宫见木都为鬼爻。实际上不止此二宫，也不只是鸡脚、勾陈之笔，每个宫只要见到鬼笔，就可以按照鬼爻来判断。

    巽宫带口子难逢，见子须知有克刑。
    饶君五个与三个，未免难为一个成。

出现口子，直读就是缺，也可以理解为兑为辛酉为鬼爻。

    震位东方一位间，要他笔正莫凋残。
    若逢枯断须沾疾，腰脚交他不得安。

震主腰和足。

    离是南方火位居，看他一点定荣枯。
    若还员净荣官禄，燥火炎炎定不愚。

离为官禄宫，此处干净或者火旺之象，对于官位比较好。

  坎为财帛定卦位，水星笔横占他方。
  若见笔尖无大小，根基至老主荣昌。

民间都说坎主财，面相中也有说坎为田宅宫，"天庭饱满，地阁方圆"中的地阁，就是指坎卦。其易理在于：

第一，坎卦应爻就是戊午财爻；第二，八个卦的宅爻，只有坎离为土：戊辰、己丑。那么离为火，己丑纳音霹雳火，田宅不可能建在火中，但可以建在水中。综上，坎为财为田宅。

  兑位西方太白间，只宜正直莫凋残。
  若然坑陷并尖缺，妻子骄奢保守难。

兑卦在面相上，为夫妻宫。这个与古代女孩出嫁的年龄有关系，古代人的寿命比现在要短，"人过三十天过午，人生七十古来稀"。所以那个时候女孩子一般十四五岁就出嫁了，不像现在。这个宫出现鬼笔，就是老婆出问题，身体不佳或是外遇等。爻象和卦象，要随着时代步伐而变化，我们现在看婚姻，可以看离卦或巽卦，但是兑为夫妻宫这个象意，还是具有现实意义。其他内容挑重点说一下：

象人：就是把字和写字人的身份、地位以及所问之事结合起来推测。

凡字必别是何人写，亦象人而言。如天字，秀才问科第，今年尚未，当勉力读书，来年有名望及第。官员求官亦未，勉力政事，主来年得人荐举，受恩。若庶人占之，病未安，用巫方愈。讼者未了主费力，必被官劾断之。

为什么写"天"字不吉之事多：天加直成未，再加点成来，来力成其剌。又看所问的事情所喜是什么：如问财见金宝偏旁及禾斗之类，决好。还有所忌的是什么：如问病见土木，及问颂见血井字，皆凶。

要与所闻、所听的外应结合起来：如问病，忌闻悲泣声，占财不宜破碎声。与眼睛所见结合起来：如立字，见雨下或水声则成泣字。又如言字，见犬成狱字，问病讼皆忌之。

要结合时令信息，以时而言：如草木字，春夏则生旺有财，秋冬则衰替多灾，风云气候之类亦然。

要考虑卦之时令得失，以卦而断：如震字，春则得时，冬则无气，皆以其卦言之。

要与禽兽的功能与属性结合起来，以禽兽而断：如牛字，则为人春夏劳苦，秋冬安逸。那么平移到八字的话，属牛的人秋冬就比较安逸，春夏就比较劳苦。

又取类而言：如楼字，笔画多，不可分解，以楼取义，乃重屋也，重屋拆开，则千里为重；尸至为屋，问字人必有人死在外，尸至之事。这个楼字拆字和判断比较精彩，很有想象力。他没有取五行属性，而是直接将其义再化为字，并进行拆解取象。

又以次而言，就是取笔画顺序先后，分别取吉凶：

如字先写笔画，喜则言吉，次则言凶，又次则言半凶半吉，以次加减，亦察人之气也。

当添亦添：且如官员写尹字，乃君前缀，断其人必见上位，定不禄而还，以君无口故也，如果直接书君字，乃是郡旁，其人当得郡。

当减亦减：如树（樹）字中有吉字，写得好者，则减去两边，只是言吉。

就是要根据具体情况，充分发挥自己的观察能力、联想能力和创造能力，大胆地对字进行拆减、增加处理，没有这些能力，无法进行字的预测，但这些能力需要不断地锻炼。笔画长短，吉凶不一。

如吉字上作士字，终作士人，如作土字，乃口在下，问病必死，若生命属木，自身无妨，屋下木土生，不过十日必亡，屋土木三字均有"十"。

还与字的写法形态有关。

又如常字，上作小字，只是主家内小口灾，不为大害，若上草作小，如此写乃是灾字头，基于这个前提，中乃门字，下是吊字，主其人大灾患临头，吊客入门，大凶。然亦须仔细，仍观人之气色，象人而言。如士人气色恶黑者必退，若土命者，必死，俱不过十日。

要重视偏旁部首的吉凶作用，偏旁侵客。

如宀字乃家头，如宀写乃是破家宅，无其家，必退，如此山写，必兴门户，乃是山字形，如山有缺笔，乃是悬针之山，必大凶也。

字画指迷，以字形态喻人的形态。

如人字，正人作贵相，睡人作疾病，立人傍托人，双人傍作动（動）人，其人逆多顺少。从做两人相从，作群党生事，坐人作阻隔，更作闲伴人。如申字作破田煞（一竖将田字穿破），常人不辨破田之说，用事重成之义也。申为坤，坤为母为家，破申就有破祖离家之象，这个也可以平移到八字中。

如田字，藏器待时，头足有所争，争而有所私，忌田产不宁。如彐字作横山取之，衣禄渐明矣，又作日间逢皮则破，就是艮为山为石，逢皮则为破。如黄字作廿一后，方得萌芽，又作廿一用可喜也；又云上有一堆草，中有一条梁，撑杀由八郎，这就是把黄字拆为廿、一、由、八四个部分。如言字有谋有信取之，如草之作木取之，心不定也。如心字三点连珠，一钩新月，皆清奇之象。或竖心性情，忄象小，作小人之状，近身作十字，作穿心六害取，凡事孤独。如寸字，亦心也，一寸乃十分，为人有十分之望，谋望有分付也。又作一十取之，如辛字，乃六七日内见，立用干求，远作六十一日，或云有幸相成也。

挑重点解析一下六神。

六神笔法

蚕头燕额是青龙,两笔交加朱雀凶。
玄武怕他枯笔断,勾陈回笔怕乾官。
螣蛇草笔重重带,白虎原来坤位逢。
此是六神真数诀,前将断语未流通。

六神主事

青龙主喜事,白虎主灾丧,朱雀主官司,勾陈主留连,螣蛇主妖怪,玄武主盗贼。

六神都静,万事咸安。莫交一动之时,家长须忧不测。若非财散,必主刑囚狱讼。

青龙形式

㇈丿青龙要停匀,百事皆吉。

青龙笔动喜还生,谋用营求事事通。人口增添财禄厚,主人日下尽亨通。

朱雀形式

乂朱雀临身文书动,主失财,有口舌,生横事,忌惹人,有忧惊之事。

朱雀交加口舌多,令人家内不安和。若逢水命方无怪,他命逢时有怨疴。

勾陈形式

勹勾陈主惊忧之事,迟滞,忌土田,是非未决,并惹闲非。

勾陈逢者事交加,谋事中间件件差。田宅官司多挠括,是非门内有喧哗。

　　腾蛇形式

　　腾蛇主忧虑，梦不祥，作事多阻，有喧争，惹旧愁，宜守静。腾蛇遇者主虚惊，家宅逢之尽不宁。出入官谋宜慎取，免教仆马有灾形。

腾蛇就是丁巳与丁亥相应，巳为马，丁亥子孙为奴仆，与鬼爻相应为有灾。

　　白虎形式

　　凡白虎主有不祥之兆，产病，有孝服，及官鬼，惹口舌，在囚狱。

　　白虎逢之灾孝来，出门凡事不和谐。更防失脱家财损，足疾忧人百事乖。

白虎就是庚申，在五爻临鬼，就是死亡之象，也可以主官司；在五爻为头，庚申金为白，头上还带着白的东西，为戴孝之象，所以主孝服；纳音为石榴木，木临鬼也为古代的枷锁，为刑具、囚狱；鬼爻本身也主丢失；震为足，鬼爻也是腿疾。

　　玄武形式

　　凡玄武贵人华盖，主盗，财亦难寻。

　　玄武动时主失脱，家宅流离慎方活。更防阴小有灾危，又至小人生拮据。

《玄黄笔法歌》原文与简要解析

厂、反
反旁无一好,十个十重灾。旁里推详看,临机数上排。

辶、走
走远字如何,须防失脱多。若还来问病,死兆不安和。

人去世之后,我们常说人已经走了,所以问病写这些字符不吉。

孑、系
系绞同丝绊,干事主流连。却喜财公问,旁看日数言。

阝、卩
附邑旁边事,当从左右推。兑宫知事定,震位事重位。

灬、二
四点皆为火,逢寅过午通。若还书一画,百事尽成空。

点为火,横为土,火有木生喜见午,但是一六为水,如果再写一画,水克火化为土,所以百事空。

亻、彳
卓立人傍字,谋为倚傍成。若还来问病,死去又复生。

就是有人帮扶的意思,测病实际就是没有死亡之忧。

之、辶
之绕身必动,看其内必凶。问病也须忌,其余却少通。
弓、弓
弓伴休乾用,反处日难凭。先自无弦弓,如何得箭行。

就是直取象意,弓无弦是无法射箭的。当然也可以按照纳甲法,将弓化为坎宫取象占测。

山、穴
穴下灾祸字,占家便问官,更推从来用,凶吉就中看。

穴为灾字头,不吉。山为艮,鬼爻持世,也不吉。

人、丷
两点傍边字,还知凝滞攒。要问端的处,傍取吉凶看。
吕、叩
双口相排立,因知恸哭声。各逢于戈日,亦主泪如倾。
户、尸
户下尸不动,休来占病看。其余皆是吉,即断亦平安。

这两个字都有尸,当然不吉。

阝、阜
阜邑旁边字,当为仔细推。兑宫知事息,震位又重为。

礻、衤
礼字旁边折，必定见财生。×字如逢见，须从人正来。
月、骨
骨傍人有祸，囚狱一重来。门内生荆棘，施设不和谐。
身、自
自家身傍限，分明身不全。有谋难得遂，即日是多煎。
反、定
定绕字来看，身必有所动。吉凶意如何，相里临时用。

意思就是根据当时的情况，灵机而动，因地制宜。

山、山
山下灾祥字，占用宜用官。更推从西用，凶吉数中安。
人、欠
欠字从西体，须知望用难。吹嘘无首尾，不用滞眉看。

欠就是兑，兑为口，欠加口为吹。

禾、禾
禾边刀则利，春季则为殃。夏日宜更改，人中好举扬。

禾加立刀为利，春季为秧，问病就是遭殃之意。

耳、耳
耳畔虽有纪，轻则是虚声。旺事宜重用，取谋合有成。

二十六、《断富贵贫贱要诀》象意解析

我们进入《梅花易数》第五卷的内容。第五卷开始的部分主要是一些笔画、形态的介绍,还有六神的拓展,与第四卷的相关内容基本一致,也都是理论对理论,没有需要特别解析之处,大家感兴趣的还是请参照原文理解即可。《梅花易数》从第四卷开始,就大量引用了《测字秘牒》中的内容,并进行了合成和加工,除了形象思维之外,也包含了五行生克之理,也有卦象和爻象的应用,关键看怎样去解读。第五卷的《断富贵贫贱要诀》中,有一些外应的运用和看字的方法有可取之处,我们结合原文解析。

《断富贵贫贱要诀》原文通解

凡字写得健壮,其人必发大财,有田土好产。二画一点者,多贵为官食禄,不然亦近贵。才字中或多了一画、一撇、一捺,亦主横发财禄多,遇异贵,得成名利。或少了一画、一撇、一捺,其人破弃祖,自立成败。

凡是字写得健壮的人,必定要大发财,有田有土地有财产。两画一点,实际可以形象地理解为"官"字头部分,所以写两画一点，大多数是当官食俸禄的，不当官也是贵人。字中多了一横、一撇、一捺，预示发横财，厚禄得享，会遇异贵而成名获利。如果少了一横、一撇、一捺，预示将家财破散，弃祖离家。按照六神笔法，一横、一撇、一捺，为青龙主财帛，在乾宫为甲寅也为祖业，与壬申应，为见异贵，"见龙在田，利见大人"。但是这个也不是绝对的，要因人因事因时而变化，比如李姓有一横、一撇、一捺，但李姓也不都是官贵，也有不少平民。

如"名""目"字，写得如法正当，无缺折者，其人有名分。笔多清贵虚名。上笔多，富而贵。字中有画，当短而长，其人慷慨，会使钱近贵。字画直长而短，其人鄙吝，一钱不使。字有悬针，或直落尖，皆刑六亲，伤害妻子。横画两头尖者，伤妻。字捺画少者，孤零。画不沾亦孤，为僧或九流。

例如"名"字和"目"字，把这两字写得字法得当，没有缺折，预示其人有名分。笔画多含有清贵虚名，比如启功的字，就给人这样的感觉。笔画的上笔如果多厚重，预示其人富而且贵。比如清代帝王康熙、乾隆，还有一些老领导的字，都具有这样的特征，但是这个就不是财多财少的范畴了。字中笔画应当短而写得较长，其人慷慨大方，会花钱接近贵人。从汉代的"举孝廉"以来，不少朝代有捐钱补缺的制度，国库空虚的时候，允许这样做。字中笔画应该直长而写的较短，主其人鄙俗吝惜，一个小钱也舍不得花。其实这些没什么易理，就是我们常说的字如其人，看字会联想到人的品行地位和性格特征。

悬针就是竖画写得和针悬在空中一样。悬针形象针为金，但是直又为木，为鬼爻，悬针一般在字的下方，为六亲为子孙位置，属于子孙临鬼，子孙又生妻财爻，所以写的字中有悬针之迹，或者直落尖，预示其人会刑伤六亲，伤妻害子。在看相中，如果有人眉毛中间有竖纹，就是悬针纹，叫作破军。

针尖有的往右偏，有的往左偏，左偏左侧有伤，右偏右侧有伤，脚疼或者腿不舒服。如果夫妻宫出现了破军，也主婚姻不顺。

尖，本身就可以理解为金。横的两头有尖，一左一右，左为震为庚申鬼爻冲克宅爻，右为兑为兄弟爻克妻财，所以写的字中横画两头的尖，预示伤妻。实际上横为土，土中见金也是子孙，加上尖鬼爻的特征，也是子孙临鬼。

捩，本意是扭转，也指拗折，折断，引申为违逆，不顺，其实就是六神螣蛇。写的字捩字画较少的，预示其人孤单无助。字中笔画不紧密，写得松散的，也是预示其人孤单无助，是僧道九流之辈。

形象思维很多时候是靠着一种感觉，也与每个人的修为有关系，绝对不会是定量的东西，同样一支笔，在王羲之手里和在我们手里，那是完全不同的。但是这些说法又对丰富我们的思维非常有帮助，因为这些我们在现实生活中很难遇到，通过对这些事物和方法的思考与训练，可以提高想象能力和观察能力，与生活中相近相类的事物去对接。

> 十字两头尖者，穿心亦害，刑妻子兄弟，骨肉皆空。字中点多者，主人淫滥飘荡，贪花好色，居止不定。十字虚名

脚不失者，晚得子力。如见上一画重者，平头杀，亦难为六亲；脚轻者初年不足，中末如意。或点重者，为商旅发财，离乡失井，出外卓立。若水命，金命间点画轻者，或早年有水灾，掠者无安身之所，作事成败，主恶死不善终。直落多者，聪明机巧，为手艺之人，白手求财。横画多者，必有心肠、脾胃之疾。木多有心气之疾，晚年见之。写口字或四周有口开者，有口舌，旬日见之，或破财不足。发字头见者，末主发财。一字分作叁截，上中下三主断之。士头文脚，主有文学。金笔灵，或见于干戈字脚者，必是用武之士。凡妇人写来字画不正者，必是偏室，或带三点，必有动意。凡写字的人偶然出了笔头，此事破而无成。或近火边写字，必心下不宁。或写字用破器添砚水，家破人亡。或写字时，犬左右吠，不吉。或取纸来写破碎者，主有口舌。或写字时猫叫，此人有添丁之喜。或在楼上写来问者，主有重叠之事。或在船上写来问者，主有虚惊。或扇上写来问者，夏吉冬不吉。如本命属金，金笔多者贵，土笔多者富。五行生克亦然。余仿此。

字中笔画如果见到十字两头尖的，是穿心煞，直为木，尖为金，又是金木交战之象，再与字的形象结合，所以会刑伤妻儿及兄弟，至亲骨肉都会远离。淫、滥、荡三个字中，点水画特别多，所以见点的笔画多的，主其人淫滥飘荡，贪恋女色，居无定所。我们讲字的下部为子孙位置，书法中有悬针是出锋，也有垂露为收回锋，就是竖的尾脚跟垂而欲滴的露珠似的。如果垂露比较好看饱满，为字中笔画十字下面字脚不失，预示其人晚年能得到儿女的孝心。字中笔画如果见上一画重的，为平头杀，也是会难为六亲，这种情况较轻的，主初年不足，中老年会较如意。

在《神峰通考》中也有类似描述：字中笔画点重的，预示其人能在商旅中发财，背井离乡在外面会成为杰出人物。这些也是古人的一种总结。如果命相属水命和金命之人写的字点画较轻的，主早年有水灾，掠者会没有安身之地，其人会死得较惨，不得善终。这里的金水命，是指纳音而言，实际这种情况就属于金火交战或者是水火交战。字中笔画直落较多的，主其人聪明机巧，是个有手艺的人，会白手起家，能白手求财。横画多的，必是心肠之病或脾胃之病；直为木，多了就是木旺，可以为技艺；横多就是土旺，失衡为病；木多生火，但人要顺应自然规律，老人再得生，反而未必好，所以字中笔画木笔较多的，主有心气方面的病，这种病在其人晚年能够见到。

写口字或字的四周有开口的，预示此人将有口舌之事，或者是破财，不足一旬之内就可见到：口就是兑，兑中有酉为10，为一旬10天。写字中有发字头（指繁体字字头）的，主最后能发财。写字时，一字分三截，预示其人上、中、下三个部位会有断的。字中有"士"字头或"文"字脚，主其人有文学方面的才华。字中笔画金笔灵巧，或在干戈字脚中见到，勾为金，所以主其人必是用武之人。凡是妇女写出的字，字中笔画不正的，主其人是偏房，或者字中带有三点，必有动意，当不了本分人。凡是写字的人偶然将字写出了头，比如写"干"字竖出上横，则预示其人做事破败，难以成功。靠近火边写字，火为心，预示写字人心中不安宁。

写字时用破烂的器具给砚池加水，预示其人会家破人亡，这个我们解析过了，破砚为癸亥。写字的时候，有狗在左右叫个不停，这是很不吉利的。取来了纸写字，把纸写破碎了，主有口舌纷争，这个也解析过，可以为乙卯与癸酉相应，为口舌纷争。写字时有猫在旁边叫，预示此人有添丁进口之喜，猫为丙寅，冲子孙爻，为添丁生小孩。

在楼上写字来问占的，主有双重之事发生，这个要用发展的眼光看待，古代楼很少，具有特殊性，现代都是楼房，可能就不会应验了。在船上写字来问占的，主有虚惊之事，船是乙卯，写字动了生乙巳，为虚惊。在扇子上写字来问占的，主其人夏天有吉利，冬天有凶险，扇子夏天有用，冬天无用。如果其人本命属金，字画金笔又多者，主其人贵，金多可以为乾，主贵。土为田宅，多主富足，所以字中笔画土笔多的，主其人富。阴阳五行的相生、相克就是这样。其余的问题可仿此类推。

二十七、古测字易案简析

1. 唐僖宗广明黄巢

唐僖宗改年号为广明元年。相字者曰:"昔有一人自崖下出来,姓黄氏,左足踏日,右足踏月,自此天下被扰也。"是年黄巢在长安作乱,天下不安。

广的繁体"廣",可拆为"崖"头与"黄"字,故有"黄头小郎从崖下而出";"明"可拆为"日、月",黄字下面一撇一捺像两只脚,故有"左脚踏日,右脚踏月"之说。这个拆字易案的关键是将广(廣)字拆为崖头和黄。明就是日月,属于皇帝天子,也象征着权力和高处,被姓黄的踩在了脚下,就属于黄巢作乱这个象。这个很有趣。

2. 宋太宗改元射寿

宋朝皇帝宋太宗改元太平兴国,有相字曰:太平二字,乃一人六十寿也。太宗果享年六十而崩。

将"太平"二字拆字,并将"太"下一点,挪至"平"字顶部,重组为"一、人,六、十"四个字。

3. 裴晋公讨吴己酉

　　唐裴晋公征讨吴元济，掘地得石。文曰："鸡未肥，酒未熟。"拆字者解曰："鸡未肥，无肉也，为己；酒未熟，无水也，为酉。破贼在己酉。"果然。

这个易案很简单，既用了谐音，也用了拆字，汉字运用到这个地步，也很值得我们后人借鉴。

4. 周尚幹乐极生悲

　　周尚幹年终将换桃符，制十数联皆不怿意。周梅坡扶箕，降紫姑仙，得两句云："门无公事往来少，家有阴功子孙多。"甚喜，大书于门。相字者曰："每句用上三字其兆不祥。"上句云"门无公"，是年尚幹卒于官；乃父致政亦卒，乃兄卒，俱无子。"门无公""家有阴"兆于先矣。

公，不光是公事，也指长辈、官位、兄长等。门无公，也有都不在的意思；家有阴，也有鬼之意，与子孙联系起来，为克子之征。这个就没有用卦象，而是把很明显的信息提取出来，我们平时可能不太注意，往往汉字里是藏玄机的。

5. 张乘差德占行人

　　张乘差善相字，参知政事刘公某尝心有所欲占，延差而不言其事，但令射之，以验其术。差曰："书一字方可占。"适有小学生在傍习字，正写千字文至"德建名立"一句。刘就指"德"字令占之。差曰:"子欲占行人耳。"刘曰:"然,何时当至?"差曰:"自今十四日必来。"刘曰:"恐事不了,不肯来。"差曰:"一心要行,悉如所占。"刘问故。差曰:"德字双立人,乃行人也,故知占行人。傍有十四字头,故云十四日。其下又有一心字形,所以云一心要来。"一个德字,全部信息都出来了。

6. 张乘差占楼更名

张乘槎善相字,浙江旧有拱北楼,王参政位浙,改为"來豐樓"。初揭匾,命槎占之,槎曰:"歹夭矣!尚何占哉!"是晚,讣音果至。异日叩之故,槎曰:"丰字之形,山者墓所也。二丰者,冢上树也,豆者,祭器也。其兆如此,岂非死非!"

这里的豆,我们讲过是一种古代盛肉的器皿,也用来祭祀。

7. 宋谢石占王惹祸

昔谢石拆字名扬天下,宋高宗私行遇石,以杖于土上画一"一"字,令相之。石思之曰:"土上加一画成'王'字,心非庶人。"疑信之间,帝又画一"問"字,令相之。为田土所梗,两旁俱斜侧飘飞。石尤惊,曰:"左看是'君',右看也是'君'字,必为主上。遂下拜。"

上曰:"毋多言。"石俯伏谢恩,帝因召官之。次日召见偏殿,书一"春"字,命相。石奏曰:"秦头太重,压日无光。"上默然。

时秦桧弄权，竟贬之边地。途中遇一女，自云能拆字，石怪曰："世间复有如我拆字者乎？"遂书"谢"字，令相之。女曰："不过一术士耳。"石曰；"何故？"女曰："是'寸'尔（谢，身在寸言之间而立，为术士）。"石有书一"皮"字，令相。女曰："'石'逢皮即破矣。"盖押石之卒，即皮姓也。

石大惊服，曰："吾亦能相字，汝可书字，吾相之。"女曰："吾在此即字也，请相。"石曰："人傍山立，即仙字，汝仙乎？"女笑而忽失。盖世有妙术，术有妙理，在人心耳。然数字，固莫能逃也。后石意不返。

就是说，测字关键在于人心。谢石也因言致祸。

8. 董卓谶宿命难逃

汉献帝元年初，长安有童谣："千里草，何青青。十日卜，不得生。"

"千里草"为"董"，"十日卜"为"卓"。我们讲过"卜"不上不下，而草不上不下，就是被割了，暗示董卓短寿之征，其成也勃，其败也忽。

二十八、《易理玄微》象意解析与拓展

《梅花易数》第五卷除了我们已经讲过或者提到的部分，还有这章节要讲的内容，其他如《四步独言》《五言作用歌》《六言剖断歌》，等等，又都落入旺衰圈套之中了。

还有部分内容像六爻不是六爻，像八字又不是八字，倒像是凑篇幅而为之，毫无应用价值。

《别理篇》个别字的形象思维方式，还有《格物章》中个别内容还有点意思，但对于大家现在的水平，也没有什么难点，一重象意而已，我们会稍作讲解。重点放在几个易案的解析上。

《易理玄微》原文与拓展解析

1. 李淳风占马起

> 昔李淳风占赤黑二马入河，人问二马何先起。
> 有人演得离卦云：离为火，火赤色，赤马先起。李曰："火未然烟先发。黑马先起。"果然。

曾经有红色马和黑色马同时下河，有人问李淳风哪一匹马先从河里上岸。别人演卦得离卦，就说：离卦为火为红色，因此红马先上岸。而李淳风却说：火还没有燃烧起来时，烟要先升起，烟一般是黑色的，因此黑马会先上岸。结果果然是黑马先从河里上岸。

通过这个易案可以看出，李淳风确实是高手中的高手，高就高在他把生活中的常理研究透了！实际生活中就是有火先有烟，李淳风直接平移到了他的判断中，就不用起卦了。我们有些人学得太过刻板，什么事都起卦，一天得整十多卦，问一个事情，不管三七二十一，先起一卦，但却一个也测不准。

起卦多不是好事，大道至简，如果一个卦能用几天甚至十几天，连续预测准确不同的事，或者用一组干支甚至一个地支，就能把事情解决，那才是高手。

2. 李淳风断扇占

昔有一妇，其夫久客不归，因请李淳风先生求断易数。适值他出，问其子，其子见妇人手中携一扇，其扇面忽然落地，因断曰："骨肉分离，不得相见矣。"妇泣而归，恰路遇李淳风先生，妇诉其故，李断曰："穿衣见父，脱衣见夫。不妨，尔夫今日必到。"将晚，果然至家。可见各解不同。其断精微若此。

我们不管历史是否真有此事，主要是考量易理。这个故事就说从前有一位妇女，她的丈夫久客他乡，一直没有回家，因此想请李淳风先生为她预测一下。但李淳风刚好不在家，这位妇女就问李淳风的儿子，他见这位妇人手中拿着一把扇子，扇面忽然落到地上，扇子由扇面和扇骨组成，因此根据刚才的外应，就占断说："你和丈夫已经骨肉分离，不能相见了。"这位妇女闻听此言，哭着回家了，但路上又遇到李淳风先生，就叙说了刚才的情况，李淳风听后却说："穿衣预示见到父亲，脱衣预示见到丈夫，没有什么问题，你的丈夫今天就会回来与你团聚。"到了天刚黑的时候，这位妇女的丈夫果然回到了家中。

　　同是一件事，一个理解为骨肉分离，一个理解为脱衣见夫，因为切入点不同，占断结果却是大相径庭。其实这个易案与第一个易案以及《邻夜扣门借物占》有共通之处，实质上是告诉后人占断要灵活，不能没有创造力，更不能全是套路、格式，味同嚼蜡。

　　扇子是扇风的，扇子骨一般都是竹子制成的，像征阳刚之气，为丈夫，没有什么吉凶的特征，可能李淳风觉得不凶，就理解为脱衣见夫了。那么从卦象的角度看，扇子为巽卦，也可以代表丈夫，一般晚上才脱衣，所以丈夫晚上就回来了。再从纳甲法的角度，妇人为长女或者中女，可以为巽卦和离卦，既然拿着扇子，为风之源，可以为巽卦。扇子好的时候，兄弟爻主风，为辛卯；扇子坏了，为见鬼爻辛酉，辛酉为晚上，也是丈夫晚上回来之象。

　　当然取离卦也有其合理之处，因为离为夏，扇子只有夏天才用得上，世爻己巳为兄弟爻主风，应鬼爻己亥，亥为坤为地，既可以是扇面坏了落地，也可以代表丈夫，为晚上亥时回来，这就更加具体了。

　　所以我们研究易案，就要像解题似的，要多几种思路，这样就可以得到更多的思维锻炼和易象启示，比如这个易案就可以启示我们：己巳和辛卯都可以为扇子，而且我们完全可以与现实生活对接，将扇子再拓展为现代社会常用的空调等。

3. 康节占买假香

　　酉年八月二十五日午时，有杨客买香。康节曰："此香非沈香。"客曰："此香振不可及。"康节曰："火中有木，水泽之木，非沉香也。恐是久阴之木。用汤药煮之。"客怒而去。半月后有宾客至，云："是清尾人家作道场，沈香伪而不香。"康节曰："香是何人带来，但问其故，我已先知之矣。"伯温令人去问，果是杨客。康节曰："前日到门首，因观之。未问之前先失手，其香坠地，故去年月日时占之，得睽之噬嗑。睽卦下卦属兑，兑为泽。噬嗑下卦属震，震为木，乃水泽之木，即非沈香。睽卦上互得坎，坎为水；下互得离，离为火。上有水即汤，噬嗑卦上互见坎，坎为水，下互见艮，艮为山，中有水，亦象之象。此乃水泽久损污湿之木，以汤煮之。此理可晓。从此大小事，不可不较其时也。"

　　酉年的八月二十五日午时，有一位姓杨的客人在买香。康节先生说："你买的这种香不是沉香。"客人说："我买的香实在是很真了。"康节先生说："火中有木，是属于水泽一样的木，不是沉香。恐怕是久阴之木，只不过是用汤药煮过了的木。"客人恼羞成怒而去。半个月以后，有好朋友来到康节先生家中，说是清尾人家做道场时，用的沉香是假货，一点儿也不香。康节先生说："沉香是什么人带来的？只要问一下原因就可以了，其实已经知道了。"去问了一下，果然是那个杨姓之客。康节先生说："前些日子，我到了门口，因看到他在没有回答之前就先失手，所买之香掉到了地上，所以取当时的年月日时起卦进行占测，得到火泽睽卦，变卦为火雷噬嗑。睽卦的下卦属兑卦为泽。噬嗑卦的下卦又属震木，是水泽之木，因此可推断不是沉香。睽卦的上互为坎卦，坎卦的卦象是水；睽卦的下互是离，离卦的卦象是火，火上有水即是汤。噬嗑卦的上互是坎卦水，下互是艮卦山，山中有水，也是象中的象。这就是水泽长久侵损污湿之木，用汤煮过了。

这个水火结合为汤的象意，在寒冰巫师那个易案讲过。虽然康节这种对易学认真求证的态度，值得我们学习，但还是觉得这种起卦方式太麻烦了，太慢了。那么按照干支易象学的观点，我们已经解析过艮为寺庙，丙寅为香炉，那么丙寅为木为三，纳音为火，也可以为三柱清香，可以代表香。香落地了，在艮卦就是见初爻丙辰，为鬼临兄弟，兄弟主夺财，鬼爻主欺诈，丙辰沙中土为无用之物，直接就可以判断为假货！

其他《别理篇》形象苍白。也就几句还可以，如："无事生非因北字，有钱不享是亨来。合则婚事难成，力乃功名未妥。"北字形象"非"，"享"去一横就是"亨"，合则婚姻难成，这个也未必，"力"字是"功"的一半。

《格物章》乏善可陈。《物理论》几无可用，也就"闻迅雷而必变"，多少有点意思：迅雷是霹雳火，变化多端，说明事情会有变数。"利刀剖瓜休作事"这个也不一定，比如高凤刀剖椰子占人高中解元的易案，就是一个有力的佐证。但这个可能与做生意不利，因为刀剖瓜，可以为壬申见甲寅，是兄弟夺财之象。

《五行六神辨别论》亮点难寻。比如"白虎尾朱雀衔金，位列三公。"就是指丙申、丁酉，贵人诀"丙丁猪鸡位"，丁坐酉贵，又是五爻尊位，有贵气之征。这句其实还算不错了，其他基本一样，也就是一层变化而已。拿《西游记》来比喻，也就狐狸精的水平，三般变化才是白骨精，三十六般变化才适合钉耙和扁铲。

干支易象解析两则成语

《梅花易数》精彩的内容反而在前半部分，比如八卦类象等。如果能像我们用爻象和纳甲法进行解析，那些案例能用干支易象进行拓展延伸解读，内涵就会丰富得多。下面我们再用干支易象学的方法，探研两则成语故事，进一步挖掘易象，开拓一下大家的思维，也为大家提供一个可行的学习思路。大家不要觉得成语无法探研，从测字的角度无非是一个变多个而已，而且成语许多是在多年的历史发展中形成的，本身也是非常经典的历史故事，其中包含着丰富的象意可以挖掘，用干支易象解析和拓展成语故事，具有非常高的应用价值。

"刻舟求剑"解析与启示

木在水上为船为舟，为乙卯为震，纳音大溪水，应爻是癸酉剑锋金可以为剑，相冲为剑掉到水里了，乙卯是鬼爻，所以找不到了。那么现实生活中，如果遇到刻舟求剑这个成语，就可以得出东西丢了找不到的结论。

"守株待兔"解析与启示

实际上从成语故事中，我们可以挖掘出很多象意和结论，而且是现有的书本上学不到的理论和技法。例如我们通过解析"守株待兔"成语，就可以挖掘出某组干支为有人得横财的象意。

要用干支易象解析"守株待兔"这个成语，第一步要找出树和兔子，并做好定位和取舍。按照纳甲法，八卦宫中有兔子的，为巽离坤兑四卦，但是兑中丁卯和应爻都是火，又是秋季；坤乙卯鬼爻为木，可以有兔子撞树而死的象意，但这个成语故事是有人在种庄稼的季节，于大树底下乘凉时发生的，而坤卦是夏秋季节，也与故事情节不符合；离卦己卯为兔，但是纳音城墙土，也不太合适，所以只剩下巽卦辛卯与辛酉这一组干支，其余的自然屏蔽掉了。巽卦时节辰巳月可以为种庄稼的时候，辛卯世爻与应爻辛酉，纳音都是木，辛卯临鬼也有兔子撞树而死的特征。但种田人毕竟是捡到一只兔子，得到意外的财物，所以可以提炼出：辛卯与辛酉相见，除了我们知道的口舌之征外，还有得横财的象意点。这就是"守株待兔"给我们启示。当然也可以说有不切实际的幻想之象。

二十九、《测字秘牒》象意精解

《测字秘牒》中的内容，不管是测字十法还是心易六法，都非常精彩，汉字的象形会意、假借转注等方式，均在测字中有所体现，难易程度比以前要大，内容比以前也丰富，也可以培养悟性和灵性的感觉，对拓展思维大有裨益，值得我们去认真学习探讨。我们还是一如既往注重方法的引导和重点解析，具体条目大家自己学习体会。先简要解析一下测字十法。

测字十法

1. 装头测法

顾名思义，就是在字的头或者左右，加部首或笔画，如：戌，加草头为茂，所以戌有茂盛的象意；古，加草为苦，加尸为居；日，加秦头为春，加比和撇为皆，加横和撇为百；兄可克、兑；争可筝、事；早可草、章；里，可童；鱼可鲨、鳖；元，可玩、完；可，可河、奇；田可留、富、當；由可笛、甫……，一个字可以有好几个字的象意，选择难度还是很大的。

2. 接脚测法

字如人之体，有冠必有履。如：采（悉、释、番）；千

（秀、壬）；自（息、身）；苑（葬）合（蘖、會）

3. 穿心测法

凡字画端正、左右俱全，而从中穿入数笔，以变化其字，谓之穿心，实际也是一种拆字方法。如：文（吏）、昌（量）、鞋可以为（難）、月（舟、用、冉、角）、旦（里、车、叟）弓（弗、费）。

4. 包笼测法

字之全体不动，而将周围包裹，另成一字。如贝（遗、测），矢（族、痴），由（會、遭），尹（倉、綈），里（墨），玉（宝），牛（逢），辛（衬、幸），石（磨），等等。可理解为将一个字，作为另一个字的一部分。

5. 破解测法

把字体通过劈破或解拆分开，从中加入数笔而成新的字。如：行，竖中劈开为衔、衍；辛（章）、共（莫、黄），为横中劈开：田（古）、隹（惟）、香（查）、勋（贺），为拆开结构，重新组合；解（周、祥）哉（告、戎）；乖（禾、比、千）称（再、利）程（杜、和）鲈（田、申、炉、鱼、火），这是将一个字拆成多个字；琳（林、瑞、麻）、膊（肘、傅、补）、椒（叔、枝）、伐（仁、义）、忒（懿、戚）、冒（昂、香）、志（喜、悲）、宋（安、乐），等等。

就是拆开并适当变化笔画，而成为与本字有关联或者近似的其他字。

6. 添笔测法

凡字不添不减，不足以尽变化，所以当添亦添，当减亦减，添是补不足，减是损有余。唯（难）佳（雌、雄、帷），合（命），曹（會、槽），鸟（鸾、鳳、鸣），目（贫、身、贵、贱），王（玉、弄、全、旺），巴（色、绝、疤、邑），才（财、木、牙），良（绩、琅、娘），言（诗、论、信），孔（乳、吼），等等。

如果有的字一眼看不出来的话，大家可以把它们换成繁体字，比如贫贵贱的繁体为貧貴賤，就可以很容易看出来，后面这几种方法也是这样。

实质上就是看到一个字，要会想到相关的一些字，并通过相关的字，来判断事情。如果再落实到卦上，就会衍生出好多类象。比如震卦，仅就六亲而言就是六个象。但这也都需要个人的感悟，还要与当时的具体情况有机结合。

7. 减笔测法

减笔一法，非事之当而理之正，不可漫然用之也。凡当减时，亦当略减方是。不然，混入摘字法矣。就是减字笔画要慎重，既要合理，又不能减太多，比如：宽，可减为苋、见；难，可以减为鞋；莫，可以减为吴；袍，可以减为祀；鹅可以减为鸣。

8. 对关测法

就是专取头足首尾。如先字,是牛头虎足、生头死足;善字,是美头喜足;帛字,是皇头帝足;里字是男头童足;禹字,是千头万足;展字,是眉梢眼角;伯字是伸头缩脚;友字是有头没尾;推字,是拦头截尾;彦字,是龙头彪尾;吝字,是斋头吉尾、交头合足;言字,是文头句脚;找字是拖头曳脚。

实际这个与八卦类象相似,比如乾可以为天,可以为头,可以为父,也可以为马,为金宝。

重要的是把相应的字和象意,全部找出来,然后看哪个与问测的事情有关,这样就能联系上。其实预测不准的主要原因,就是没找相关性。找相关性最关键的,是问什么答什么,决不能答非所问,就像前说"卖雪糕的就不能喊卖豆腐",简单说就是要在一个频道上,否则交流都是障碍,预测更不可能了。这也是我们应当具备的最基本素质,如果老是答非所问或者似是而非,别说在党政机关,即使在公司企业,也不可能干好,甚至能不能干下去都难说。

比如我为朋友测壬子日乙巳时,别人问孩子丢了,能不能找回来的易案,我判断当天下午未申时有人送回来,结果应验了。主要思路是:壬子按纳甲法为乾宫的子孙爻,为孩子,乙巳时是坤宫宅爻,子孙临宅为丢不了。为什么未申时能送回来呢?未申为坤,坤卦为子孙爻癸酉持世,癸酉应乙卯子孙临门,为有人送回来。另外壬子为盗贼,乙巳为虚惊之象。

求测者问的事情是孩子丢了，能不能找回，如果这时候去判断人家灯是不是坏了，或者最近有人请吃饭等，那就是不相关的事情了。除非是为了找克应：如果什么时间有人请你吃饭，克应孩子这个时间找回，否则没有任何意义，但是找克应更要注意相关性，而且也就取一点或者是两点。总之，我们预测取用的每一卦每一爻，都要与实际情况紧密结合，紧密相连。

9. 摘字测法

凡事之机到，虽旁人言语、万物影响，这些外应，皆可以借来应用，字中笔画更应该可以借用，故或遇指点刻划处，不妨摘字中一二些小笔画以断之，无不奇中。如：哉字，可摘土、戈；殿字，可以摘共；调字可以摘吉、司；鞠（可摘米、采、十）、曜（可摘佳、士、纟）、谋（可摘小、口）、广（廣，可摘共、由）等等。

10. 观梅测字法

这个方法与前九种方法还不太一样。具体比如：

人字，凡事可成可败，只在真诚方安。人的一撇一捺，一反一正，所以事情可成可败。另一方面，败字有"攵"，成与败是相对的，看到败也可以看到成了。

木字，春旺秋衰。亦观其何字，若松柏桂梅之类，又不在衰旺中论。就是看到木，就会想到松柏木，不再以旺衰论了。

水字，流通无住，独不利于冬。冬天，特别是北方，水是迟滞和冰冻状态。火字，日中则晦，耀夜有功；逢水则衰，得木则旺。日中火处于阳刃的状态，旺过则晦，而且现实生活中，白天也不会用火把，但是晚上可以照见道路，月亮在晚上也是照明之用。水克火，木生火，这都是基本原理。

土字，万物之母，事事有基，但迟滞不能速就。土主静，也主迟缓。

心易六法

1. 象形测法

以字象物：比如口像盛米的斗，也像官印的形状。

以物象字：就是把字的形状想象成物品。如乙，似鱼钩；亚似纱窗；弓似蛇；金像断柄伞；外像旌旗；几字像座钟；等等。

以字象字：如祀，可以是破袍；贵可以是破柜；虚，可以是戏（戲）；工可以想象成进贡；牙可以是穿心；等等。

以意象字：如辛似幸、未似来、兔似免、夫似失、桃似挑、欢似坎、黾似龟、两似雨等。

2. 会意测法

看到烟，就会想到因风吹火之象，事必借力方成；

看到淋，是楚字头和三点水，就想到楚汉争锋之象，老百姓就主有口角是非。

还列举了不少，大家自己看一下，都很有趣，包括刚才讲的测字十法，也是其他书中没有的方法：

霏（长虹截雨之象，事多阻隔不成）厴（飞龙破蛰之象，凡事主有权柄）蓟（苏秦背剑之象，功名以待晚成）居（跛胡幹尾之象，进退不得自如）逢（劈破莲蓬之象，子必见伤）

字（乐子之无家，乃政繁赋重，不堪其苦之诗）裕（补天浴日之象，必得大人维持）

铿（緌之弥坚，竭力乃成）蠙（鹿鸣食萍，情适声和）蕙（着意栽花，事反不顺）

子（蜉蝣之羽，无远虑者有近忧）

徕（小往事大来，诸事亨通）

炉（百病丛生，骤然更变。何谓百病？火也，虚也，胃气不足也，血少也，打虐疾也，出盗汗也，劳伤也，思虑太过也。）

3. 假借测法

就是本来没有关系，但可以借用。比如：旦，借为春；午，借为夏；申，借为秋；夕，借为冬。其他如：

立（逢人借为位，遇水借为泣，有女必为妾，得男可成童）口（见鸟过也，有欲鸣之象；见木过，主中）

心（闻音乐定然得意，在水边沁彻完全）化（见花为妙，遇草好观，听旁人言必缛）

4. 谐声测法

就是取字的谐音以象之，如：倒谐音到，秤谐音称叉、差，加谐音家，非谐音飞，桃谐音逃，梨谐音离。又如秤心，即称心；齐字（齊），内中差了，即为差在内；莺字，如问晴雨，莺与阴，发音相近。

5. 指事测法

其法必审其情性，察其动静，兼明其踪迹方妙。其实就是察言观色。内分十法：曰观人，曰察色，曰辨言，曰辨事，曰察墨，曰辨纸，曰观时，曰相机，曰正论勿好奇，曰言语不可杂。具此十法，则一事即指一事之理而断之，判字易如反掌矣。

6. 转注测法

一字有二义、三义、四义，如：为（為）像平又像去；行，多音字，像杭和沉，行为需要谨慎，所以还像慎；王字像平，也像旺；长，取其多音字的谐音字，场、障、掌、仗；夫字，也像平，又是扶。随机应变而用。

还有如临字问病，断不吉，则曰临丧，临乃去声也。王字问求财，断曰旺相，王乃去声读之。

测字取格大法

凡一字之来，用一语判之，谓之取格，如文章人品之有定论也。法先详其五行生克，次观其六神动静。假若五行相生、六爻安静，则取吉格断之，否则以凶格断之。其断语皆当出经入史，搜神剔髓，字字珠玑，笔笔风雅，方妙此不传之秘也。今将既验之语分类录后，学者毋忘予苦心焉。比如：

水：泄（御沟红叶，漂流一民）沛（酒阑席散）汉（临河兴叹，望洋而叹）淬（醉后如泥）灌（将酒劝人）沃（波浪掀天）濯（鱼跃于渊）沤（驰驱跋涉）渐（源流斩截）涂（破釜沉舟）汪（冰清玉洁）

涯（平沙落雁水边孤雁）澹（秋檐滴雨）沆（龙归沧海）沨（长风破浪，风流浪荡）

津（法律兼备，书笔生涯）泂（渴虹饮涧）泉（无丝引线，身恐不永）溶（芙蓉出水）

江（功名源远财源半空）淙（服水朝宗）汤（东漂西荡）浓（秾华消减）池（普施得济，平地兴波）漏（云泥之隔）渔（如鱼得水）洙（泣泪成珠，朱衣点头）

淮（渐入佳境）淳（温柔敦厚）溽（青龙得水）潘（笔海澜翻）潜（浸润之谮）渥（海屋添筹）（余略）

火：煤（谋救燃眉）烟（因风吹火）耿（所取最美）烦（焦头烂额）金：

金（破镜分钗，一人助余）钟（名重金瓯，荷铺而埋，千里得金）钟（实镜尘埋）锋（金言降心）钟（千金垂堂）锥（铁面雄心，金粟堆边）钊（铅刀一割）銮（破镜分鸾）锐（囊锥脱颖）

钢（钓而不纲）钰（金声玉振，堆金积玉）镂（金殿玉

楼）铿（珣之弥坚）钱（金气摧残）

铭（名言金石）铸（千金上寿）唫（点石成金）镶（如锥处囊）银（钱粮不足）钞（披沙见金）

木：

梳（中流砥柱，乐极无荒，流入桃源）枫（玉树临风，穿杨贯风）桐（玉洞桃开）

松（公私两利）枢（金瓯中相，临终入枢）机（荣分几杖，树静而风不息）枚（文登榜首，收之桑榆）梅（乘桴浮海，枯槎入海）槐（榜上经魁）

村（出将入相，求荣反辱）

（余略）

土（坐上无人，近墨者黑，敲断玉钗）垣（萱堂有损）坤（坐中不屈，二十四数）境（宝镜廛理）坐（有人有土）坎（欢喜不足，喜头欢尾）卦（闺中忆外）堆（坎离交垢，佳城如见，鸡栖于埘）……

我们强调过多次，东方文化不像西方的逻辑，什么事都搞得非常严密严谨，也非常刻板。中国的思维是形象思维，我们看看这些测字的文章，很有动态感，很有画面感，有形象思维，又有逻辑思维，循环思维，是一种多层次思维，也是一种综合思维。包括测字十法、心易六法与这个可以结合起来应用，不一定非得用某一种特定的方法。所以测字也不是件容易事，需要深厚的文字底蕴和丰富的历史文化知识的沉淀，也需要足够的灵动思维和组合取舍能力。"纸上得来终觉浅，绝知此事要躬行"。大家要多加练习，大胆实践，千里之行，始于足下，自己动手，才能丰衣足食。

象意解析 32　祖坟出蛇，灾事重重

一位学员曾经给我说，他姨家在新中国成立前富甲一方。但祖先在祭祖时，要经过一段水路，每次都要蹚水而过，极为不便。后来家里人就把坟地挪到了一个干净的地方，但在挖坟的过程中，挖出很多蛇，也发现地气很好，多年了里面基本没有腐烂。据此我判断三件事都应验了：

第一，其家中有两个人早亡；

第二，其家有当官的，但到最后家道破败；

第三，其家后边的子孙有打官司之征。

学员反馈，迁完坟后，确实有一个男孩、一个女孩，都不到 20 岁就得病死了；姨家新中国后田产归公了，旧官也没有了，这个跟祖坟有关，但是也有历史规律的原因；后来其姨夫从东北到了北京，并且做到了某厂的副厂长，算是不错，但是最后却因为一起命案牵连，从北京又遭返回东北老家，等候调查结果，虽然最后没什么问题，但是北京的工作、房子、户口都没有了，再也没有回到北京。

祖坟，可以是乾卦；蛇为巳，也可以是乾卦。巳又为火，为乾卦鬼爻，挖出一堆蛇，就是鬼爻特别旺，说明家里很多当官的，在乾宫也说明比较富。但鬼爻旺，也冲子孙，巳主双，所以有两个人岁数不大就夭折了。子孙死了，又克应子孙临鬼，所以有官司之征，巳为巽为绳索，为官司缠身和受牵连之象，子孙临鬼也是财源破败之征。

测字尽管也有精彩之处，但是总觉得不如干支易象学稳定、细致、精确，这则易案也提醒大家：不要只关注测字，而忘了前面的基础和干支易象学内容，那才是主体和根基。

三十、《至理测法》及《梅花易数》序言易案解析

我们一是将测字方法中余下的几种略做介绍,为了方便广大读者学习,也将相关的原文大部分内容,摘录于此;二是将《梅花易数》中邵康节的两段神奇故事,用干支易象学的思维模式和技法,进行拓展解析。

《测字双句格法》

夫取格炼句乃到精至妙之法,如钟字问功名则批曰:名重金瓯,终身大贵。又有格在次句者,不过间或有之,如甘字问谋望,则批曰:事多阻隔,其无后乎!又有一句不能尽其所问之事,必用两句,语意方显者,乃松格也;虽不足为上乘,然亦智愚共赏,且用之最广,取之甚易,学者宜由此入焉。

这种测字方式,原理与前面那些差不多,但可能更加丰富一些。我们一起解析两个,余下部分如《散格法》《杂占赋》等,为方便大家学习,摘录如下,感兴趣的自己探讨一下即可,本书主要是讲方法。《杂占赋》中的内容,很多前面已经做了解析,

比如"童子授书，主争讼之端；主人责仆，防笞罚之事"等内容。总之，测字就是发挥我们的形象思维和想象力，然后像解梦一样，找到有关联性的信息，进行判断和占测。

崖（太岁当头，佳人有损。）

崖是岁的头部，所以说太岁当头；下面圭和厂，为佳字缺竖，所以佳人有损。应用中，可以断家中有少女得病或者早亡之灾。

聿（事到尽头，难逃法律。）

聿，是尽（盡）的头部，所以事到尽头；加双立人就是律，预示着有人难逃法律。

欲（有容德乃大，无欺心自安。）

欲字左取谷字加笔可以为容：右侧欠字加其，可以为欺。（余略）

《测字散格法》

夫所谓格者，骨格也，品格也。品格，前已录有成语，可为后学楷式。到骨格，则未之详也。盖骨者，束字义之物。用束字义之物为断字义之文，灵妙变通，亦犹夫人之筋络束骨,而骨为筋络肌肤之架子也。善用者,触类旁通则应变不穷,可以得心应手,动笔成文矣。

一(天心,天上,生根,大心)

二(月内手心工夫平正)

蕐(用心降心举足牛尾丹心冰心王宰玉叶寒尽冬尽)

卜(上头半小不小居内挂脚外边古先)

茫(破网漏网网底)

甲(里中放闸押后首异不申欠申无用没结果)寸(十分无对走过不成才没对头寻对头)

……

巳(包内危极)

包字的内部和危字的下部,都是"巳"。

(余略)

《杂占赋》

吉凶祸福,推测可知。人事天时,莫逃乎数。

试观云开月朗,正为诸事豁达之机;雾合烟迷,定主百务淹埋之象。风霾飘荡,摇捍难成。

雷霆过空,虚惊有准。风来溽暑,解郁畅怀。雪上严霜,惨神刻骨。

电光霍霍而可畏,露水晶晶而不常。月彩当空,无非光霁。

雨流湿物,尽是恩波。

连阴最喜逢雷，久旱偏宜得雨。

天文取应，地理可推。
水流则事消，土积则迟滞。
沙乃散手即分，石以坚心始得。
人落路旁忧道远，舟移岩下怕虚危。
若逢人事之来，即乃天机之现。
高官显宦利于求名，巨贾富商宜乎觅利。
一女一男，同欢之候；或僧或道，孑处之端。

匠子主门庭改换，屠儿主骨肉分离。
猎户得野外之财，渔翁取水中之利。
妊妇事萌于内，医者虑根于心。
足动知其远行，臂交断其有失。
对壁阻抑，嘘气悲愁。
掉舌出者是非，背相靠者闪跌。
童子授书，主争讼之端；主人责仆，防笞罚之事。
题写有文书之喜，秉烛得祈禳之功。
偶挽手作事牵连，遇接物逢人提拔。
两人相拜，交友多情；一车过门，营运得力。
绳牵犬羊，防守可以无虞；带水拖泥，迟滞还须有待。
摇扇则宽展胸襟，伏枕则昏沉染患。
舟楫在水，凭其接引而行；车马登途，不时负载而往。
叵持九而执斧，遇吉气必逢快利之财；或被甲而操戈，见凶形断遇刚强之贼。

……

康字问疾病，入木无疑；茄字卜分娩，加子可喜。

簪唯到手才安，钻必始得。

椒为焦恼，趣是斗争。

牙杖口舌不离，金箔财利轻少。

器如无柄，当知病体之除；锁若无匙，已识药迟之兆。

已上随事占问，临机务必精详。

神而明之，存乎其人。妙用不穷，理同太易。设若尽心尽力，何妨通佛通仙。

《至理测法》解析

这种占法，也是单个字，但是每个字都有一个小易案来说明，大家也可以用别的角度去解析一下，我们这里解析两三个字。余下请大家自己去探研。

亥字

人有遗孤五岁，偶病。其乳母以亥字问吉凶，余曰："亥乃孩不见子之象，上是六不全，中是久不得，下是人不长；本月三十日是月尽，亥为时尽，此儿殆难矣。"复以一字再问，余曰："一乃生字之终，死字之始，则生从此尽，死从此至矣。况是半个十字，禄命止于五乎？"其师又以水字参决，断曰："水字之形，不能永之象。五行之数，土数五。土能克水，难过五日矣。"至九月初五果殒。

这个原文都能看懂，那么我们换个角度。亥为坤，可以为癸亥，冲宅爻乙巳，再写一字为水，说明癸亥特别旺，冲宅爻也可以为家里有人死亡之征。坤世爻为癸酉子孙，可以是小孩死亡。坤为五。其实这里的其他字，也完全可以用纳甲法判断。

元字

一人书元字问六甲："男女何居？"余断曰："二八之形，巽卦之变，生女无疑。"复以问他相字者，则不察字理，辄曰："生男。"至分娩，果产一女。

元像二和八，都是双数，为阴；把元字中的"二"，象征两个阳爻，把"儿"两笔看作是阴爻，就是巽卦的形象，所以断生女孩子。

元字

一人将元字问男女，余曰："生男。"复以问他相字者，则用吾前效应曰："生女。"至分娩，乃一男。其人复来问字理，余曰："元乃乾健之体，四德元为之首。兄之所娠又系头胎。况兼三笔写成，可改作儿字。故知生子无疑也。"其问："师曾断此字生女，弟遂写此字求数；因复以问于贵同道，彼亦断女。何故却生儿子乎？何故师所断与前异乎？愿闻其说。"余笔曰："夫一字之来，有一字之机，彼人乌足以语此！盖前一人之元字中，二横如桥，字乃四笔写成，数属偶，故生女。兄所问之元字，头尾昂藏，字乃三笔写成，数属奇，故生男。奇偶尚不清，曷为乎测字哉？邵康节先生曰:'字同事不同,不宜此而宜彼;事同字不同,倏变吉而变凶。'此之谓也。"

同是一个"元"字,前面一个测女。后面一个因为是第一胎,又是三笔写成元字,均为奇数,于是取元为乾健之象,所以生男孩。这其实就是我们强调的紧密结合生活实际,与当时的情况充分结合,易学才有创造性。模式化、套路化的路子,是学不好易学的。

还有一些朋友,总是觉得差不多就行,似是而非,觉得干支易象无非就是那样、纳甲法和纳音也就那么回事,易经不外乎六十四卦……这种态度也是学易的大忌,就是学习起来不走心,不走脑子,不愿意去较真儿,大家看看我的实测易案解析,同样一组干支,在不同的环境和现实中,对应的事情完全不同。宇宙要说简单,就是阴和阳;世界要说简单,就是白与黑;人类要说简单,就是男和女,但是,真那么简单吗?一男一女,世间又产生多少个爱情故事啊?

所以我说学易的人很多,但是用心学易的人不多。有一本书叫《文心雕龙》,用心为文,佛家叫"心生妙法",心中无妙法,怎么可能会有妙断神应?我们学习易学,也应该有"易象雕龙"的精神。学易用心不用心,结果是完全不一样的,不注意观察,不注意思考,不注意动脑,肯定不行!什么事情都觉得差不多、无非如何、不过如何的时候,思维实际上已经停滞不前、僵死不化了,没有进步的空间了。我希望大家不要有想当然的态度,如同生克制化取用神那套模式似的,永远没有创造力,始终不会走远。

寅字

　　正月初八，一人指时宪书上月建之寅字，问曰："闻得圣驾南巡否乎"余曰："宇宙一人之象，正是兆民仰问圣上之字也。上有离宫之形，下有甲胄之人卫之，巡必矣。寅，阳木。下月水日到。"后到二月初七壬午日，驻跸维扬。

　　这个案例的原文很简单，就是把寅的上半部分看成"宇"字加一横，又有离宫的象意，再把下半部看成"甲"，就有甲胄之征，然后水木相生壬日到。但是如果我们的学习探研仅仅到此为止了，那也就是一个简单的测字故事。如果从干支易象学的角度，正月寅日，可以取甲寅。甲寅冲壬申五爻君位，为龙动之象。壬午鬼爻合动甲寅，为应期。一步就可以到位了。

　　我们要学会独立思考，哪怕是别人预测过的易案，也可以思考一下，如果自己去预测，会用哪种方法，有没有别的角度？易学是结果导向，只有对与错，没有标准答案，条条大路通罗马。我们也不要拘泥于书本，拘泥于现有答案，而是要善于突破，敢于尝试，发挥自己的创造力和想象力，倡导一题多解，倡导多个角度思考，易学思维才能丰富，眼界才能广阔，水平才能提升，这些内容大家都可以试试用纳甲法解析，相信会有新的体会。

《梅花易数》原序故事解析

《梅花易数》原序

　　宋庆历中，邵康节先生隐处山林，冬不炉，夏不扇，盖心在于《易》，忘乎其为寒暑也。犹以为未至，糊《易》于壁，心致而目玩焉，邃于《易》理，欲造《易》之数而未有征也。

①一日午睡，有鼠走而前，以所枕瓦枕投击之，鼠走而枕破，觉中有字，取视之："此枕卖与贤人康节，某年月日某时击鼠枕破。"先生怪而询陶家，其陶枕者曰："昔一人手执《周易》憩坐，举枕，其书必此老人也，今不至久矣，吾能识其家。"先生偕陶往访焉。及门，则已不存矣。但遗书一册，谓其家人曰："某年、某月、某时，有一秀士到吾家，可以此书授之，能终吾身后事矣。"其家以书授先生，先生阅之，乃《易》之文，并有诀例，当推例演数。谓其人曰："汝父存日有白金置睡床西北窖中，可以营葬事。"其家如言，果得金。

先生授书以归，后观梅以雀争胜，布等知次晚有邻人女折花，坠伤其股，其卜盖始于此，后世相传，遂名《观梅数》云。后算落花之日午为马所践踏毁；又算西林寺额知有阴人之祸。凡此比所谓先天之数也。若又见老人有忧色，卜而知老人有食鱼之祸；见少年有喜色，卜而知有婚聘之喜；闻鸡鸣知鸡必煮烹；听牛鸣知牛当杀，凡此皆后天之数也，疬未得数先得卦也，以卦起数，故曰后天。

②一日，置一椅，以数推之，书椅底曰："某年月日当为仙客坐破。"至期，果有道者来访，坐破其椅，仙客愧谢。先生曰："物之成毁有数，岂是介意，且公神仙也。幸从以示数。"因举椅下所书以验。道者愕然，趣起，出，忽不见。乃知数之妙，虽鬼神莫逃，而况于人乎！况于物乎！

干支易象解析《梅花易数》原序两故事

我们从干支易象的角度,看看能不能把这两个故事,合情合理地进行易象演绎,并且从中得到一些启示。没有奇思妙想,也就没有神断妙应。大家也见证过我很多不可思议又神奇应验的易案,我的启发既来自于易经书中,也来自于《搜神记》《聊斋志异》《太平广记》等,还有的是来自于历代的笔记小说中。通过不断地探研这些故事,并将其转化为易理,转化为合情合理的启示,再应用到当下的现实生活中,把理论转化为实际,实现了理论与实际的紧密结合。而这些经过实践验证的理论,是书本中得不到的,这也是我们研究这样的故事的意义所在。

易案解析

我们直接用干支易象与故事中的情节对接:①午睡,跟午有关,就是丙午。丙午在艮宫二爻,为宅爻和父母爻,与丙子相应,子为夜,是睡眠时间,白天干夜里的事,就是午睡。午为离为目,子为鼠,所以中午午睡时看到了一只老鼠。午为离为日为阳,子为坎为夜为阴,子午天地正气,子为地雷复,午为天风姤,亦是阴阳气机转化之始,非常符合"易"之义。

丙午为艮之父母爻,为文化知识,与子相应,为有阴阳方面的才学。也可以理解为八字中要有子午的话,会有易学方面的天赋。丙午为宅爻,午为头,家中与头又与睡觉有关的,可以为枕头;丙午艮宫为土,为火烧制的土器为陶,所以丙午也就可以为陶枕。

午时火旺，丙午旺动，为艮为手，与丙子老鼠相冲，为手拿陶枕砸老鼠，子为地雷复，为反复砸老鼠之征。但是老鼠动了，子水动又冲克午火，午为天风姤，相冲也可以理解为把卦象倒过来，就是泽天夬，为大兑卦，为缺为破，为陶枕头破了；而子为坎，见兑又是水泽节卦，午又为天为健为健康，合为康节之象；丙午为父母爻，为太阳之火，为文字之象，午为乾也为君子，又为贤人之征，所以丙午打破之后，出现字条，上面写着"此枕卖与贤人康节，某年月日某时击鼠枕破"。

丙午被冲，动又克子孙丙申，子孙主交易主商人，所以能找到商人，并在商人带领下，找到了老头的居所，但丙申与丙寅相应为鬼爻，所以老人已经不在了。同时，丙寅鬼爻为谋略，与子孙应主技术，生丙午火又为易书，所以老人有预测能力很强的易书赠康节。

丙午动则变，为巽宫辛亥，纳音钗钏金，为巽二爻为宅也为床；亥居于西北，又为坤为地，为亥为水，为低洼之象，故辛亥也可以为地窖。辛亥又与子孙辛巳相应为财源，所以在西北床下地窖中有金银财宝。

②椅者为背，为艮，为山为止。又为人用的物品，为子孙为器具，为丙申，坐上互卦为震为木制品，纳音火，为背上有雕刻之象，与鬼爻丙寅相应，也可以为神仙破椅之象。这给我们的启示：丙寅不只是以前说的香炉破了，贡杯贡盘破了，还可以是木制椅子破了。

最后还是要再次强调，我们在选取某组干支时，一定要与现实生活中的事情，紧密相连，甚至天衣无缝，才能准确，否则就会出现偏差。比如问一碗粥洒了主什么事情，有的人为什么预测不准,就是在取象的时候,只单一考虑了碗或者粥,但应该是既考虑了碗的象意,又考虑了粥的象意,并把它俩进行了易象统一,才有可能判断精确。开始取象不对,后面的就都不对。

易案启示

这个易案,至少有三点启示:

第一,丙午,可以代表书,可以代表玄学书,丙午和子相应,可以代表家里有玄学书,也可以代表有玄学方面的天赋,或者适合于学易,如果再见丙寅,也可以视为有玄学方面的造诣。丙子见午也可以这样理解。但不是只有丙午或丙子才适合学易,没有也能学得很好,不要绝对化,要正确理解。

第二,丙午为陶瓷之物,也可以延伸为炉灶等被打破之象。

第三,丙午见丙申,为有老人去世或者得长辈和祖上之财,也可以是祖传之物。

像这样的故事解析还有很多,包括《搜神记》《稽神录》《睽车志》《酉阳杂俎》等,大家可能也看过我对《西游记》等神话故事的解析。我从中获益良多,大家也可以试试。

宋代易学大家叶简三个易案赏析

清·陈梦雷《拟》诗序:"移宫变羽,《广陵》复睹遗音;异曲同工,《白雪》不为孤响。"学习易学,研读古人易案往往也会找到知音和共鸣。虽然,古人所处的年代与所探讨的物象与现代不同,但是从易象的层面来看,都有情理相通之处。

其一:2019年元旦,吃过早饭,泡上一杯绿茶,翻看《卜筮》下册中的历代易学人物及易案。发现宋代叶简易案十分精彩。据《闻奇录》载：叶简，剡人，善卜筮，凡有盗贼，皆知其姓名。有乡邻失牛，卜之，曰："占失牛，已被家边载上州。欲知贼姓一斤求。欲知贼名十干头。"乃邻人丘甲耳。

俗话说："行家一出手，便知有没有。"这个易案没有讲解是怎么判断，怎么占的卦，但凡看得懂的人，都得信服外加佩服人家，这叫知深浅，不像我们现在有的人，弄个广告或弄个视频到处叫喊自己是天下第一，不服就打擂。《孙子兵法》有云："不战而屈人之兵，善之善者也。"就是说不用去通过战争手段去解决问题，才是战争最高境界。同样，易学领域的真正高手也是不需要通过比试的，就如此例而言，丢失一头牛，叶简就能测出：第一，牛已被运到外地；第二，这个人的姓氏是一和斤字的组合，名是十天干的第一位，组合起来为丘甲二字，邻居中果然有此人。

如果这样的易案看不懂的话，实在讲，没啥让人佩服的，也可以当成古人是在吹牛，如果仔细研究这里面确实可以看出牛被运往了外地和姓名中丘甲二字的话，平心而论，这样的水平确实是一个高手。此易案，放在任何时代也是一流的高手。因此这么多年我研究的干支易象大多数都是在研究这些无解的易案，从中收获了许多书本上没有记载的预测技法，所以当看到这样的易案自然是眼前一亮。

脑海中自然闪现："牛为丑，失牛为见鬼爻，丑在艮见鬼爻为寅，丙寅在艮之上九爻，为外地为上州，丑寅同宫为邻居之象，艮为山为少男小山为丘，寅透干为甲，故为丘甲。"不管叶简是如何占断，此例能启发我艮为丘姓，鬼爻为外地，为甲木，我是十分感谢的！

前些年有易友请教我奇门遁甲，说局中是"庚+辛"问我能看出什么？我说："一男两女，争风吃醋，大的女人破财，小的女人得财。姓氏中带与木有关的字。"反馈："是一个姓叶的女士，丈夫外面包了个小的，让她知道了，两人吵了起来，丈夫给小的女人买了一辆车。"

此例，我主要运用了纳甲法，取庚为震，辛为巽，庚辛在兑，震为长男，巽为长女，兑为少女，庚辛为木为兄弟为争，兄弟爻测天时为风，木主酸，兑为口，为争风吃醋之象，兑金克巽木，为小的得财大的失财之象，庚辛为震巽都为木，故名字中当有与木有关的字，此例，是我测姓氏名字的，但是没叶简测的具体。

其二：叶简还有一个射覆的易案，也让人有所思。

当时有人将两个鸡蛋藏起来，让叶简占测。叶简用一首诗将占测之物描述得精妙入微："此物不难知，一雄兼一雌，请将打破看，方明混沌时。"此等水平，可以与干宝《搜神记》中记载之易案相比肩。

我也有个易案，倒不是射覆，而是在新浪网友群中的实测。有一天晚上，我参加一个饭局回来心情不错，打开手机看群中学员余阳说："爱人梦见房子倒塌了，问主何事？"不少参与者都没测对，我也一时兴起来了劲头，一下想到房子为屋上土，为丙戌丁亥，一阴一阳，考虑到余阳爱人是女的，故取丁亥而舍丙戌，再根据倒塌了也是动了，丁亥为兑宫子孙爻，动来生财爻丁卯，丁卯为二爻为宅爻，卯为门户为门户中进物之象。兑为少女主小物，那到底进的什么？小物可多了！这时把象意的思考点集中在丁亥的六亲子孙上了，子孙为动物，这时又想到兑宫含酉，动物为鸡，二爻丁卯得生应丁酉，丁酉动来生丁亥，此时一下就想明白了，丁亥为鸡的子孙，鸡蛋的象意一下出来了，故断有人送鸡蛋，不一会余阳把亲属生小孩报喜送的鸡蛋盒子的照片传了上来，验证了我的预测。

有了这个易案，再看叶简的这个射覆鸡蛋的例子，就自然想到了丁亥应丁巳，巳按十二辟卦为乾，在兑宫又为女应丁亥为"一雄兼一雌"之象，巳为双，巳为鬼爻亥应之主破，亥为十二辟坤，巳为乾，为地天泰之象，为阴阳混沌之象，可见叶简的易案非同寻常，能引人思考能给人启发。

其三：《杭州府志》中有载：叶简善卜筮，武肃当衙，忽旋风南来，绕案，简曰："此淮帅杨渥薨，当遣吊祭。"王曰："贺生辰使方去，奈何？"简曰："但语以贵国动静，皆预知之。"王遣吊，渥果死。一军皆惊。

从这个易案来看，叶简是浙人。一是在杭州府志有记载；二是剡也是在浙江曹娥江上游有个剡溪；三是在五代十国时有个吴越武肃王（钱镠）即文中所说的"武肃当衙"。后赵匡胤建立了宋朝，叶简也就属于大宋的子民了，此易案，当在五代十国末，宋初之际。说的是武肃王钱镠当政时，一天有旋风从南方刮来，并且绕着武肃王钱镠的办公桌转，他就问叶简此象主何吉凶？叶简告诉他，此象主淮帅杨渥死亡之象。武肃王钱镠说："我派去给他祝贺生日的使臣刚刚出发，这怎么办呢？"叶简说："你听一听他们国家的动静吧？这些信息是完全可以预测的。"武肃王听从了叶简的建议，接着派出吊唁的使臣，果然是杨渥死了，消息一出来，全军上下都为叶简准确的预测而感到震惊。

在我的记忆中，唯有《三国志·管辂传》中有管辂从太守王弘直家厅堂的西南方向有三尺高的旋风刮来，管辂判断家中的长子将要死亡，得到了验证。此例则是南方刮来旋风也主死人，但是由于是武肃王钱镠问的，故应国家大事，主邻国有人死，可见世间万事万物均可入象来判断吉凶。

前不久，有位朋友来问女儿婚恋，当时正在酒店吃饭，她问的时候正好酒店放着轻音乐《西游记》插曲女儿国那段，我当即判断此婚恋不成，而且男方会走得很远，反馈：此男在澳大利亚做生意，又问女儿将来事业怎么样？我说事业相当成功。其实，这就是用的易学圈中讲的外应，让不少人吹嘘得都神了。像叶简的这个易案，才叫真有水平！

首先，南方的旋风，为离宫之物，一般旋风按科学的方法解释，都认为是空气对流才产生旋风，而按民间的解释则多认为是鬼魂之风，多主不祥，基于这个认识，我们看离宫主风的爻象为上九爻己巳兄弟，应爻为己亥为鬼爻，主死亡之风。看来有些民间传说的也好，百姓流传的也好，都是有些依据的。因为己巳之巳按十二辟卦为乾为圆，主风，应鬼爻己亥为病为死亡之征。

其次，再看旋风绕案，为此事与武肃王有关，但己巳为兄弟爻为邻国为朋友死亡之征。再进一步观察，己亥动而生己卯父母爻，父母爻卯木主杨姓之人亦主房屋，屋见亥为渥字，为杨渥死亡之象。叶简对当时的时局十分了解，对各国的政要即使没见过人，名字也十分熟悉，所以才准确地判断出是杨渥死亡。

按古代十二地支分野，卯为江苏，而那时的淮东、淮西也在江苏境内，故己卯主杨渥为淮帅之象。

我之所以看完此易案，对叶简心怀敬意，是因为有一种找到知音的感觉。

2018年10月4日晚，我接到省文联某位老领导的电话，他说："云飞，有点情况，我在家中沙发上坐着，不知什么原因眼镜中间的横梁断开了，从你的角度来看，有何征兆？"我略思片刻，说："大哥此事与你本人无关，当是你的朋友得重病或死亡。"后来这位老领导去海南之前，我们一起下围棋吃饭时，在饭桌上聊起这件事，才知道他从小一起玩到大的不是亲兄弟胜似亲兄弟的二哥在2018年10月9日突然辞世，令他十分悲痛。

我解眼镜从中间断开的象意，正是取的离卦，因离中虚，离按卦爻符号来看，也正是从中间断开，而且断开即离中的鬼爻发动，即己亥动应己巳，为鬼爻克兄弟，所以我判断此象主亲朋病或亡之征，而不主本人。此外取离卦原因，也是因为离为光明，眼镜断开也为己亥因亥为水也为镜片之象，所以有上断。

从上所述的三个易案来看，虽然古易案没有解析，但只要是把物象与易理之间的关系弄通了，无解易案一样能看得懂，而且还能看到妙处，找到共鸣。看这些古籍上的无解易案，我认为，有利于思维的开拓，有利于对象意的深入理解，有利于实践水平的提高。总之，我认为多看点书，多思考点比吹牛装什么易经大师、易坛泰斗要好。

附录：干支易象学之象意组合与拓展

例1：子见坎卦或壬癸子时，为鼠、蝠、水中物鱼等。

象意分析：子为鼠，壬癸子和坎为水，故为水中的鱼类等；另外，子为鼠，鼠与蝠长象相类似，故可类蝙蝠。

例2：子见艮卦或寅丑时，为石灰、蚕丝、道术、孕妇、文人。

象意分析：(1)石灰：子为水，为十二生肖形体最小的动物，可类为细小之物，为水为柔软之物，按汉十二月辟卦为地雷复，上坤下震，为阴多阳少之象，一阳初动，坤为母腹，与一阳初动组合，再见少男为孕妇之象；由孕妇的象意可引伸出，子见艮亦可类象为幼虫或小虫子。按纳甲组合，丙子为艮之财爻，由虫而产生经济利益的，只有蚕丝的象意较为符合。艮与寅丑为山为石，当将山石与子水组合之时，因子水为细小之物为水为黑，艮为石为灰色，将子水的象意与艮组合为石灰。如子见寅丑亦然。如四柱中有子丑流年见寅就可视为装修之象，当然不是绝对的。(2)蚕丝：子可象征事物的萌芽状态，艮为少男，亦是指柔软幼小之象。丑大可象牛，小可象虫，因丑谐音虫。艮卦一阳爻在上，两阴爻在下，阳爻可象天，天下有虫为蚕字，丑为土亦为金库为兑象为口，子丑合为蚕吐丝，子生寅，木主修长为蚕吐丝细长绵绵不绝之象。(3) 道术: 艮为山为静为止, 为寺庙之所为修行之处, 子为水为玄为神秘, 将两者一结合象意为道术。(4) 孕妇: 前面讲了子水可类事物的幼小阶段, 艮为少男亦为小孩, 如将此象比喻成女人的话, 就是孕妇, 即子见寅丑为见孕妇之象。(5) 文人: 子水生寅木为文明之象, 喻人为文人。

例3: 子见震卦或甲乙卯时, 为邪奸、木炭、梯具、文墨、豆。

象意分析: (1) 邪奸: 子水为北方坎宫之物, 主阴邪, 震木为东方为仁义之象, 将子水的象意与震木的象意组合来看, 就是这个人表面上看, 堂堂正正非常的仁义, 实际上仁义的背后还藏着阴邪, 故将此组合称为邪奸, 生活中或影视剧中, 我们也常会见到相貌堂堂一派君子之风的人, 竟干些与外表不相符的坏事, 古人把这种现象称作邪奸, 用干支表示可为甲子, 子见乙卯都可视为此象, 不过要辩证, 如木旺则邪可化成仁, 如水旺则仁可化奸。仔细想一想, 要想把生活中的人或事所发生的现象, 用干支表述和白描出来, 是需要动一番脑筋和下一番功夫的。有人总认为学习易象、卦爻或五行干支没什么可思考的, 也不愿在基础问题上多花时间, 所以真正实践时, 大脑一片空白, 等别人想出了象意、好方法用得灵逸时, 才感叹自己基础有问题。部队有一口号"平时多流汗, 战时少流血", 谈的就是平时要多加强基本功的训练, 养成良好的素质, 上了战场才会少些牺牲, 而这句话也同样适用于易学的研究, 不同的是谈不上牺牲的问题, 如改一下词儿"平时多思考, 实践少烦恼"我看还是可以的。(2) 木炭: 这个象意如把它想复杂就不好办了, 炭得用火烧过, 而子与震木及所藏的干支没有火啊！木炭怎么来的呢？如果这样思考就有些教条了，有些取象需要这种一招一式全要清晰的比类，有些则不然，这里就有个曲线思维和直线思维的问题，有时是曲线思维与直线思维都需要，且两种思维交叉才能产生美妙的象意。木炭的象意，如我们从外观来取象就清晰了，子水为黑色，甲乙卯或震木为青色，为木，一结合为黑色的木，可直接取象为木炭，如再往深一层次联想也是可以的，如震为雷的类象，有雷就必有火，且震木本身又为木，就有着火的可能，再见水则可视为雨水，着了火的木被雨水浇灭了不就形成木炭了吗？细想一想十分有趣。(3) 梯具：子水与震木甲乙卯组合，实践中不一定非要子见甲乙卯，只见一个干支亦可取象为梯子（以上均可以此类推），当然象意要结合实际进行取舍，并不是见到了哪个象意就取哪个，在《李虚中命书》中有句"水缘木而上"意思是水性向下，木性向上，而水木又是相生的，水要想改变向下的水性，只有借助于木才能爬向高处，因此子水见震木或甲卯乙可类象为梯子。此象也很形象，水生木很像一个人在爬梯子。(4) 文墨：因子水为墨色的，木又为生气为文明之象，故类象为文墨。(5) 豆：大家都知道形状有长的有圆的，质为木本外皮略硬。从子水与震木或甲乙卯，一下子很难看得出豆子的类象。这时直线思维就不起作用了，需要静下心来分析这组干支和易象的组合。木主曲直、形可为修长，甲见子为甲子为乾宫的初爻，可取乾圆的象意，将两组象意一组合，豆子的外观就出现了。

例4：子见巽卦或辰巳时，为哭泣、文史、燕乐、蔬圃、绳索。

象意分析：（1）哭泣：子见巽主要是巽中藏辰巳，且巳为巽宫的子孙爻，子水和巳的组合谐音可直读为子死，又有辰墓库，子孙为喜神被克为哭泣之象；巽类象为风，按《周易集解》说卦陆绩的观点："风，土气也。巽，坤之所生，故为风"。又因《庄子》"大块噫气，其名为风"，故云"风，土气也"。巽阴自坤来，故云："坤之所生"。从巽卦卦爻来看：一阴爻静下，二阳爻动上，所以说"亦取静于本，而动于末也"。由上所论风为土气由坤所生，而艮卦同样也为土，虞翻对此有云"巽二入鼻"，意思是如巽卦的二爻变阴则为艮卦，艮主鼻象，由此可知巽为风为入，由坤所生同为土可入艮，艮类象为犬，巽反象为（☱），为口，为数2，为双口，与艮一组合为"哭"字。从巽字来讲，卦爻二爻就含有艮的信息及犬的类象，而巽上的两个巳火亦有双口的象意，组合起来也像个"哭"字，从这个角度来讲，巽也可以类象为狗，但巽主风，可把这只狗类为疯狗。（2）文史：因巽为风与坤有关，即巽的最下一爻为阴爻为坤，如前所述风由坤生，所以巽有坤卦的象意，坤的类象为旧，为史，而子水见巽或辰巳，为水木相生，为文明之象为文，与巽中坤的象意为旧，为历史的象意组合起来即为文史。（3）燕乐：巽为风由坤生，坤艮为土，艮为鼻为犬，旁通为兑为口为2为两个口加犬，类象为"哭"字。哭毕竟有声音，故还可类象为乐器之声，又因与艮组合才出的声音，巽为木，而艮中藏寅为木，寅在十二地支分野中为燕国，故当子水生巽时，为巽木得生，为风生水起之时亦有声音，这个声音与燕国演奏的乐声相近，故可类象为燕乐。（4）蔬圃：子水生巽木及巽所藏的辰巳，巽为柔弱之地，可类象为植物，为菜园为蔬圃；（5）绳索：巽为木质柔软像水一样，可为绳索或麻绳亦可。

例5：子见离卦或丙午丁时，可为文墨、衣裳、图画。

象意分析：（1）文墨：水主墨为黑色，离主光明为礼为文，子与离及丙午丁组合为文墨。（2）衣裳：子水为坎宫的，从卦爻符号讲有离中虚，坎中满之象。如将子水坎比喻成一个人的话，离火为头面为外表为丽，从卦爻符号来论，坎之中爻正好可填满离中爻之虚，如人穿衣服一样，故子水与离组合可为衣裳的象意，此外子为水，丙午纳音为水，丙午为艮宫父母爻，亦为衣裳之象。（3）图画：前面讲了离火的类象可为丽为红色，子水为墨色，两种颜色一组合，亦可类象为图画。

例6：子见坤卦或申未时，为惊疑、僧道、邪私、珠玉、医、大豆、丝棉、布帛。

象意分析：（1）惊疑：按五行的情志来划分：木主怒，火主喜，土主思，金主忧，水主恐，将水恐的象意、土思的象意、申金忧的象意组合起来即为惊疑。（2）僧道：坤为牛为丑亦可为艮为寺庙，子水为玄武为神秘，申为神的协音，故综合象意为僧道，坤为大腹，亦可为弥勒佛之象（土为脾胃，坤为土为大地可象大的脾胃，故类象为大腹）。（3）邪私：子见坤或申未亦可直接取象为孕妇，因子为孩子，坤为大腹，两者一组合为孕妇之象，子为坎宫的，坎卦的二爻为阳爻，亦是坤卦的二爻变为阳爻，而坤又为女性为老母与坎水中男的组合，为老妇少夫之象，古人将此种现象称为邪私。（4）珠玉：坤中有申金，而坤按十二月辟卦又为亥，亥为乾宫之物，乾为玉为圆，故当子水与坤组合时，水冲去土则珠玉见矣，所以子与坤或申未组合时可类象为珠玉。(5) 医：子见坤为杀，因土克水，为病。而坤中有申又可生助子水，又是子水之长生之地，故可视为克中有救为医的象意。(6) 大豆：因子为水，坤按十二月辟卦亦为亥水，为乾宫之物为圆，按季节来论，春为麻，夏为麦，长夏为稷，秋为稻子收割的季节，而豆则较稻子还要晚为冬才收，故为坤为亥，因子为水见之可类为大豆。(7) 丝棉、布帛：前面讲了子水可为细小之物，而坤为亥，当亥月之时子见之为北方，也就是说北方的亥月已经穿棉衣了，故子见坤或申未可为丝棉、布帛。

例7：子见兑卦或庚酉辛时，可为瓶盏、浴盆、螺鳖。

象意分析：(1) 瓶盏：兑为金为上缺，即一个金属物上有缺口，又见子水，可视为瓶盏。(2) 浴盆：子见酉为桃花为沐浴，亦可由此引出浴盆的象意。(3) 螺鳖：子为坎见兑亦可类为螺鳖等水中之物。

例8：子见乾卦或戌亥时，为首饰、珠玉、师巫、僧尼。

象意分析：(1) 首饰、珠玉：乾为头为金得子水而润之，为头上之饰物为首饰之象，乾为圆为玉故亦可为珠玉。(2) 师巫：因乾为老头，见子水为子孙为伤官或食神，水主神秘，乾又为天，这种神秘之象与天相联系，又与老者相连，故可类象为师巫。(3) 僧尼：因乾为金为头为圆，金得水润，自然光亮，再将头的象意加入，综合象意为光头之象，不管僧还是尼，均是剃光头的，因此，子见乾为僧尼。

例9：丑见坎卦或壬子癸时，为珍珠、龟鳖。

象意分析：丑为艮为背，卦爻符号为（☶）上面一阳爻，下面两阴爻，为外面坚硬内软的事物，如在水中可想象为贝，因珍珠与贝有关故可类象为珍珠，自然也可想到龟鳖。

例10：丑见艮卦或丑寅时，为牛、犀、象、土石器、车轮、表奏。

象意分析：（1）牛、犀、象：丑见艮为山为鼻因艮中含寅，为角，丑为牛，如将山的象意与角的象意组合为像山一样的角，再与丑牛组合即为犀的象意。犀牛的身体比牛要大很多，体积与大象差不多，再加之艮卦类象为鼻子，而丑见艮寅丑对鼻子的象意起到了强化作用。动物中大象的鼻子最有突出特点，故类象为象。又因寅木为艮中鬼爻，纳音为火为离象为中空，为大象鼻子的象意。（2）土石器：丑见艮寅丑为山为土为石，丑见寅为石器，因寅为木克土为土经雕刻或打磨成器之象，为土石器。（3）车轮：丑为牛，与牛有关的在古代多为车，艮上一阳爻和艮下两阴爻很形象的一部车子，寅又与亥合，亥为乾为圆，亥为马星，为滚圆动之象意，为车轮之象，此外亦可把丑为牛，坤为牛为亥（按十二月辟卦）为乾宫的取乾圆之象，亦可取出车轮的象意。（4）表奏：丑见艮，丑为土，艮为山，丑为田园之土，变成山为抬高之象，而丑所见艮中之寅，为官鬼爻为丙寅为炉中火，正生丑土，火主炎上，为表奏之象。故当断八字如丑土见丙寅或丑寅见丙流年时，可断为有官方或单位主管领导认可表彰之象，亦可视为由小变大成就名望之象。

例 11：丑见震卦或甲乙卯时，为枯物、花榭、桑木。

象意分析：（1）枯物：丑为腊月，震为树木，两者相见，自然是万物凋零之象，为枯物。（2）花榭：因丑为艮为山为高处，卦画符号为（☶）上一阳爻下两个阴爻，为一个平台之象，与山象组合为高土台之象，而丑土见震或甲乙卯木，土与木的组合为木屋之象，将象意综合为建筑在高土台上的木屋，为花榭的象意。（3）桑林：因艮上一阳爻象天，丑与虫谐音故天与虫组合为蚕，当与震木或甲乙卯再组合时，由于蚕是食桑叶的，故可视震或甲乙卯为桑木。

例 12：丑见巽卦或辰巳时，为荐席、车轮、鞋履。

象意分析：丑为艮由上论可类象为一个平台，巽或辰巳为草木，当丑与巽或辰巳一起组合时，可想象成由草木组合而成的一个平台，即草席又称荐席。前面也谈到过丑为牛，坤亦为牛又为十二月辟卦中的亥月，坤为地为载的象意，为车。而亥为乾宫之物，有圆的象意，而巽或辰巳为风，将前后象意组合起来为像风一样的圆物随车转动，即可想到车轮。由车轮之象自然会想到，如果类人可为脚的象意，又因古时用草织席子，也用草编鞋，所以也可由脚的象意想到与脚有关的物品即鞋履，亦可为草鞋。又因为丑见巽，按纳甲法为辛丑，为巽宫初爻，为最下端，故可取象为鞋履。

例 13：丑见离卦或丙午丁时，可为紫色物、皂色物。

象意分析：丑为牛为坤为亥为水为黑色，离为红色，当二者相接时，红色的多而黑色少时可为紫色物，当丑旺时而离丙午丁弱少时，为黑色即皂色物。

例14：丑见坤卦或未申时，为饭食、为六畜。

象意分析：丑为坤为同类又为亥为坤卦的财爻为饭食，而丑又为坤宫兄弟爻为癸丑，纳音为木，见坤未申又为亥，此时的木又为坤之子孙，为六畜之象。又因丑为牛，坤为亥为猪，坤中含未申为羊、为猴，亦可为六畜的象意。

例15：丑见兑卦或辛酉庚时，为酒器、钩具。

象意分析：丑为坤为牛为亥为水，兑中含酉，丑见兑即水见酉组合为酒，又因兑为口为上缺之象，与酒一组合可为酒器的象意；丑为亥为水为曲折，将水的弯曲与兑卦及辛酉庚的金属特性组合起来为钩具之象。

例16：丑见乾卦或戌亥时，为马驴、珍珠、宝石、首饰。

象意分析：(1) 马驴：大家都知道地支中卯、酉为门户，卯时太阳出来千家万户都开门，酉时天黑都关门，故有门户之说，是按时间来取象的。丑为金库，为酉门藏身之所，故艮卦类象为门槛，据此可知丑也有门户之象，至少丑可代表房子。在古代把依山而建的房子一般也称草庐，而乾为天，每天运转不停，故特质为健，如人身体健壮经常运动之象，而马总是奔波不停的特质与天健的特质相通，故乾可类象为马。汉代的王弼提出了只要符合健的特点，不必细分坤牛或乾马，换句话说奔跑的牛与健相应也可类象为乾，温顺的马与坤卦德相符亦可为坤象。马与门户的户字组合正好是个驴字，而繁体字的庐字与驴字很相近，尤其是庐字的字形与马组合时很像驴字的繁体字。丑为艮为山为止,也为倔之象意,丑又为艮为少男代表幼小,此类象与马的类象乾卦组合,即为比马小而又非常倔的与马相似的动物,此时可马上想到驴,故丑见乾戌亥为马驴。(2)珍珠、宝石、首饰:因丑为艮为贝类,乾为圆为头为宝为金,故可类象为珍珠。丑为艮为山为石,与乾珠宝组合为宝石,乾为头,为首,戴在头上的珍宝为首饰。

例17:寅见坎卦或壬子癸时,为猫、葫芦。

象意分析:(1)猫:寅为艮宫所藏,寅按十二生肖为虎、猫象,见坎或壬子癸时为猫。主要是因坎中含壬子癸,中有子,子为鼠。根据事物之间的相关性取象,故寅见坎壬子癸为猫。(2)葫芦:坎卦如按六卦画来看,二、五爻为阳爻,而葫芦的上下两个肚儿也正是如此都是圆的,见寅为艮为山为黄色高悬之物为木本的,因艮从卦爻来看一阳在上二阴在下,为高悬之物。寅为木,小的时候为青绿色,老的时候为黄色,将此象意与坎水卦六爻画象结合起来即可从脑海中呈现出葫芦的象意。

例18:寅见艮卦或寅丑时,为虎、猫、砧。

象意分析:(1)虎、猫:寅生肖为虎见艮为山故可为虎,山上也可有猫,因寅为虎与猫象相似。(2)砧:砧的意思是捶或砸东西时垫在底下的器具,有铁的、有石头的、也有木头的,如切菜用的木板。寅为艮宫的,再见艮,艮为石,与寅组合为坚硬的木板之象,再加艮一阳爻在上二阴爻在下,像一个平板平台之象,故类象为砧。

例19：寅见震卦或甲乙卯时，为文章、椅桌、丛木。

象意分析：（1）文章：震为东方为青龙为生气，为文明之象，震含甲乙卯，寅见甲纳音为大溪水，乙卯亦为大溪水，寅见震或甲乙卯为水木相生，水为坎，坎为黑为墨，木为笔，有笔有墨又有文明之象，寅为艮为石为砚，为有笔有墨有砚又有文明之象故为文章。（2）椅桌：寅为平台，因一阳爻在上，二阴爻在下，为桌子之象，寅见震甲乙卯都是木，震是一阳下，二阴在上，为椅子之象，故为椅桌之象。（3）丛木：艮为山为寅，见震甲乙卯为丛木之象，为山上有丛林之象。

例20：寅见巽卦或辰巳时，为道人、茄果、稻席。

象意分析：（1）道人：《释氏要览》上曰："《智度论》云：得道者名为道人，余出家未得道者，亦名道人。"此为道人的定义，寅为艮为山为寺庙，巽为风为行踪不定为刮，谐音为寡，为寺庙中的寡人，故象为道人。（2）茄果：寅为木，巽辰巳均为木，木加木正是茄字，草字头下面用个加字，为茄，果类亦由木生故为茄果。（3）稻席：巽中辰为水库，故巽可象水稻，但辰巳月时水稻未成熟，故可类象为稻草，而寅为艮为一阳爻、二阴爻的组合，为平台之象，与稻草组合即为稻席。

例21：寅见离卦或丙午丁时，为五色火盆、神像。

象意分析：火盆的象意取寅为木，离为上，下为阳爻，中为阴爻，五行为火，两阳爻象乾为圆，如俯视来看的话为火盆之象，而五色则需要纳音纳甲知识才能阐释清楚，寅为木为青色，丙午纳音为水为黑色，纳甲为艮为黄色，正五行为火为红色，丁纳甲为兑为白色，将此五色与火盆象意组合起来，为五色火盆。看似简单的东西，实际取象并不那么容易。寅为山为寺庙，寺庙中有五彩的东西，寅为艮之鬼爻，自然会想到神像。

例 22：寅见坤卦或未申时，为风、医、僧、苗。

象意分析：(1) 风：寅见坤（为亥），寅亥合化木主风。(2) 医：寅见坤中有申未，为木之库，见申为冲，而申未为亥为木之长生，故寅见坤为克中有生，为医之象。(3) 僧：亥为乾宫的，乾为金为首为头见水为光头之象，寅为艮为山为寺庙，寅见坤为亥为乾为水为金水相生，为光头，寺庙中的光头为僧之象。(4) 苗：坤为大地，寅在艮为少男为木，如将少男的象意比喻成植物的话，可为幼苗，如再与坤为大地之象组合的话，苗的象意就更丰富了。

例 23：寅见兑卦或庚辛酉时，为宝刀、剑器。

象意分析：(1) 宝刀：寅为艮，艮中含丑和寅，丑 2，寅 3，合之为 5 数，艮上一阳爻，下两个阴爻，数也是 5，象 5 手指故艮象手；兑为金上一阴爻，下两阳爻，像金属一面开刃的东西，如与手组合可为刀，因兑又象珠宝，故为宝刀。(2) 剑器：兑卦中含辛酉。为巽宫的鬼爻，巽为木主修长，又为兑宫，为剑之象，与寅组合为剑器。

例 24：寅见乾卦或戌亥时，为吏、火、长毛狗、四角物。

象意分析：(1) 吏：乾为首为官府，而寅与戌亥都合，按五行生克角度来讲，乾为寅之官，故寅见乾为吏。(2) 火：又因古有钻木取火之说，而寅为木为石，见乾为圆为金，象意组合为尖硬的石头钻木之象，故寅见乾为火。(3) 长毛狗：在中医五行类象中将土喻为皮肤，而土所生者为金，皮肤上所长者皮毛也，故金为皮毛，而乾为金为皮毛之象意，寅为艮为山为土为狗，寅见乾亦为土生金，则乾旺为皮上之毛长之象，再将狗的象意融入为长毛狗之象。(4) 四角物：寅为艮为一阳爻下两阴爻，阴爻又分四段，见乾为头，艮中寅见乾亦为角，故为四角物。

例25：卯见坎卦或子癸壬时，为狐、水陆工具、木勺。

象意分析：(1) 狐：卯为兔，坎子癸壬为水主聪明，两者象意组合为外观象兔子那样但比兔子还要聪明的类似动物，自然会延伸出狐的象意。(2) 水陆工具：卯为木，坎为水，壬子为水又纳音为木，组合起来为水上行走的东西为水陆工具如木船等。(3) 木勺：卯为震宫之物，故可用震的类象，震一阳爻在下，两阴爻在上，远远望去很像一个鱼缸，如将此象与卯木和坎水组合，即为一个能盛水的木勺。

例26：卯见艮卦或丑寅时，为竹木、米、砚、狐、貉、兔、术人。象意分析：这组类象看似简单，实则取出这样的信息象不太容易，仅这个竹木和米的象意就很难，为什么是竹木而不是其他的什么木？为什么是米而不是稻或谷？我们只有思考这些才能真正的读懂象意，否则不但看不懂也用不上，至于延伸与拓展就更谈不上了。要想在实践中有所发挥和拓展应用，前提是要读懂古人留下的东西，换句话叫继承也可以，只有继承了传统的东西才有希望创新，不然所谓的现代命理还是奇门等创新，那就都是华而不实的东西了，这就是我们为什么要向古人学习的原因。

(1) 竹木：卯为木见艮或丑寅，从爻象符号来看，艮六画卦上一阳爻下两阴爻再一阳爻两阴爻，象竹节，而艮中寅木为该卦鬼爻为丙寅纳音炉中火，火主中虚，正如竹木心空有节之象，故为竹木。(2) 米：艮为山见卯为震综合象意为沟壑为山谷，故艮可为谷子之象，在《黄帝内经素问》卷一中有："中央黄色，入通于脾，开窍于口，藏精于脾，故病在舌本。其味甘，其类土，其畜牛，其谷稷，其应四时，上为镇星，是以知病之在肉也。其音宫，其数五，其臭香，其液涎。"从上引述中可知：土可类象为谷稷（谷子）、牛及肉也就是皮肤。艮中之丑为牛可类象为谷稷及皮肤，而当见卯时，卯与艮中寅木正克丑土，为谷子去皮之象，谷子去了皮即为米。(3) 砚：艮为山为石，卯木见艮中寅木为见寅为丙寅为炉中火，为明为见，石字见"见"字为砚。(4) 狐、貉、兔：卯为兔，艮为山，与兔同类比者还有寅为虎，小者可为狐为貉。(5) 术人：卯见艮见寅为丙寅，为艮中鬼爻，艮为山为寺庙，与鬼爻丙寅组合为神像，卯为震为武人，与丙寅组合如将神像喻成人，则为有一定道术的人，再与武人震组合为术人之象。

例27：卯见震卦或甲乙卯时，为竹床、木栗。

象意分析：(1) 竹床：卯为震宫之物，数字为4，震为下一阳爻上两阴爻，如六画卦组合的话很形象为竹木，一爻和四爻为大离象木中空，为竹木。而卯又为乙卯为坤中之鬼爻，坤为平地，象可为平面，乙卯纳音为水主润下，象足，卯数4，为4足之象，再将一个平面竹木信息加入则为竹床的象意。(2) 木栗：

乙卯既在震宫又在坤宫，震可为大树，乙卯可视为树上之物，乙卯较之甲木为枝上之物，又因卯为坤中鬼爻，卯木如按中医五运六气五行来论，卯又为金，金为鬼爻为木，为此物内部坚实，外有毛刺，又因乙卯在坤中的第三爻，为外有皮有刺而内坚实之象，正如板栗之象，故类象为木栗。

例28：卯见巽卦或巳辰时，为鼓、笛、管篪、播竿、花木。

象意分析：（1）鼓：卯为震为一阳爻在下，二阴爻在上，如六画卦组合起来亦象一鼓形。巽为木为风，卯为震为木，两者组合如人手拿木棒击鼓之象。卯为坤之鬼爻为坤为牛为土为皮，震卦实际是坤下一爻发动而变震，木克丑土为击打牛皮之象，又因巽与震的卦画正好相反，为见阳爻巽上二阳爻为乾为圆，与震上二阴爻组合为牛皮鼓之象。（2）笛、管篪：卯为震为动为声响，与巽为风组合为吹的乐器，卯为竹巽中有巳，巳为乾为圆、管，巳为火为中空的圆管，巳又为辛巳，为巽之食伤子孙爻为嘴，加巽风为笛、管篪的象意。（3）播竿、花木：巽为木见卯亦主修长，卯为动为竹，故可类象为播竿，又因巽如中有辰为田园之土，巽可为花草见卯木为枝为花木。

例29：卯见离卦或丙午丁时，为笙簧、椒炉、马、驴、骡。

象意分析：（1）笙簧：笙是一种簧管乐器，主要是乐器中有弹性的用以振动发声的薄片。而卯为震为竹木，又为坤宫之鬼爻，为黄加竹字头为簧字的象意，卯为震又主振动。发声之象，而离一、三爻为阳爻，二爻为阴爻，象管，综合象意为笙簧。（2）椒炉：离中含丙丁，按纳甲论均为艮宫和兑宫，象少男少女，与卯木组合可类象为禾苗，即将少男少女象比喻木的话可为禾，而丙午丁又为离为日，禾与日组合为香字，而卯为震为木为带有香气的植物，而离为火中虚有卯木相生为香炉之象。《史记·礼书》："稻粱五味，所以养口也；椒兰芬芷，所以养鼻也。"由此可知花椒在古时候是用来制造香气的，与兰花之香放在同列，那么有椒炉之说也就不奇怪了。从上引也可推想，古人是把花椒放在香炉中点燃来制造香气的。(3) 马、驴、骡：卯为震见离或丙午丁，为震起健壮之马，因离有马之象，又因离中虚为火为红为赤，卯为兔为赤兔马之象，故为马。而卯时，为千家万户开门之时，故卯为门户，马与户字组合为驴，此是一种象意组合。又因离中丙午丁纳甲均为艮兑主少男少女，为小的象意，为小马之象。而卯为兔，最明显的特征为耳朵长，丙午又为天河水为略黑的颜色，是驴的象意。卯为震为长男，离为中女，为有男有女，有马有驴，骡子的象意自然就带出来了（骡子是由马与驴交配所产生的物种）。

例30：卯见坤卦或未申时，为术人、晚稻、米、果。

象意分析：(1) 术人：卯见坤为坤中的官鬼爻，乙卯纳音大溪水，为鬼爻临水为玄武，为术人，也可为骗子，是以术数来骗人的骗子，要不然术数这一块就不会有这么多的骗子了。从另外一个角度看，玩术数的人一般智商都很高。坤为土为农民，可知此中的术人是在农民层玩术骗人的人。与卯在艮宫的术人是不同的，因卯为木主仁为人，艮为山，人靠山为仙字之象。故前者较后者不是一个层次的。(2) 晚稻、米：卯见坤按十二月辟卦坤为亥，为农历十月，卯为乙卯为大溪水，亥亦为水，卯为木，水中的植物，坤为大地象农民，自然是水稻的象意，临亥月为晚稻之象；卯克坤，坤为土主皮，去皮之稻为米的象意。(3) 果：因坤为亥通乾，乾类象为圆，卯又为震为树，卯与坤组合为卯亥相合，为树上长的圆物为果的象意。

例 31：卯见兑卦或庚辛酉时，为盘盒、刀俎、枷械。

象意分析：(1) 盘盒：卯为震象盘，兑卦画为上缺象盒，故卯见兑为盘盒。(2) 刀俎：刀俎为切肉的用具。俎，为切肉的案板。《史记·项羽本纪》："如今人为刀俎，我为鱼肉，何辞为？"卯为木、兑为上缺为金，木为把手，兑上缺为刀，一组合为刀具，而兑中含辛酉还有庚五行为金，纳甲均为震、巽宫五行木，为坚硬的木板之象，辛酉冲卯木，卯为坤中鬼爻，坤为土为肉为亥，被冲为将肉切成多块之象，故卯见兑庚辛酉为刀俎。(3) 枷械：枷（音同丑）为古代刑具手铐之类，枷械泛指刑具。卯酉为门户，即卯时为千家万户开门之时，酉时为关门之时，两者并见为人的出入行动自由受到了限制之象，卯按十二月辟卦为雷天大壮之象，上卦震，下卦乾，再见兑为乾金与兑金克震木之象，震为足，被金克亦主行动被限制之象，卯为坤之鬼爻，被辛酉冲为鬼动为官司之象，卯中藏乙为乙卯为坤之鬼为丑被克，丑为艮为手之象，震为足，为手和足都被限制了，兑金辛酉庚为鬼爻又为白虎，将上述象意融而会之为枷械之象。

例 32：卯见乾卦或戌亥时，为雷电云雾。

象意分析：卯为震，乾为天，震天的响声为雷，有雷必伴随闪电，卯为乙卯，为坤之鬼爻亦主闪电，乾中有亥为坤为屯积水的土，为乌云之象，乾按十二月辟卦又为巳火，卯为大溪水，见戌为火见亥为云，巳为螣蛇，主大雾之象，因屯积的云不下雨，卯见巳又为木火相生，卯戌合化火，但亥见卯木又为水气较重，综合象意为大雾之象。

例33：辰见坎卦或壬子癸时，为布网、蛟龙、水族、大盗。

象意分析：辰为巽宫，巽上互卦为离为网，坎卦的二爻和五爻之间象大离为网，水生巽木为水缘木上，如网伸展开之象，故曰布网。如从地支辰土与坎中壬子癸的组合中亦可看出，子辰半合水，壬子纳音木，癸与戊合化火为离为网，癸又纳甲为坤，为众为网状之象，辰为水库与子合，子中藏癸水，辰子合化水加癸均生壬子木，亦为布网的信息。辰为龙，在巽宫为虫、为蛟，见水为蛟龙之象，延伸为水中之物故为水族。坎为水为江湖，色为黑，合之象意喻人的话为江湖中的黑道人物，见辰为江湖中的龙头老大之象，故象大盗。

例34：辰见艮卦或丑寅时，为碾碓、药饵、象。

象意分析：碾碓是舂米用具，用柱子架起一根木杠，杠的一端装一块圆形的石头，用脚连续踏另一端，石头就连续起落，去掉下面石臼中的糙米的皮。辰为巽宫为木，见艮中之寅为拱卯木，为木架子之象，也为木杠之象，辰为巽为绳索，辰为龙为乾为圆，艮又为石，合之为圆石被绳子系在木杠一端之象，辰寅拱卯为震为足蹬石动之象，综合象意为碾碓之象亦主药物之象。辰为土为巽木之财，味为甘，故可为药饵之象，辰为龙为乾为庞大之物，艮为山为鼻，为庞大如龙的东西，鼻子又非常之大，故类象为大象。

例35：辰见震卦或甲乙卯时，为花卉、枷杻、茴香。

象意分析：（1）花卉：辰为巽宫为东南之地象花草，震含甲乙卯为木为林木，与辰象意组合为各种花草之象为花卉。（2）枷杻：辰为巽为木，见震或甲乙卯亦为木，木上又见木为枷字，又因乙卯为坤之鬼爻为丑象，木与丑组合为杻，此外辰为土，见震或甲乙卯亦为逢杀，可类为刑具，故为枷杻之象。（3）茴香：辰为巽宫，巽的卦画为上两阳爻下一阴爻，而震为下一阳爻上两阴爻与巽正好相反，震仰盂，巽下断，震象一个大口字，巽此时可象一个小口字，两者相见为"回"字，又因辰与震甲乙卯都为木，故与回字组合为茴香。

例36：辰见巽卦或辰巳时，为花卉、黄草、瓶晕、牛腥。

象意分析：巽木为花草之地，见辰为各种花草之象，为花卉。辰为土为黄，故为黄草。巽下断从爻象上来看很像一个口朝下的瓶子，而辰为龙为乾为圆，为黄色一圈一圈的在瓶子上像瓶晕。前面的类象中提到过巽最下一爻来自坤，即风是由地升起的，坤为牛，巽为风，木主腥，故为牛腥。

例37：辰见离卦或丙午丁时，为砖瓦、骨角、茴香、龙蛇、虾蟆。

象意分析：（1）砖瓦：辰为巽宫为木为风，见离或丙午丁为木火相生之象，辰为湿土，被风吹火烧为砖瓦之象意。（2）骨角：辰为龙，在巽，临离，离为目，目上为角之象，因巽亦是阳爻多阴爻少，离亦是中虚外阳，故阳爻临木为角，为骨之象。(3) 茴香：辰为巽为木，见离或丙午丁为木火相生，离之卦画与巽之卦爻画比较亦是回字形，加辰为巽为草字头，为茴字，为茴香之象。(4) 龙蛇：辰见离如见丙午丁（丙午纳音为大河水），为龙入天河之象，丁见辰亦为见巳，故亦可象龙蛇。(5) 虾蟆：辰为水库，丙午为天河水，丙丁纳甲为艮兑，为小物，故为虾蟆。

例38：辰见坤卦或未申时，为土石、米麦。

象意分析：辰为土，坤为土为牛为丑为艮为山为石，故象为土石；巽为木为辰见坤，为丑为土为木克土为米，坤中含未申为麦子收割之季故可象米麦。

例39：辰见兑卦或庚辛酉时，为破皮、骨角、碓碾、瓷器。

象意分析：(1) 破皮：在分析象意的同时，要研究干支类象的有所取和有所舍。如辰为巽为木为辰为角为土，见兑金克，为破，因兑为缺（按卦爻取象），辰按正五行为土为皮肤，为皮肤有缺，再加之金克木，为破皮之象。(2) 骨角：辰为水库，逢兑为泽相生，生起辰中之水，水为骨，因水为坎，按卦爻画取象，坤三阴爻为土为皮肤，而坎水则是坤之二爻和五爻由阴变阳，为皮中之骨，故水象骨，而辰又为木为角，故为骨角。(3) 碓碾：兑中含辛酉，酉按十二月辟卦为风地观卦，上卦为巽，下卦为坤，上互卦为艮为石，见辰为龙为乾为圆石之象，巽克坤为米，辛酉辰为巽，为木为绳，坤为牛为丑为艮为山为石，辰酉合为圆石被固定在一个木架之上，巽木克坤土为碓碾之象。(4) 瓷器：

辰为巽，卦画象倒置的瓶，辰酉合化金，为瓷瓶的象意，故为瓷器，又因兑纳甲为丁为火，酉在兑宫为山下火，为炉窑之象，辰为湿土，经烧制后为瓷器之象。

例40：辰见乾卦或戌亥时，为布盆、甲胄盔、骡、海水。

象意分析：（1）布盆：辰为巽宫可类象为虫，因巽中含巳为蛇，别名长虫，故可视为虫的类象，乾为天，虫与天的组合为蚕字。乾中又有亥为坤为土为布，为由蚕吐丝而织成的布，辰按十二辟卦为泽天夬卦，上卦为兑，下卦为乾，又见乾为圆，上兑为缺，为盆的象意，合之会意为布盆。（2）甲胄盔：辰为龙为乾，见乾为金为头，前面又有布的信息，可视为身上穿的衣物，因其象为金，故为甲胄盔。（3）骡：因辰为水库，在巽宫为木主修长，水为肾为耳，合之象意为修长的耳朵，而乾又为马，将两者象意组合起来，即为马长着修长的耳朵为骡的象意。（4）海水：辰为龙为水库为水，见乾为天，为水天相应之象，乾纳甲又有壬戌，故类水之象时，可为大海水。

例41：巳见坎卦或壬子癸时，为蛇、蚯蟮、泥物。

象意分析：巳为蛇为巽宫为爬行动物，见坎应为水蛇，因巳按十二月辟卦为乾卦，而坎中只有二爻和五爻为阳爻，坎中二爻、五爻均与坤卦的中爻对应，即坤卦的二爻或五爻由阴变阳则为坎，因此坎亦有坤土的象意，为水土混杂之物，为泥物；因蚯亦是在土中，虽小但与蛇类似，故可类象为蚯，还有水中的蟮与蛇类似，故当巳与坎或壬子癸组合时可取蚯蟮之象。

例42：巳见艮卦或丑寅时，为砖瓦、珠、玉石。

象意分析：（1）砖瓦：巳为巽宫的子孙爻，为辛巳可为珠宝，因子孙为财星的原神。巳在巽为点燃的火，见艮为山为石，丑为湿土，见寅木为丙寅为炉中火，为烧砖制瓦之象。（2）珠、玉石：巳按十二月辟卦为乾为圆为金，艮土生旺为宝珠，又因艮为山为石，中又含寅木为绿色，为绿色的珠宝和石头，可视为玉石及翡翠之象。

例43：巳见震卦或甲乙卯时，为屈曲物、乐器、花果、豆。

象意分析：巳由上论可知为乾，震为一阳爻在下，二阴爻在上，阳爻象乾，阴爻象坤，为植物欲将破土而出之象，巳为蛇为屈曲之物。震又为木为树，巳又为花草，为巽为风，为乾为圆，巽卦画下为阴爻为圆而有洞的东西，震为响声，巽为风为吹的东西故为乐器，巳为圆物见震为木为树组合为花果，可为豆。

例44：巳见巽卦或辰巳时，为管篱、纨扇、蜂、蝶、飞虫、禽。

象意分析：（1）管篱：巳为乾为圆，见巽主长，合之会意为管，巳为巽为火为离，为竹（因空心之木为竹）为篱之象，两象合一为管篱。（2）纨扇：巳为蛇为虫，巳为乾为天为天虫，组合为蚕为丝，巳火为离数可取九为丸象，与丝组合为纨，与巽组合为风为扇，为纨扇之象。（3）蜂蝶、飞虫：巳见巽或辰巳为花草，巳为火见巽为风为飞虫之象，自然可想到花草之中的飞虫有蜂、蝶，也可延伸为蜻蜓。（4）禽：巳为巽中子孙爻，辛巳可为家禽如鸡、鹅等，因巳见巽为有火有风有木，为火旺为离为朱雀为鸟，巳见巳为我见鸟为鹅。

例45：巳见离卦或丙午丁时，为火烛、萤虫、麻雀、炉冶、炙博。

象意分析：（1）火烛、萤虫：巳为火，离中丙丁纳甲为艮兑为少男少女为小孩，如不喻人喻火的话，可为微亮为火烛，类虫可为萤火虫。（2）麻雀：巳见离或丙午丁为朱雀，巳为巽宫主双数，巽又主木见巳可取双木为林，再将鸟雀之象融入则为麻雀，或林中之雀，又因丙午为艮宫之父母爻主黄，丁为兑宫主白，丙午又为天河水主黑，为麻雀身上的颜色，故亦可取出麻雀之象。（3）炉冶：巳为巽为风为木火相生之象，见离为两阳爻中一阴爻为炉之象，中又有丙午丁为有水有金为炉冶之象。（4）炙博：巳为火为木，见离亦主有物在火上大面积的烧烤，故为炙博。

例46：巳见坤卦或未申时，为锅、斧、口齿病、黍米、豆。

象意分析：（1）锅：巳按十二月辟卦为乾为圆，坤或未申按十二月辟卦为亥为水为乾宫之物，乾为金为圆又见亥水为铁锅盛水之象，故为锅。（2）斧：乾为金见坤或未申为亥，为金属开刃之象，又因巳为巽为木与金属相连之物，又因乾有父象，坤土生乾金，为金旺音同斤，与父组合为斧字。（3）口齿病：巳为巽宫的子孙爻，亦为兑宫的官鬼爻，兑象口，子孙爻又为食神为兑为金为口为齿，鬼爻为病，坤为亥，巳亥相冲为口齿病。（4）黍米：巳为巽为乾为圆象，见坤为土为木克土，土为谷，为谷子，为皮为黄色被克，为去皮之谷子为米，坤为亥中含未申暗合巳，未亥半合申巳合，申未又同宫，为黏在一起之象，故为黍米。

(5) 豆：巳为乾为圆为大，与坤土组合为大豆，亦可为土豆。

例47：巳见兑卦或庚辛酉时，为钱、铁、铛、铫、弓弩、瓷器。

象意分析：(1) 钱、铁、铛、铫：巳按十二月辟卦为乾为圆，而兑卦则是乾卦上有方洞之象，因兑的卦画上爻是两个断开的阴爻，金形主方，故为圆形的金属上有个方形为古铜钱之象，故类象为钱，亦可为铁，亦可象两个金属相撞发出的声响铛，因巳为乾为巽又为草药，与兑相见又象药铫子，故象铫，巳为火在巽宫有辰土亦有紫砂的象意和做饼用的铛的象意。(2) 弓弩：巳为蛇有弯曲的象意，成语有杯弓蛇影之说，说明蛇的弯曲之象很像弓，兑宫中辛酉为巽宫鬼爻，辛下又有尖，木主修长，兑又为白虎主凶器，与弓组合自然成弩，庚为震宫之物为弹动之象为弩的象意。(3) 瓷器：前面讲过巳为巽宫，含辰为泥土，巳为火为乾为金亦为紫砂，见兑亦为瓷器之象，因兑为泽为西为江西之象，巳为东南，都为紫砂和瓷器的产地故为瓷器之象。

例48：巳见乾卦或戌亥时，为犬、泥、蜥蜴、蟾蜍、角器、石臼。

象意分析：(1) 犬：巳为巽宫含辰巳，乾含戌亥，如按十二月辟卦来论巳亦为乾为戌亥，可直接取象戌为犬。因一是乾象龙，而马也可类象为乾宫所含之地支戌，为犬；二是乾为大，再见巳也为乾为大了那么一点，故大字加一点为犬。(2) 泥：乾宫是戌土和亥水混在一起为泥，巽宫含辰巳，其中辰为水库亦为泥，加巳为可提炼紫砂的泥或烧制瓷器或含金含铁之泥。(3) 蜥蜴、蟾蜍：巳为蛇，而乾中戌亥分别为狗和猪，均为四脚之物，故可象蜥蜴、蟾蜍，因乾与巳一个是由巽宫之巳变化而来的，一个象天为健为自强不息，一个是白色一个是绿色，极其易变具有保护色，故象蜥蜴和蟾蜍。(4) 角器：因巽和乾都在角上。巳为巽为木五音为角，乾为器物，合之为角上的器物。(5) 石臼（与旧同音）：臼与石组合称石臼是舂米的器具，用石头或木头制成，中部凹下，从巳与乾的组合可类为犬，因犬为艮为石，从而可类出石头来，巳为巽为木，两者组合为石和木的组合，而巳又为兑宫之官鬼爻为丁巳为兑宫有上缺之象，与臼之中间下凹之象相符，故巳见乾可拓展象意，为石臼。

例49：午见坎卦或壬子癸时，为橱柜、蚕丝、病马。

象意分析：(1) 橱柜：午见坎，坎按纳甲论为纳戊，故午见坎为戊午，为坎宫财爻，纳音为天上火，为离在上乾在下的组合之象，又因午见乾为壬午为杨柳木，再见坎中壬子为桑柘木，为木的组合，午火为财为鬼爻又与子水相冲为子孙爻，子水克制午火鬼爻，鬼爻为财，子孙为食神，故可知午火为食品，而午又在离宫中，爻象为外两阳爻内一阴爻，是木质的组合与吃的有关，午在离宫又为父母爻，为房子中，乾又为午为锅，为水为食物为木质的组合，丙午为艮宫为一阳爻下两阴爻为灶台之象，综合象意就会让人想到橱柜。

此类象意在应用时不一定会想到这么多，但平时在研究和思考时，必须要多加强此类思维上的锻炼，这样在实践中思维才不会干涸。我以前以亥卯未三合局也断过家具，也应验了。当时我就想木头的组合能是什么，不是家具还能有什么？此例中的象只要将壬午纳音杨柳木和壬子桑拓木取出来就可类出橱柜了，因为也是木的组合可想象为家具，有火的家具必然与做饭有关，自然也可想到橱柜。因此，平时多想多练对提高象意的理解十分重要，只有对象意熟悉和理解了，实践中即使用不上，也会有一种潜移默化的作用，到时好似有神助一样，就会有灵感。

（2）蚕丝：此象如简单从壬子为桑树来论，子午冲为树上的蚕吐丝之象亦是可以的，但这是只知其一而不知其二，周易的象数人们常讲上可通天，下可谈地，中可论人，被誉为包罗万象的一门知识，这样讲是说易象的取象，亦可采取民间传说和神话等，因为易象讲的是象，既然是象的东西可以不是事实，也可以不是具体的东西，这就是象比文字高明的地方，具有不确定性和不固定性，所以它才能仅以八个卦象十二个地支，就可以谈天说地又可讲人事，如果将有些类象固定得很死，八卦易象就失去了它的功能。

在古预测学六壬的类象中，也把午取象为蚕，当时我看后也不解，常想为什么？后来看了《搜神记》中马皮蚕女一段，才明白马与蚕的关系，现将原译文引录如下：

传说在远古的时代，有一个大人出门远行，家里没有其他的人，只有一个女儿，另外还有雄马一匹，由女儿亲自来喂养。女儿居住在偏僻闭塞的地方，十分思念她的父亲，就和马开玩笑说："你能给我把父亲接回家，我就嫁给你。"

马听了这话，就挣断了缰绳出门去了，径直跑到她父亲那里。父亲看见了马又惊又喜，便拉过来骑了。马望着它来时的方向，悲哀地嘶叫不停。父亲说："我这儿没有什么事情，这马却这样哀叫，我家里是否发生了什么事呢？"他急忙骑着马回了家。因为这畜生对主人有非同寻常的情谊,所以主人也优厚地加以饲养,但马却不肯吃料,每次看见那女儿进出,总是似喜似怒地踢蹄蹦跳,像这样的情况不止一次。

父亲对这种情况感到很奇怪,就偷偷地询问女儿。女儿便把与马开玩笑的事一一告诉了父亲,认为一定是因为这个缘故。父亲说:"不要把这件事说出去,我怕它会玷污了我家的名声。另外,你别再进进出出了。"于是父亲埋伏在暗处用弓箭把马射死了,并把马皮剥下来晒在院子中。

父亲走了,女儿和邻居家的姑娘在晒马皮的地方玩耍,女儿用脚踢着那马皮说:"你是畜生,还想娶人做媳妇吗?结果招来了这屠杀、剥皮,为什么要自讨苦吃呢?"话还来不及说完,那马皮突然挺立起来,卷着女儿飞走了。邻居家的姑娘又慌又怕,不敢救她,便跑去告诉她的父亲。她父亲回来,到处寻找,女儿已经失踪了。后来过了几天,在一棵大树的树枝中找到了,但女儿和马皮都变成了蚕,在树上吐丝作茧,那蚕茧丝绪不乱,又厚又大,不同于通常的蚕茧。邻近的妇女取这种蚕饲养,收入增加了好几倍。因而人们把那棵树命名为"桑"。"桑",就是"丧",是悼念死亡的意思。从此百姓争着种植桑树,现在用来养蚕的就是这种树。平常所说的"桑蚕",是古蚕中残剩下来的一种。

根据《天官》的说法,辰对应马星。《蚕书》上说:"对应大火的那个月(指二月),就要浴蚕选种了。"这样看来,那么蚕和马具有同一种元气。

《周礼》规定,校人(应作"马质")的职务是主管"禁止再次浴蚕选种"。郑玄的注解说:"事物不能同时为大。禁止再次浴蚕选种,是因为怕它伤害了马。"按照汉代的礼仪,皇后亲自采桑，祭祀的蚕神叫作"菀窳妇人""寓氏公主"。公主，是对女子的尊称；菀窳妇人，是第一个教老百姓养蚕的蚕神。所以现在社会上有人把蚕叫作女儿，这实是古代遗留下来的词语。

以上所引足以证明，要想研究好易象，需要方方面面的知识。明白了马即午与蚕的关系后，壬子见马为蚕丝就好理解了。最后一个类象为病马，这个象没有什么弯弯绕，是直线思维取象，马为火，坎壬子癸为水，水克火，马为午为火被克为病马，子水为足，亦可为腿有毛病的马。

例50：午见艮卦或丑寅时，为獐鹿、豆、失脱上尖物。

象意分析：（1）獐鹿：要想把干支与易象组合后所类出的象意阐释明白，最关键的一点是要对所类的象的主要特征了解和熟悉，如此例中的獐鹿，首先要搞清楚獐的概念，然后才能从干支和易象的组合中抓住主要特征，从中领悟到象意的妙处。獐是哺乳动物，形状象鹿而较小，身体黄褐色，腹部白色，毛较粗，没有角。獐子的头小而尖，人们常用獐头鼠目来形容坏人。《旧唐书·李揆传》："龙章凤姿之士不见用，獐头鼠目之子乃求官。"总之，獐鹿泛指鹿类动物。午见艮纳丙，为丙午，见寅为丙寅，艮为狗亦可为戌为寅午戌合火局之象，火主头面，火炎上为上尖之象为头部尖小之征。火主红色，艮土主黄两者综合为褐色，加之丙午纳音水，水火相混火旺为暗红再加艮土之黄色为黄褐色之象，丑为牛为坤为腹为亥（按十二月辟卦），丑为艮为狗为戌，合之会义为乾，综合象意为腹部白色之象。又因土主皮肤，金主皮毛，午见艮火旺土相，金自然也旺，故毛较粗，艮中寅为五音为角，见午火木被化为没有角之象，上述象意综合之象为獐鹿之象。(2) 豆：午为马为乾为圆与艮组合为豆的象意。(3) 失脱上尖物：前面讲过午见艮，可按艮纳甲丙组成丙午，纳音为天河水，冲克丙午火，水为玄武为偷盗，此种组合为失物之象，因丙午又为火为炎上为上尖之物，故类象为失脱上尖物。

例51：午见震卦或甲乙卯时，为衣架、果豆、飞鸟。

象意分析：(1) 衣架：此例象意相对其他组要简洁些，午见震或甲乙卯可为庚午，纳音为路旁土，为庚金的印星为父母，午火为震宫的子孙为食神，为衣食父母之象意，又因午火按十二月辟卦为天风姤为上卦乾，下卦巽，午见乾为壬午为杨柳木，与震组合为衣服放在木架上被风吹晒之象，故为衣架。(2) 果豆：午为天风姤，与震或甲乙卯组合为果之象，亦可为豆，因果与豆不同的地方是一般情况下果比较圆，豆多圆而略长，此象与木主修长曲直有关，故两者合二为一可为果豆之象。(3) 飞鸟：午又为离为朱雀可象鸟，见震为震动为响声，鸟见震动和响声肯定要飞走，故可类象为飞鸟。

例52：午见巽卦或巳辰时，为鸦雀、蚕丝、衣服。

象意分析：(1) 鸦雀：午为离宫之物可为鸟雀，而巽宫中所含巳火为辛巳为食伤子孙爻，辛为兑宫之物可取兑为口，巳为火为口中之物，可为牙之象，牙与鸟的组合为鸦雀之象。(2) 蚕丝：午按十二月辟卦上卦为乾为天，下卦为巽，巽为虫，合之象意为蚕，巽为柔软之物为风为丝，故为蚕丝。(3) 衣服：巽二爻三爻为阳爻，初爻为阴爻，为坤象，上两阳爻动，故风由坤生，巽有坤象，坤为母为印可为衣服，而巽为木又生午火亦可为衣服,如水与巽组合也可类为牛毛细雨。

例53:午见离卦或丙午丁时,为绣缎、蝗、火食。

象意分析:(1)绣缎:前面引《搜神记》关于蚕的传说,可知午火可代表蚕的类象,见坤为蚕吐丝,见丙午为艮之父母爻为离宫之物亦为蚕丝之象,又因离有丽之象,故综合取象为绣缎。(2)蝗:午有蚕和虫的象意,离中丙午丁为朱雀,丙午为天河水为玄武,丁纳甲为兑为白虎之象,为会飞的有害的虫子之象,可会意为蝗虫。(3)火食:午见离或丙午丁为火,故可直接取象为火烧烤的食物,故为火食之象。

例54:午见坤卦或未申时,为厨果、小赤豆、马咬人。

象意分析:(1)厨果:午按十二月辟卦为天风姤卦,上卦乾下卦巽,午又为乾为圆见木为果类,坤为土为老母十二月辟卦为亥,为乾为水为锅,又有木火,又有老母,为厨房之象,加之类出的果类,为厨房内的果类,故厨果。(2)小赤豆:由厨果的类象可类出此物为草本的东西,为圆形之物,与吃的有关,再把午为红为赤的象意参入其中,为红色的果类之象,因坤为亥为孩之象,孩为小的意思,又因坤的卦画是六段,为众多之象,合之会意为小赤豆之象。(3)马咬人:厨果、小赤豆都是吃的东西,既然是吃的东西就与牙齿有关与咬有关,将此象与午为马组合起来,可直观地显现出马咬人的象意。此外还可依据午见坤会未申,午未合为交,申为白虎为金为咬字,坤为土为皮,为咬人之象,故为马咬人之象。

例55：午见兑卦或庚辛酉时，为柜、茧、鸦窠。

象意分析：（1）柜：午为离为丽为光亮，兑为口，庚辛酉纳甲均为木分别为震、巽，为木的组合，有口有光亮，离的爻象为分层次中间空，为柜子的象意。（2）茧：午为蚕见兑为金，为蚕形成了坚硬的外壳，为茧之象。（3）鸦窠：午为离为朱雀，兑为口为牙之象，为鸦雀这种鸟，兑中含庚辛酉为树木，兑为上缺为口朝上在树上，正是鸟窠之象，故会意为鸦窠（窠音同科）。

例56：午见乾卦或戌亥时，为鹿、马、狮头、兽头。

象意分析：（1）鹿：午见乾，按纳甲法为壬午，纳音为杨柳木，为瘦长之象，壬为水为足为四肢细长之象，乾为头，壬午杨卯木为五音为角，因柳木为柔弱之木，故符合鹿头部有的有角、有的没角之象，乾中含戌为狗为艮与午半合为土旺，土为黄，午为赤为红颜色，综合后为褐色，乾为毛为褐色，乾中亥为坤为母，与戌同宫戌为狗为艮为少男，亥为孩合之为幼儿，与坤为母象组合为哺乳之象，类动物为哺乳动物之象，综合象意可为鹿。（2）马：午为马，乾为马，类象为马是非常普通的类象了。（3）狮头、兽头：乾为头为师长，乾为毛中含戌为狗为犬，与师组合为狮子之象，又因午在乾宫为壬午为四爻为官鬼爻，为权力之象征，故可类象为狮头；兽头的类象自然也就带出来了，狮子为兽为头类象为兽头就非常自然，也好理解了。

例57：未见坎卦或壬子癸时，为蚂蟥、海味。

象意分析：（1）蚂蟥：蚂蟥又叫水蛭，通称马鳖，环节动物，身体长形，稍扁，黑绿色，尾端有吸盘，雌雄同体，生活在池沼或水田中，吸食人畜的血液。未为坤宫按十二月辟卦为亥，为坤为牛为丑，与坎组合为亥子丑为水局，坎中癸见未为杨柳木，壬子为桑柘木，木主修长，未为坤为亥为乾为圆为环形，坎按六爻卦画亦为节形，为水中的环节动物，身体长形，未为亥取字形为扁之象，为稍扁，坎水为黑色，壬子癸未纳音为木为绿色，与坎水黑色组合为黑绿色，壬子为乾宫之物，未为坤为亥，见癸为癸亥为大海水，亥乾宫，但癸未、癸亥为坤为雌，壬子为乾宫纳甲，为雄，为雌雄同体之象（如类人为阴阳人），因坎初爻为戊寅，未为坤为亥，寅亥合，在初爻为尾部，寅为艮为山石为硬盘，故尾部有吸盘之象，因寅亥合化木，木主风为吸，又因戊寅为坎宫代表水和血液，寅谐音为人，故戊寅为人的血液之象，综上所述类象为蚂蟥之象。（2）海味：未又为坤为田地，见水为水田之象，未为味之象，因未为坤为亥见坎中癸为大海水，故为海味之象。

例58：未见艮卦或丑寅时，为甘美、香、麻、茶果。

象意分析：（1）甘美：未为坤为土，艮为土，中医五行的五味中把木规定为酸，金为辛，水为咸，土为甘，火为苦。而未为羊为坤为土，见艮为山为土旺，古时的汉字把"美"字视为羊大了为美，故综合象意为甘美。（2）香、麻、茶果：未为木库，中含乙己丁，己丁为午中所藏，乙为木，故未土有木火相生之象，但外观为未土，与艮见丑寅，寅为艮之鬼爻，丙寅为炉中火，丑含辛己癸，丑未冲，丙寅为火，未本有火的燃烧性，故丑未冲见寅可为着火，因未为坤为亥（按十二月辟卦），寅亥合，有丑冲，如我们日常划火柴一样，为起火之征，未在丙寅炉中火上着，而丙寅为艮为山为寺庙为香炉，将此象一加入，未即为香，也为香燃烧所产生的香味，由香的象意可知是由一根根木质的东西制成之物，而麻亦是一根根木质之物，而未为亥为头上有小圆的果状，为亚麻之象，从上象意中可知未与艮或丑寅组合有甘甜及香味之征，如再将未为坤为亥，丑为牛为坤为亥寅为木，未为木库，亦可类象为水中浸泡的草木植质，又有香甜之味，可想到为茶，亥为乾为圆物为果，为茶果之象。

例59：未见震卦或甲乙卯时，为鸠、橘柚、鸦、药饵、麻、雁、鹰。象意分析：取象有以五行取象的，有以五音取象的，有以爻位和卦画取象的，还有以卦德取象的，再有就是以纳甲宫位取象的，总之，取象要灵活多变、因地制宜，不能勉强也不能一而贯之，这样才能体现出易的灵活性、多样性，既是理性的又是感性的，同时又是综合多样的统一，此例中的类象就体现了这一特点。

（1）鸠：未为坤宫之物，坤按十二月辟卦为亥，与乙未合成亥卯未木局，五音为角，如为鸟则为角音的是鸠。（2）橘柚：亥为乾为圆，如以五音角取象则为橘，因亥为水，乙卯纳音为大溪水，未为坤为土为田见木为田字出头为由字（甲乙卯木为头），见水为油，合之会意为橘柚之象。（3）鸦：因亥卯未为水，即亥为水，乙卯为水，为黑色，为鸟，故类鸟类，可为鸦。（4）药饵：亥卯未为木局为坤之鬼爻，为病为木亦为药，水见木，木与水比较具有炎上之性，水为润下，故木性向上，味有苦之象意，而未为土为甘为甜，在三合局及甲乙卯中点的比例小，为药饵之象。（5）麻：未为坤为亥，见震或甲乙卯为木旺，临震临坤中之鬼为病为足为风湿，亦主振动为麻之象意。（未月亦是麻这种植物成熟的季节，故亦可依据未类象为麻。）（6）雁：未为亥，甲乙卯为木，亥卯未为木局，如类象为鸟，为此鸟类飞行成行，排列整齐有队形之象，这让人一下就会想到雁这类鸟。（7）鹰：震见未按十二月辟卦成木局，为木旺之象，震为武人为凶猛之象意，如类象鸟类，可类象为鹰。记得大易学家郭璞有个案例取震卦为母，大家都知道震为长男，怎么可能为母呢？郭璞讲："他取的震为木为仁，母亲正是仁慈之象，故符合震为木为仁的象意，故取震为母。"此象将震为武人之威武之象换成鸟类就是鹰，是受了郭璞案例的启发。

例60：未见巽卦或辰巳时，为燕雀、钩帘。

象意分析：（1）燕雀：未为坤为众，巽中含辰巳，到未虚拱午火为离宫，取象为丙午为艮宫父母爻，为土为火为黄红相间为黄色间黑色，因丙午纳音为水，丙午为艮为少男，喻鸟为小的鸟为燕雀之象。（2）钩帘：未为坤为羊，见巽为辛未为路旁土为财爻为坤为民为布衣为布，巽为辰巳之地为风和日丽之象，巽亦为明亮之象，因辰为清明之象，可为窗户，窗户与布结合在一起为窗帘之象，又因辛为金，未为羊，羊角为钩之象与辛金组合加之窗帘象意为钩帘。

例61：未见离卦或丙午丁时，为文字遗失。

象意分析：离中含丙午丁，正好丁与未组合成丁未，丙午丁未纳音为天河水，离为光明为文象，纳音水为子为字，为文字之象，但因丙午丁未为天河水正克离火，故为文字遗失之象，遗失这个象意取得非常好，因丙午丁未为天河水为自然天气下的雨水，因此丢失的很自然，并不是人为的偷盗，正所谓"天要下雨，娘要嫁人"，都是人为不能抗拒的，这正是天河水自然之水，在取象中的自然运用，为很自然的遗失，丢得非常巧，非常自然。

例 62：未见坤卦或未申时，为钩巨、麻麦、肉面、甘味。

象意分析：（1）钩巨：钩巨此词甚为费解，后查阅《古代汉语词典》知巨通矩，指制作钩形的模具或绘制钩形的工具。按此象未见坤乃未申，为双未相见，为复制之象，又因未为羊头有双角为钩，故综合类象为钩巨。（2）麻麦：未申月为麻麦这种作物成熟收割之季节，故按月取象。（3）肉面：未为羊，坤为土为肉，肉含未申，申为白虎为刀为割碎了的羊肉，坤未为麦，见申为去皮，经加工之麦为面，与羊肉组象为肉面之象。（4）甘味：未见坤均为土为甘，故甘味。

例 63：未见兑卦或庚辛酉时，为酒器、盘盏、筵席。

象意分析：（1）酒器：未为坤为未申按十二月辟卦为亥为乾宫之物，为圆，兑为上缺的容器之象，兑中含酉，见未之变化为亥为酒为盛酒的容器为酒器。（2）盘盏、筵席：庚见未如见申，因未为坤宫之物为庚申，见辛酉为石榴木，见未为亥主圆桌亦为盘盏。又有酒，庚按纳甲取震为男，未为亥为女为乾为男，为有男有女有酒有盘盏还有桌，故可视为筵席之象。

例 64：未见乾卦或戌亥时，为印绶、祭肉、馒首、蝗。

象意分析：（1）印绶：未为坤，乾为金为官府，坤为乾之印，故为印绶。（2）祭肉：乾又为天，未为羊肉，羊肉与天组象为祭天的祭肉。（3）馒首：未为坤为麦，如见金为面，见乾为圆，圆的面为馒首。（4）蝗：乾为马，如前所述马为蚕，未为坤为大地为农田，农田里类似蚕的东西，如吃叶子有翅膀的，自然会想到蝗虫。

例 65：申见坎卦或壬子癸时，为猿猱、蚌蛤。

象意分析：（1）猿猱（音同挠）：意为猿猴类动物，《诗经·小雅·角方》："毋教猱升木"。猿，灵长类动物，似猴而大，生活在森林中，特征是臂比较长。申按十二月辟卦为否卦，上乾下坤，互卦为风山渐，下互卦为艮，上互卦为巽，艮主手，巽主修长为木，为手臂修长之象，申按十二生肖为猴，臂长为猿，见水为主智为灵，见壬子为木为长为灵长类动物，故为猿猱，申为坤为众，见壬子为众多的林木为猿猱生活的环境。（2）蚌蛤：蚌（音谤）一种软体动物，两片黑褐色的椭圆形介壳可以开闭。蛤（音同隔）一种有壳的软体动物。申为坤为柔软之物，见坎水亦是指水中柔软之物，申为坤为亥为乾，乾主外，坤主内，为外有壳之象，乾为圆，见坎之壬子为木主修长为椭圆形，又因申为否卦，上互卦巽主两片壳，坎水主墨色，癸水为褐色。巽主开，坤主闭，故象意可为蚌蛤。类似此例的类象涉及十二月辟卦及多层次转换，初学易象的朋友，可以慢慢来，可在休闲时看看锻炼一下思维，不必深究。

例 66：申见艮卦或丑寅时，为磁石、碓磨。

象意分析：(1) 磁石：申为金为铁，艮为土为丑寅为金之印，丑为申金之库，申冲寅，为铁直奔其来，因此当申与艮丑寅组合象意时，可称艮为磁石（艮为山石）。(2) 碓磨：申为坤为麦，艮为丑为寅为谷，见艮为山为石，申为金为磨（因申为坤含未申为麦、麻收割之时，故申可视为麻，见艮为石为磨）申冲寅亦为磨转之象，磨的功能与碓同（碓前面有介绍）故为碓磨。

例 67：申见震卦或甲乙卯时，为斧刀、杵臼、狮子。

象意分析：杵（音同础）舂米、捶衣、筑土等捣物用的棒槌或木棒。《周易·系辞下》："断木为杵，掘地为臼。"臼（音同旧）指古人为舂米在地上掘成的坑，后多用木石为之。舂（音同冲）指用杵臼捣去谷类的壳。

(1) 斧刀、杵臼：（以上述杵臼之意进行象意分析）申为坤宫之物，坤为牛为丑故为麦、谷，见甲乙卯为舂米之象，申为金，震为木，金克木，申为坤有六段之说，故申见震或甲乙卯可为斧刀，因只有斧刀才能断木，这样杵和臼的象意也就自然显现了。(2) 狮子：是哺乳动物，身长约三米，四肢强壮，有钩爪，掌部有肉块，尾巴细长，末端有一丛毛，雄狮的颈部有长毛，全身毛棕黄色，吼声很大，有兽王之称。申见震，按纳甲法为庚申为震中五爻为君位为王，如比兽类为兽中之王。震又主雷为响声为吼叫之声，仅从这两点就可定位为狮子的象意，但再将震为足，见申为金为爪之象，申在坤中为掌部有肉块之象，震中含乙卯纳音为大溪水，为坎为尾，卯申暗合乙庚化金为尾巴细长，末端有一丛毛之象，乙亦为颈部化金，金为毛为颈部有毛之象，综合象意为狮子。其实易学类象仅抓住几点主要的相似就可以了，不必全部形象，但平时研究可以作深一层的想象和类比。

例68：申见巽卦或辰巳时，为丝棉、姜、蒜、鸡鹅。
象意分析：(1) 丝棉：辰巳为桑蚕之地，申为坤为亥为棉，巽为风为丝故为丝棉。(2) 姜：申为坤宫含申未为羊，巽为女，为羊和女的组合为姜。(3) 蒜：申为坤为亥为乾为圆，坤为地，为圆的头在地下，上长着如草的植物，为蒜的象意。(4) 鸡鹅：申为坤为母为家，巽上互卦为离，下互卦为兑，兑为鸡，离为鸟见兑为口为鸣叫的鸟，如与家组合为家禽之象，为鸡鹅。

例69：申见离卦或丙午丁时，为熨斗、猿猴、文史。
象意分析：(1) 熨斗：申为金为坤为衣为父母见离火为熨斗之象。(2) 猿猴：申猴，见离中丙午为艮为手为臂，丙午为天河水为山高水长之象，如与申组合为猴的手臂非常长，书云："臂长为猿"，故为猿猴之象。(3) 文史：申为坤为旧为史，离为火为朱雀，丙午为艮宫父母爻主文书，合之会意为文史。

例70：申见坤卦或未申时，为绢帛、荞麦。
象意分析：(1) 绢帛：申为坤为亥为乾为马为蚕为丝，见申金为绢帛。(2) 荞麦：荞为一年生草本植物，茎略带红色，叶互生，三角状心脏形，有长柄，花白色或淡粉红色，瘦果三角形，有棱，这种植物子实磨成粉可食用。未申月为麦子成熟之季，故可类象为麦，申见坤，坤中含未申为叶互生之象，申为棱形，又有三角形状（按申字形来看），而申为坤之子孙为子，申为金为坚硬为子实之象，故加之麦的类象，综合象意为荞麦。

例71：申见兑卦或庚辛酉时，为酒器、盘盏、筵席、刀剑、锁、镜、竹。象意分析：（1）酒器、盘盏、筵席：申为坤宫，以坤取象为亥，见金与未见坤象同，故酒器、盘盏、筵席等类象详见未见坤，此处不做重复解析。（2）刀剑：申金见兑之庚为庚申，见辛酉，均为鬼爻，兑卦画为上缺为刀之象，申为两边都开刃之象为剑。（3）锁：申见兑或庚辛酉为白虎又临鬼爻主阻隔，又因卯酉为门户，卯为开门，酉为关门，故类象为锁。（4）镜：申为坤为亥为乾、见兑或庚辛酉为铜镜之象，因金见水打磨而光亮照人，故为镜。（5）竹：庚申辛酉分别在震巽之宫，为木，主修长，互卦见离主空心，且卦画之形象又有节，故类象为竹。

例72：申见乾卦或戌亥时，为簪钗、画像。

象意分析：（1）簪钗：申为坤为亥见乾金为首饰之象，申字形很像钗，故为簪钗。（2）画像：又因申为坤为亥（按十二月辟卦）而乾中又有亥，为重影，乾为金见水为食伤为艺术，又有重影为画像之意。

例73：酉见坎卦或壬子癸时，为鹌鸪、酒、醋糟、玉。

象意分析：（1）鹌鸪：酉按十二生肖为鸡，见坎或壬子癸，为金水相生为酉金泄气，如类象鸟类为比鸡要小得多的鸟类，酉为白，坎为黑，为灰白色，坎中含癸为坤亦有点土色与灰色相间，壬子癸为水为羽毛，又与鸡相类似故为鹌鸪之象。（2）酒、醋、糟（做酒剩下的渣滓称为糟）：酉见坎水为酉字旁加水为酒之象；坎中含壬子癸，癸为坤纳甲之物，故可取坤之象意为六段（卦画）为渣子之象，与酒的象意组合为糟的象意；又因坎中所含壬子为木主酸，见酉为醋的象意。（3）玉：水见酉金为癸酉为剑锋金，为好钢为坚硬之物，经水打磨为美玉之象，因子见酉为桃花，为美的坚硬的金属，故象美玉。

例74：酉见艮卦或丑寅时，为钱、铜、铅、石柱、碑碣、碓磨。

象意分析：（1）钱、铜、铅：酉为金为兑，艮为山为贝，因按卦画符号观之，一阳爻在上，二阴爻在下，一阳爻象贝壳之象，贝在古代是当商品交换的货币来用的，后来用铜钱代替了贝壳，故今天的"财"字带个"贝"字，因酉为金，见到代表钱财的贝即艮，就产生了钱的象意。此象意一产生，古代的钱多为铜的材质，故自然类象为铜。而钱的音又同铅相近，故亦可类为铅之象。（2）石柱：酉金又为巽宫鬼爻为辛酉，又为兑宫兄弟爻为丁酉，见艮为山为石，辛酉为坚直之木，与石相组合为石柱之象。（3）碑碣：艮为山，兑酉为少女，将此象与山相组合为小的山为土包，丁酉又为阴干阴支为山下火，与小土包组合为坟前烧纸之象，而艮为山石，辛酉又主文明为文字，故综合象意为碑碣，因酉为兑为缺为断，为破损之碑故为碑碣。（4）碓磨：艮之丑寅为谷子，见木见石见金辛酉为碓磨之象（前有此象解）。

例75：酉见震卦或甲乙卯时，为鸡雉、姜蒜、麦。

象意分析：（1）鸡雉：（酉按十二生肖为鸡，雉是指雉鸡，为鸟，翅膀褐色，有黑斑，嘴黑色，眼黄色，头顶灰色，颈和胸都淡紫红色，腹部白色，脚强健，善走。）酉见震宫乙卯为见大溪水，酉为兑为口，水主黑色五音为羽，为羽毛翅膀之象，为翅膀有黑斑之象，酉为兑为口见乙卯水为黑色，主嘴黑色之象，震中有甲木为头为眼，见乙卯为坤宫之鬼爻为土为黄色为眼黄色，甲木为乾宫之纳甲，见水为头顶灰色之象，颈和胸部为庚申和庚午即震宫四五爻，为石榴木见路旁土，临午火，故为淡紫红色，震宫之乙见酉为乙酉为坤为腹部酉金主白故腹部白色，酉见震为足，为脚强健善走之象，故为鸡雉之象。(2)姜蒜：酉见震逢乙卯为坤为羊，见酉为兑为女，羊女为姜，从酉为金味辛的角度去解读象意亦可，酉见甲为头圆的带辣味之草本植物为蒜之象。(3)麦：乙见酉为坤宫子孙为吃的麦子之象，前面有论坤含未申为麦子收割之季，故坤可代表麦子之象。

例76：酉见巽卦或辰巳时，为乐器、古钟、鸡鸭。

象意分析：(1)乐器：酉为兑为口，巽为风为竹为孔为口吹的东西为乐器，因酉为金，巽为木，相克相见必有声响之象。(2)古钟：酉为金，见巽为辰酉合，巳酉半合，辰为龙为乾象，巳为乾象（按十二辟卦）为外观略呈圆形的金属，下面是空的之象，因巽的卦画下为阴爻，上两阳爻，且巽之初爻为辛丑，见酉正好构成巳酉丑金局，从辛字形来看为上尖之象，丑为牛为艮为下空的地方大，而丑为牛亦为坤，为旧为古，故为古钟之象意；由古钟象意可知当酉与巽组合时是巽之初爻辛丑与所含之巳辰产生的象意，为古钟。(3)鸡鸭：辛巳为子孙为家禽为鸡，巳为乾按纳甲为甲和壬，而巳为火为离为鸟，见甲为鸭之象，故象意为鸡鸭之象。

例77：酉见离卦或丙午丁时，为针、镜、肉、鸡。

象意分析：(1)针：酉为金为兑中含辛，见离火为烧热了的金属，如碰见人体有针扎之感，这是从实际体验方面取象为针的。如果从字形和纳甲纳音综合来论亦可，酉见离可与离中的丁组合为丁酉为山下火，而丁字和丙午的午字最后一笔都有如针尖般的竖，兑上缺，上面又有针别，为针的象意。(2)镜：酉金见丙午为见天河水，为金属通过打磨之象，见离火为照之象，金属经水打磨发亮光可当镜子照，为镜子的象意。(3)肉、鸡：酉为鸡，离为火为丽，亦为鸡肉之象。

例78：酉见坤卦或未申时，为刀、杖、果、麦。

象意分析：(1)刀：酉见坤按纳甲论为癸酉，按纳音论为剑锋金象刀。(2)杖：酉中含辛为辛酉为木，坤为亥为乾为老者为丈，为杖之象意。(3)果、麦：酉金见坤为食伤为辛酉为石榴木为可吃的水果类，亦为麦，因未申为麦子收割之季，临子孙为麦子。

例79：酉见兑卦或庚辛酉时，为金银、剑鞘、铜铁、酒、醋。

象意分析：(1)金银：酉见兑为金，因中含庚辛为阴阳相见为金银之象，又因兑为泽有水气为银灰色之象，为银子的象意。(2)剑鞘：酉本为兑中所含，因兑上缺，可视剑鞘的象意。(3)铜铁：酉见兑又见辛酉，为酉相见为同，加金之象意为铜，因酉为辛酉之鬼爻又为兑宫的兄弟爻为鬼爻临兄弟为有所失之象，为"失"字加"金"字旁为铁。(4)酒、醋：酉为金见兑为泽为见水为酒，因中含庚辛酉为木主酸，为醋的象意。

例80：酉见乾卦或戌亥时，为钗钏、首饰、玉石。

象意分析：酉中含辛为金属，见乾为头，为头上的金属为首饰，为钗钏；又因乾中含亥为坤（按十二月辟卦）为丑为艮为山为石，故为玉石。

此处我总是按十二月辟卦来转换，其实按三国虞翻易学的易象来论，乾和坤是可以旁通的，是可以互换的，只是今人学的比较死，一般不敢这样换来换去。虽说我看了虞氏易，明白了这个道理，但起初也是不敢用，后来看了十二月辟卦这样转换才敢用的，读者朋友可以慢慢来，这是需要一个过程的。

例81：戌见坎卦或壬子癸时，为葫芦、缸瓮。

象意分析：（1）葫芦：戌乾宫之物为圆为高悬之物，坎的卦画符号六画整体观之很像一个葫芦，而壬子纳音为木，为草本植物之象，戌为狗为艮，卦爻符号亦有葫芦之象，故综合象意为葫芦。（2）缸瓮：戌为火库，既有艮的象意又有乾的象意，戌为火库为土，临火库可视为瓦，而乾为老父为公，与瓦组合为瓮，见坎为缸瓮之象，此外壬见戌为大海水，也可理解为能盛水的大缸或瓮。

例82：戌见艮卦或丑寅时，为官吏、豺狼、石灰、砝堆。

象意分析：（1）官吏：戌见艮为丙戌为艮之兄弟爻，在乾宫为父母爻，故为官吏。（2）豺狼：戌为火库与寅合，寅为艮之鬼爻，兄弟为争夺财产之神，再与官鬼联合在一起就比较可恶，故此性与豺狼差不多，又因戌为狗象狼，故可为豺狼的象意。（3）石灰：艮为山为石，戌为火库，与艮组合为能发热或含热量的石头,为石灰。(4) 砧堆: 砧为砧板即坚硬的板子之意, 因戌为乾为金, 艮为石为平台, 合二为一为砧的象意; 戌为乾为高处, 见艮为山为砧堆之象。

例83: 戌见震卦或甲乙卯时, 为枷枉、果。

象意分析: (1) 枷枉: 指刑具, 为木制的。戌见震如见甲乙卯, 甲为头, 乙卯为木, 可克甲与戌的组合为火, 戌见震按纳甲为庚戌为头上之物, 戌与卯合为枷枉为头上及脖子上带的枷枉。(2) 果: 戌为乾为圆, 见震木为见树, 树上圆的东西, 象果。

例84: 戌见巽卦或辰巳时, 为鞋、石、数珠、鸟窠。

象意分析: (1) 鞋: 戌乾宫之物可取乾之象意, 按卦画符号戌为乾为三画都为阳爻, 而巽卦的三画卦为初爻为阴爻, 二三爻为阳爻, 初爻可为脚, 而乾初见巽初为阳见阴, 二三爻同, 为脚见鞋的象意, 因戌见巽, 巽下为阴为草木, 故可为草鞋之象。(2) 石: 巽下断为阴爻前有论述为坤, 为牛为丑, 为艮为石, 见戌为乾为坚硬之象, 又因初爻纳甲为辛丑, 又因阴爻见阳爻也为填实之象亦为石之象。(3) 数珠: 戌辰相冲, 在巽宫为动象, 戌为乾, 巳为乾 (见十二辟卦) 为珠动之象, 为数珠 (4) 鸟窠: 戌为火库见巽为柔软之草木, 火为朱雀, 库为鸟雀之家, 又见柔软之草为鸟窠。

例85: 戌见离卦或丙午丁时, 为犬、驴、炉、窑冶。

象意分析: (1) 犬: 戌为犬从十二生肖即可知。(2) 驴、炉: 戌见丙午合为火为午为马, 而丙丁按纳甲均为艮兑为少男、少女,如喻马为小马之象,可取象为驴,另外戌可合卯为门户,马字见户也为驴的字象,戌为火库见火喻为炉没什么不可以的。(3)窑冶:因戌为犬为艮为山为上实下虚之象,又因戌为乾,为金,综合象意为窑冶之象。

例86:戌见坤卦或未申时,为五谷。

象意分析:戌为乾为圆,见坤为土中生长成熟的种子,坤为土,数为五,故为五谷之象。

例87:戌见兑卦或酉庚辛时,为瓷盆、砖瓦、瓮、钟、剑、锁、鍪、锄。象意分析:(1)瓷盆:戌为火库为乾见兑为瓷盆,因兑上缺见乾为圆为盆,火烧制物有金属之性为瓷。(2)砖瓦:戌为狗为艮为丙戌为屋上土,艮又为山石,为火库见乾为午为火为砖瓦之象。(3)瓮:乾为圆为午为离为中空见戌为瓮为陶制品。(4)钟:戌为火库,见兑为中空金属之物,戌为乾为火为尖,中空下大之物为钟。(5)剑:戌为乾见兑可类为剑。(6)锁:兑中含酉,为门户为关门,戌合卯,卯为开门见戌为门合上了,故戌见酉为锁之象。(7)鍪:(音同某)意思有三种:一是指锅,古代用青铜制成的圆底敛口的炊具;二是指头盔;三是形似头盔的帽子。从象意上看,戌为乾宫为圆形见兑为上有缺,戌又为头为头盔之象,又因戌为火库见兑为锅亦在象理之中,故象鍪;(8)锄:戌能合卯木,见兑为半圆形之铁器,又因兑中含辛酉为巽宫为草木,临鬼爻为锄草之象故为锄。

例88:戌见乾卦或戌亥时,为朝服、印绶、都官、僧道。

象意分析：(1) 朝服、印绶、都官：戌见乾按纳甲法论为壬戌为大海水纳音，为乾宫父母爻主衣服，因为衣食与父母总是联系在一起的，又因乾为天为首都为政府为朝廷，故为朝服；因父母又为印绶，为官员亦为首都官员故为都官。(2) 僧、道：戌见乾或戌亥为华盖之象，壬戌为水，乾主金为圆为头，金见水为打磨，为金子发亮之象，喻人则为光头，戌又为艮之兄弟爻山为寺为寺庙中的光头为僧；戌见戌为华盖，戌见乾如见午为火为离为空为无为虚，为虚无临华盖，乾为自强不息为有为之象，而当见了戌即虚为无，即变有为为无为，无为为道家主导思想，故喻人可为道人。

例89：亥见坎卦或壬子癸时，为酒、盐、酱、醋、鱼鳖、猪、酢。

象意分析：(1) 酒：亥为乾宫之物，乾为金见水为泽为酒。(2) 盐、酱、醋：亥为水见坎或壬子癸为水主咸为盐、酱，中含壬子为木为酸为醋。(3) 鱼鳖：亥为乾为外壳坚硬之物为鱼鳖之象。(4) 猪、酢：亥为猪，酢（音做）为用酒回敬主人，此处是指谢神之祭。亥为乾为天，见坎见癸为癸亥，为海天相应，金水相生，为敬天之象，故为酢之象意。

例90：亥见艮卦或丑寅时，为珠玉、图书、哭泣。

象意分析：(1) 珠玉：亥为乾宫之物，故可以与乾组象，乾为圆为金为宝珠，亥合艮中之寅为木为绿色，艮又为山石，将象意组合一下为绿色的山石与珠宝同为玉的象意；(2) 图书：亥寅相合化木，而寅木又是艮宫鬼爻为炉中火，火主炎上为向上之意，亥为水为习，合寅木学习，纳音为火，为学习向上之物，故类象为图书；亥寅合在艮为美玉，丙寅为火为头面，为颜如玉之象，亥又代表乾金，艮又为房子，自古就有书中自有黄金屋，书中自有颜如玉。由此可见这句话中还有周易中的卦象含义，另外以前总把颜如玉比作美人，这里笔者认为读书有美如玉的效果，一是可以提高气质；二是读书心静可以改善心身健康，对养颜保健有一定的作用；三是颜如玉也喻人，喻有修养的君子。黄金屋也可以理解为精神层面的才能与颜如玉相配，否则就太世俗了。其实真正的幸福，也只不过是一种感觉罢了，真正有了财富也不见得就内心充实，这正是黄金屋的价值所在。真正的黄金屋应该是内心的充实，精神领域的富有，比有钱更重要。(3)哭泣：亥为乾为头面为水，与寅合化木为艮卦之鬼爻，丙寅纳音为火，为眼睛，因亥为乾为圆化木为火为眼睛，得亥水来合化而生之为泪珠之象，故为哭泣。

例91：亥见震卦或甲乙卯时，为梳、檐、梅杏。

象意分析：(1)梳、檐：亥为乾亦为坤，为地天泰之象，而乾又为头为毛发，震为动，卦爻符号为初爻为阳爻，二三爻为阴爻，与坤卦画同，且震为木，有梳头之象，故为梳；此象一出亦有檐的象意，因头发要多出头的部分可为檐，此外梳子的卦爻初阳爻二、三为阴爻亦可为檐的象意。(2)梅杏：梅杏之说全是由节气、月令取象得来的，如有歌谣云："正月梅花凌寒开，二月杏花满枝来。"前面讲的地天泰卦为寅为正月是由亥变化而来的，而震中含甲乙卯，其中的卯木为农历的二月可为杏花，寅为梅花象意。

例92：亥见巽卦或辰巳时，为坑、管籥、梅花、绳索、伞盖、笠杖。象意分析：（1）坑：亥为水为润下之物，见巽木为水风井之象，为坑。（2）管籥：亥为乾为管，巽为竹（按卦画象）为草木，合之会意为管籥。（3）梅花：亥为坤亦为乾为地天泰卦为寅为正月梅花之意。（4）绳索：亥为水主乾见巽木为相生，为环绕，巽木为柔软之草木，综合象意为绳索。（5）伞盖：亥为乾宫之物为天，亥又为水，为天下雨之象，与巽组合，巽卦画为初爻为阴爻，二三为阳爻，阴爻为空，阳爻为乾为圆，巽含辰巳为蚕，见坤为蚕丝布料之象，将多种象意与天下雨组合起来为伞盖之象。（6）笠杖：笠亦为防雨用具，巽又代表竹，故为笠象，亥为乾为老人，巽为木为竹，与老人组合为拐杖之象。

例93：亥见离卦或丙午丁时，为心疼、笔墨、图书、灯台、帐幔。

象意分析：（1）心疼：亥为水，离为火代表为心脏，火被水克，故为心疼。（2）笔墨、图书：亥为泰卦为水木相生为笔，为墨，见离为光明为文为笔，故为笔墨，离中含丙午为天河水亦主笔墨，离又为目为眼睛，能用眼睛看的笔墨，可类象为图书。（3）灯台：亥时为夜晚，见离为灯，中含丙午为艮为台，故为灯台。（4）帐幔：亥为坤为布，离为中虚，组合象意为帐幔。

例94：亥见坤卦或未申时，为足、稻、黑豆、猪。

象意分析：（1）足：亥与坤均可为亥水，水主润下，喻人可为人体的足部，故坤初爻爻辞将亥为冬月上霜的季节，而说："履霜，坚冰至。"（2）稻：坤为麦收割之季为麦，但亥为水为带水气的麦谷,为稻之象。(3)黑豆:亥为乾为圆与坤组合,坤为土地为土中生长的农作物为豆子之象,因亥为水为黑,为黑豆之象。(4)猪:亥与坤都可为亥为猪。

例95:亥见兑卦或庚辛酉时,为锁匙、瓮缸。
象意分析:(1)锁匙:亥为水为夜晚的九点至十一点,此时千家万户关门休息,而兑中含酉为关门之时,故象锁,而亥为水为泄金气之象为化掉酉金关闭之象,为匙,亥又为泰卦为三阳开泰之象为开,亦可类为匙,故综合象意为锁匙。(2)瓮缸:兑的纳甲为丁火,见兑中之酉为丁酉,见亥为丁亥为屋上土为瓦,为火烧制之物,兑上缺为缸,为瓮之象。

例96:亥见乾卦或戌亥时,为幞头、伞盖、猪狗。
象意分析:(1)幞头:乾为头,亥为坤为布,头上之布为幞(音同璞)幞头为一种头巾。相传为北周武帝所制。后汉末,王公卿士以幅巾(一种包头的软巾)为雅,用全幅帛纱向后襆发,谓之头巾。(2)伞盖:亥为乾为天为水为雨,与乾组合为伞盖为雨具之象。(3)猪狗:亥为猪,乾中含戌为狗,故为猪狗。

以上96例十二支到八宫的类象,取材于明程道生的《遁甲演义》"支应章",不论是对学习《梅花易数》还是命理抑或是奇门六壬等术数的朋友,都会有所帮助,特别是对初学者在象意的理解方面会有深入的认识。

后 记

　　这本小册子成书，始于我的语音课。2017年底，我在微信群中讲授了四十节梅花易数课，后经群中学员将语音课整理成文字版，又得到雷宝博士两次修改校对，我又结合学员反馈意见，对书稿的部分内容进行了增删修改和进一步完善，主要包括以下几个方面：

　　一是删除了书中部分口语的内容，增加了宋代叶简三个易案解析和一个现代易案；二是对《梅花易数》书中八卦类象和原书卜筮易案进行了多元化、多视角的细致阐释和解读，对《梅花易数》的解读，既做到了原原本本地讲，又做到了拓展延伸地讲；三是坚持批判继承的原则，指出了《梅花易数》原书易案中使用《周易》爻辞不当之处，如《老人忧色占》中引用了《姤》卦九四爻辞"包无鱼，起凶"，讲的是没有鱼应凶事，而实际上老人是因吃鱼，被鱼骨梗喉而终的。此外，在起卦方法和断卦技巧方面也结合占测实例进行了拓展延伸。

　　书稿定型后，有幸得到著名学者四川大学文科杰出教授詹石窗先生百忙之中为之作序，还有蒋门马兄和华龄出版社编辑的关爱和帮助，才有机缘与广大读者见面，在此一并致谢！

贺云飞 二〇一九年十月二十日
于楠华书斋

图书在版编目（CIP）数据

干支易象学：梅花易数注解/贺云飞著. —北京：华龄出版社，2020.1
　ISBN 978-7-5169-1516-5

Ⅰ.①干… Ⅱ.①贺… Ⅲ.①占卜—研究②《周易》—研究 Ⅳ.①B992.2②B221.5

中国版本图书馆CIP数据核字（2020）第001831号

策划编辑	董　魏	责任印刷	李未圻
责任编辑	董　魏	装帧设计	华彩瑞视

书　　名	干支易象学：梅花易数注解	作　者	贺云飞
出　　版	华龄出版社 HUALING PRESS		
发　　行			
社　　址	北京市东城区安定门外大街甲57号	邮　编	100011
发　　行	（010）58122255	传　真	（010）84049572
承　　印	运河（唐山）印务有限公司		
版　　次	2022年6月第1版	印　次	2024年7月第3次印刷
规　　格	880mm×1230mm	开　本	1/32
印　　张	11.75	字　数	252千字
书　　号	ISBN 978-7-5169-1516-5		
定　　价	68.00元		

版权所有　侵权必究

本书如有破损、缺页、装订错误，请与本社联系调换